Frédérique Le Romancer
Frédérique Martin

Viva Molotov !

Fayard

Couverture : © Dorian Danielsen
ISBN : 9782213727660

Librairie Arthème Fayard, 2024
Dépôt légal : mai 2024

VIVA MOLOTOV !

Aux lectrices et aux lecteurs,
que l'esprit des mots soit avec vous.

Chapitre 1

Mais poussez pas, crénom de bordéliou, on n'est pas aux pièces. Qui a dit cette grosse connerie ? Moi, et je suis ravie que ça t'embête. J'ai apporté une tarte à la rhubarbe de mon jardin, qui en voudra ? Ah ben tu me donneras la recette, elle est délicieuse !

C'est jour de fermeture au salon de coiffure cybercafé de Troulou, le fameux Adult'Hair tenu par la sémillante Mylène. Il règne pourtant une activité de ruche bourdonnante dans l'unique commerce du village – deux cent quarante quatre habitants au dernier bulletin municipal qui recense les naissances et les décès. Derrière sa façade léopard située au cœur de la place pavée centrale, on trouve la meilleure coiffeuse du canton et les connexions les plus stables. Les occupants des fermes et autres habitats dispersés dans la vaste campagne aux alentours en savent quelque chose, eux qui sont souvent obligés de se déplacer pour utiliser portables et ordinateurs.

Ce matin, le comité des fêtes s'est réuni au grand complet sous la houlette de sa présidente, la patronne des lieux, moulée dans une combinaison bleu électrique agrémentée d'une large ceinture à boucle rectangulaire. Ses talons argentés claquent éperdument sur les carreaux de ciment colorés de la salle principale, comme s'ils tentaient d'obtenir l'attention.

— S'il vous plaît, un peu de silence, on va commencer ! finit-elle par crier.

Un calme relatif tombe aussitôt sur l'assemblée. Derrière le grand comptoir de bois patiné, Romain – alias Dreadlocks – esquisse un sourire en essuyant les verres pendant que deux cafés coulent dans leurs tasses. Assis à une des tables, Sybille et Martin observent ce remue-ménage avec appréhension. C'est leur première participation à une réunion et ils se demandent tous les deux s'ils ont eu raison de chercher à intégrer ce qui ressemble de plus en plus à une joyeuse bande de fous. De folles, plutôt, car il n'y a que deux hommes dans la salle, le reste du comité étant exclusivement féminin.

Sybille implore les astres de bien vouloir s'aligner pour lui donner des indications sur la conduite à tenir. Martin, quant à lui, sent son calme le déserter pour de lointaines contrées. Les deux propriétaires de la ferme des Martels – rebaptisée *Iris Center* par leurs soins, en vain, car tout le monde s'en fout au village – sont à Troulou depuis bientôt cinq ans. Autant dire des étrangers. Le comité des fêtes leur a semblé une bonne manière d'être enfin adoptés par la communauté, mais ils regrettent amèrement leur décision à chaque seconde qui passe.

Romain allume le lecteur CD et la voix de Leïla Martial s'élève dans des vocalises d'une inventivité réjouissante. D'un geste, Mylène lui demande de baisser le volume. Oui au fond sonore, mais il faudrait tout de même qu'on puisse s'entendre !

— Bon, reprend-elle un poil trop fort, poursuivons s'il vous plaît, nous avons énormément de choses à discuter durant cette réunion. Tout d'abord, j'ai une proposition de slogan pour notre fête communale.

— Ah, trop bien ! s'écrie une participante.

— Attendez avant de me féliciter, se rengorge Mylène.

— Allez, balance la sauce, lui crie Romain.

Elle lui jette un regard noir avant de se décider.

— Eh bien, voilà ! dit-elle en soulevant la feuille du paperboard installé pour l'occasion.

Le comité des fêtes découvre le slogan en question, tracé d'une écriture ferme et néanmoins harmonieuse :

TROULOU, UN VILLAGE AUDOIS ET À L'ŒIL !

Applaudissements, sifflement prolongé de Romain qui a droit à un haussement d'épaules faussement modeste de la patronne. Martin est abasourdi, Sybille est consternée.

— Et… qu'est-ce que ça signifie ? tente Martin.

Mylène le toise en plissant ses yeux maquillés d'une ombre à paupières assortie à sa combinaison et soulignés d'un rimmel noir généreux.

— Je crois avoir saisi le sens général, insiste-t-il, malgré le coup de pied discret que Sybille lui a flanqué sous la table. Je m'interroge plutôt sur le genre de message que vous voulez envoyer. Tout est gratuit à Troulou ?

— À Troulou, on a le sens de l'humour, de la fête et de la dérision ! Voilà le message que nous allons envoyer, cher Martin. Par les temps qui courent, qui galopent, même, on a besoin de rigolade, de légèreté et de créativité. Vous êtes tous d'accord avec ça ? demande Mylène à l'assemblée.

« OUIIIIIII ! » répond le comité avec un bel élan et d'une seule voix, chacun ayant goûté aux réparties de la coiffeuse, ainsi qu'à son strict besoin d'organisation et de loyauté hérité de son passé militaire. Mylène n'aime pas qu'on utilise le *non*, elle a tendance à le prendre pour une offense personnelle. « Je n'aime pas qu'on me refuse », a-t-elle coutume de répéter, la franchise n'étant pas la dernière de ses qualités.

— Mais si quelqu'un a une meilleure proposition… invite-t-elle avec un sourire carnassier.

Martin note les dénégations véhémentes autour de lui – des adeptes célébrant leur gourou. Le regard de Mylène opère un tour complet de l'assemblée avant de se fixer derechef sur le couple de nouveaux venus :

— Pas d'idées, pas de regrets ? Adopté ! clame-t-elle avec la satisfaction du devoir accompli. Passons à l'étape suivante. Pour renflouer les caisses du comité et contrer les multiples fêtes de la Saint-Jean qui vont fleurir tout autour de chez nous, il faut être ingénieuses et singulières. Alors, petite explication : les hommes de ce groupe étant en nombre nettement inférieur, c'est le féminin qui l'emportera désormais sur le masculin. In-gé-nieuses et sin-gu-lières !

« Hourra ! » s'esclaffent les femmes de l'assemblée. Sybille elle-même affiche un grand sourire. Cette Mylène, mais quel tempérament ! ne peut-elle s'empêcher de penser. Elle aimerait être aussi déterminée. Par exemple, elle voudrait bien commander une bière, mais tout le monde buvant du café, elle n'ose pas. Mylène ne s'encombrerait pas de tels atermoiements, c'est certain. Elle doit être du signe du Lion, ascendant Bélier, en déduit Sybille de manière arbitraire.

Pendant ce temps, Martin secoue la tête en cherchant un soutien visuel du côté de Romain. Le jeune Belge ne semble pas être du même bord que lui, car il poursuit ses tâches ménagères comme si de rien n'était. « Je n'ai pas envie qu'on me féminise, qu'est-ce que c'est que cette lubie ! » s'insurge Martin à part lui.

— Exit les traditionnelles flambées et le folklore d'un autre temps, continue une Mylène emphatique. À Troulou, on veut du neuf, on veut de l'original. C'est pourquoi j'ai bien réfléchi depuis notre dernière réunion, et je propose que nous mettions en place… la première fête de la lenteur ! Calmons-nous, ralentissons. Venez savourer l'instant présent à Troulou !

Cette idée est tellement à l'inverse du comportement Mylénien qu'elle suscite une sorte de stupéfaction générale. Seule Sybille s'agite en opinant du chef. Le moment présent, la lenteur, c'est son domaine de compétences ! Elle se sent pousser des ailes et tente le tout pour le tout en levant la main.

— Oui, Sybille ?

— On pourrait proposer une séance collective de taï-chi. Ou alors de la méditation.

— Excellente suggestion, répond Mylène qui la note aussitôt sur le paperboard. *What else ?*

— Un cercle de femmes, s'enhardit Sybille, pour se reconnecter à la nature profonde de notre féminité et aux puissantes énergies de la lune. Gaïa, notre mère la Terre, est un espace sacré de guérison et…

— Allons-y mollo sur l'innovation, l'interrompt Mylène. Un pas après l'autre, j'ai envie de dire. C'est fort intéressant, mais tout aussi prématuré. On a brûlé pas mal de sorcières dans le coin, à une époque, ne ranimons pas les vieilles rancunes. En revanche, méditation et taï-chi, très très bien.

— Nous avons une quantité astronomique d'escargots sur notre terrain. Il y en a pour tous les goûts, à croire qu'il y a un nid quelque part. On pourrait monter une course… propose Martin à son tour.

— Ah oui, comme quand on était mioches, lance une des participantes, c'est sympa, cette idée.

— Merci, dit Martin, ragaillardi. On donnerait un nom aux escargots, chacun choisirait le sien et repartirait avec, au terme de la course. Nous offririons un massage aux huiles essentielles et aux pierres chaudes en guise de gros lot.

Et nous, ça nous débarrasserait, calcule Martin qui ne sait plus comment se dépêtrer de cette invasion sans commettre un molluscocide. Le massage emporte l'adhésion et plusieurs membres du comité se promettent en secret de tenter leur chance. La course d'escargots vient rejoindre le taï-chi et la méditation sur le tableau, provoquant une avalanche de propositions et des discussions enfiévrées : compétition de lectures et d'éloquence, concours de mollesse, bal des paresseux, siestes obligatoires, jeux des statues vivantes, projection du premier volet de *Fast and Furious* au ralenti… Ça bouillonne dur dans le cybercafé. Mylène est ravie, Romain enchaîne les commandes et même Sybille et Martin sont conquis par l'ardeur générale.

On interdirait de se dépêcher sous peine de prendre un gage et au bout de trois, il y aurait une amende « libre mais nécessaire »… Oh, mais on n'est pas des gendarmes non plus ! En gage, on devrait participer à un puzzle de dix mille pièces ! Ou alors, une heure de hamac obligatoire ! Moi je le veux, celui-là de gage, que je me repose, pour une fois !

Philou referme la porte de sa maison et se dirige d'un pas lourd vers la mairie pour remplir son rôle de conseiller municipal. Malgré son jean et l'épais sweat à capuche, la fraîcheur le fait frissonner. Dans sa poche, il ne trouve pas le bonnet qui préserve son crâne rasé, puis se souvient qu'il l'a suspendu à la patère de l'entrée, hier, pour qu'il sèche. Tant pis. Il frotte sa barbe poivre et sel avant de se mettre en marche. Le manque de sommeil pèse sur son corps de colosse et assombrit son humeur. Depuis l'épouvantable gel du mois dernier, durant lequel il a perdu un tiers de sa future récolte, il est devenu insomniaque. Et quand il parvient à s'endormir, il cauchemarde avec une créativité dont il se dispenserait volontiers. Parfois, il émiette entre ses doigts solides les feuilles de sa vigne, grillées par le froid, puis un souffle de vent se lève et balaie l'intégralité des ceps qui s'amoncellent à ses pieds dans un affreux bruit de bois sec. Ou alors, il revit les nuits passées à réchauffer ses plants à l'aide de brûleurs à propane et de braseros. Mais contrairement à la réalité où la solidarité villageoise a joué à plein, il est seul. Il court, allume des feux qui s'éteignent aussitôt et assiste au carnage, impuissant.

Souvent, Mylène pose une main apaisante sur son cœur affolé. Au début, elle se levait pour préparer une camomille ou plongeait sous la couette pour distraire son esprit tourmenté. Désormais, elle reste couchée, écrasée de fatigue elle aussi. Pourtant, même dans son sommeil, elle est là pour lui. Elle le réconforte sans faillir, en assurant sur tous les fronts : son salon de coiffure, les activités annexes du bar et la présidence du comité des fêtes.

Machinalement, Philou tourne les yeux vers la vitrine léopard du salon-bar-cybercafé et aperçoit son ébouriffante compagne qui mène son monde à la baguette, houspillant Romain tout en s'escrimant sur un paperboard déniché il ne sait où. Son énergie lui arrache un sourire de tendresse. Mylène, c'est sa Tempête, comme il l'appelle en privé. Depuis qu'elle est entrée dans sa vie, il n'a plus connu l'ennui. C'est elle qui a rameuté leurs amis durant ces nuits infernales – Romain, bien sûr, qui lui donne régulièrement la main ; Pierre qui ne ménage jamais sa peine ; Jeanne, ses victuailles et ses grands thermos de café, suivie de Pétronille, Bruno et leur fils Oscar.

Devant la mairie, se trouve déjà le vieux C15 blanc de Norbert, lui aussi conseiller municipal. Philou soupire. La dernière fois qu'ils se sont vus, ils se sont accrochés au sujet d'un viticulteur et copain de Norbert qui a enfumé la moitié du village en brûlant de la paille arrosée de gasoil au pied de ses ceps. Troulou a respiré des particules de carburant pendant plusieurs jours à cause de cet imbécile ! Et Norbert qui se rengorgeait en répétant que tout avait bien marché… Polluer pour combattre un épisode météorologique extrême provoqué par la pollution, il fallait oser ! Ces deux crétins décloueraient les planches à l'arrière d'un bateau pour en réparer l'avant.

Entre cet incident et leurs désaccords récurrents à propos de la chasse, Norbert et Philou ne sont définitivement pas du même bord. Norbert considère Philou comme un original un peu louche qui habille ses vignes de manchons métalliques au lieu de rejoindre leur troupe de joyeux chasseurs ; Philou estime que Norbert est un barbare mal dégrossi qui tire à tort et à l'aveugle chaque fois que son chien Napoléon marque l'arrêt.

Cependant, afin de ne pas transformer la séance municipale en combat stérile où on n'échangerait que des invectives, Philou préfère se concentrer sur les intérêts communs plutôt que sur les points de discorde. Il espère donc qu'on parlera surtout des administrés dont les cultures ont subi des dégâts. Une partie des bourgeons n'étant pas encore sortis, ils ont échappé au gel. Mais que se passera-t-il si une canicule estivale s'ajoute à ce désastre printanier ? Il tente de repousser l'angoisse en soufflant. Mylène le lui répète depuis des jours : inutile d'anticiper le pire, c'est la meilleure façon de gâcher le présent. Mais comment l'empêcher si on ne l'anticipe pas ? Comment freiner le détraquement des saisons ?

« Aucune foutue idée », grommelle Philou en grimpant l'escalier qui mène à la salle du conseil. À sa grande surprise, seul Norbert est là, debout près de la longue table. Avec son large pantalon de velours vert sapin et sa veste de chasse, il lui évoque une punaise. Une punaise qui aurait une énorme moustache Fu Manchu blanche et une allure de vieux biker. Une punaise Davidson.

— Salut, Norbert.

— Salut, Philou.

— Les autres sont en retard ?

D'habitude, le maire et ses adjoints arrivent ensemble, ils sont tous de la même famille. On est maire de père en fils, chez les Pujol. Et quand on n'est pas maire, on est adjoint. C'est une dynastie qui règne à Troulou. Un peu comme en Angleterre, les dorures en moins.

Les deux hommes se serrent la main avec la virilité requise, les yeux dans les yeux. D'un mouvement du menton, Norbert désigne une feuille laissée en évidence sur la table.

— Ben je crois pas qu'ils vont venir, répond-il de sa voix de baryton.

Perplexe, Philou saisit le courrier et le parcourt rapidement.

— Bordel de merde, lâche-t-il.

— Ça oui, approuve Norbert, qui lisse ses cheveux gris ramenés en arrière, l'air grave.

Venu en avance pour inscrire à l'ordre du jour le débroussaillage des chemins communaux avant l'ouverture de la prochaine saison de chasse, il a déjà eu le temps de lire et de relire le courrier. S'il a été surpris, dans un premier temps, les perspectives offertes par cette situation imprévue lui sont bientôt apparues.

— Comment on se débrouille, nous, maintenant ? On va devoir organiser de nouvelles élections ?! explose enfin Philou. Comme si j'avais que ça à foutre ! Ils ne pouvaient pas attendre, non ?!

— Ah, c'est sûr qu'ils ont mal choisi leur moment.

Norbert frotte le bout d'une de ses chaussures contre son pantalon, à hauteur de mollet, puis vérifie la brillance du cuir avant de froncer les sourcils. Philou roumègue à mi-voix, agité. Lui, Norbert Bascoup, sent que ce coup de Jarnac pourrait se transformer en coup de bol.

— Bon, je vais aller afficher ce truc, conclut-il. Toi, tu devrais prévenir tout le monde chez Mylène, ça se saura plus vite.

— Oui, tu as raison. Ça te dérange, si je prends la lettre ?

Norbert indique d'un geste que ça lui est indifférent, laissant Philou se précipiter dans l'escalier qu'il dévale quatre à quatre, muni du courrier.

Norbert ouvre une armoire métallique, en extrait la petite clef du panneau vitré destiné à l'affichage municipal. Lentement, il passe derrière le fauteuil du maire, sur lequel ont siégé trois générations de Pujol. Le papier préfectoral toujours en main, il éprouve discrètement le moelleux du dossier recouvert de faux cuir et jette un œil par la fenêtre, juste à temps pour voir Philou pénétrer en courant dans le salon de coiffure. Des éclats de rire s'éparpillent sur la place avant que la porte ne claque derrière Philou.

Dans le salon, l'air préoccupé du compagnon de Mylène éteint peu à peu les manifestations de joie et provoque quelques chuchotements. La coiffeuse écarquille les yeux en signe d'incompréhension, mais garde le sourire. Si son homme les interrompt, c'est qu'il doit avoir de solides raisons.

— La réunion du conseil municipal est déjà terminée ? se hasarde-t-elle.

— Elle n'a même pas commencé, tu veux dire.

Philou s'avance dans la salle, examine rapidement le paperboard et approuve d'un hochement de la tête.

— Désolé, mais on a une urgence sur les bras. Un genre de grosse tuile dont on se serait bien passé et qui va suspendre pas mal de décisions jusqu'à ce qu'on ait réglé le problème.

Il tire la lettre de sa poche, la défroisse et entame la lecture devant une assistance médusée.

Chers administrés,

Lorsque vous prendrez connaissance de ce message, nous serons partis de Troulou. Notre famille compose les 80 % du conseil municipal depuis de très nombreuses années, à la satisfaction générale, si on en croit nos réélections successives. Néanmoins, tout a une fin, comme le dit si pertinemment l'expression.
La Providence, la chance, ou la justice immanente – rayer les mentions inutiles – nous a permis de gagner au loto, il y a quelques semaines. On jouait les mêmes chiffres en famille depuis si longtemps qu'on avait fini par ne plus y penser. Vous savez ce que c'est – ou plutôt non, vous ne le savez pas – ce genre d'événement attise les rancœurs, les sollicitations et les jalousies. Troulou n'y échappe pas, nous sommes bien placés pour en parler. Passé les félicitations et l'inévitable fête de village, nous aurions été en proie à de nombreuses difficultés : les réparations de la voie principale, la pose d'une antenne relais, les fossés d'untel, les bois d'un autre, le pré communal, la réfection du système sanitaire, les dons individuels… Bref, le conseil municipal serait devenu le conseil des doléances, sans parler des demandes « amicales » qui n'auraient pas tardé à nous ensevelir. Impossible de garder un tel secret bien longtemps !
Aussi avons-nous décidé de ne pas vous informer de la bonne nouvelle de vive voix, de démissionner collégialement et de vous rendre les clefs de votre destinée comme nous prenons les rênes de la nôtre.
Chers ex-administrés, nous vous souhaitons le meilleur pour la suite, du courage et de l'audace, des idées et de

l'ardeur. Vous allez voir comme il est merveilleux de diriger ce petit village pittoresque.

Bons baisers des tropiques.

Votre ex-maire Alphonse Pujol,
ses adjoints Marylise Pujol, Romain Pujol et Bastien Pujol
et les conseillers municipaux Jessica Pujol et Dylan Pujol

— Les bras m'en tombent ! s'exclame une voix dans l'assemblée, déliant toutes les autres langues.

Ah, je m'étais bien dit qu'ils étaient louches depuis un moment, ils multipliaient les politesses comme d'habitude, mais ils étaient pas pareils, t'avais remarqué ? Oh de toute façon, ces Pujol, j'ai jamais trop pu les sentir. Tu te souviens de l'affaire en 76 ? Mais elle est de combien, cette cagnotte ? C'est pas eux qui ont remporté les cent millions, quand même ! Quel culot de démissionner comme ça, à leur place, j'aurais légué un petit quelque chose à Troulou ! De quoi financer une piscine municipale, par exemple. On peut pas les retenir de force ? C'est légal, ça ? Le nombre de fois où j'ai gardé les gosses de Dylan, pendant les conseils, c'est pas la gratitude qui les étouffe…

Martin se dit que, en effet, un mécène aurait été le bienvenu après ces deux années où les activités d'*Iris Center* ont pâti de la pandémie. Philou rumine après ses vignes qui ont tant souffert du gel. Mylène pense aux caisses vides de son comité des fêtes.

— Ben, c'est chouette pour eux, quand même, lâche Romain avec son petit accent belge. Faudrait être une clinche pour pas en profiter, c'est sûr. Mais ils auraient pu nous payer un coup à boire !

— Ils auraient surtout pu y mettre les formes, grommelle Philou. Parce que là, il n'y a plus que mézigue et Norbert au conseil municipal. Il va falloir organiser des élections et on n'a pas prévu de nouveau maire, que je sache.

— Pourquoi pas toi, Philou ? demande une femme.

— Tu crois que j'ai pas assez d'emmerdes comme ça ? Je ne veux certainement pas m'en rajouter une louche. Le conseil municipal, d'accord. Cuisiner l'aligot saucisse pour la fête du village, je suis partant. Pour le reste, c'est pas de mon ressort.

— Oh ben, le Norbert, y va se proposer, conclut une autre au fond de la salle.

Laissant le comité des fêtes se désagréger en petits groupes au fil des conversations qui se nouent autour de cet événement majeur, Mylène se rapproche de Philou et lui caresse le bras.

— Norbert, il est RN, c'est bien ça ? chuchote-t-elle.

— Oui, acquiesce Philou sur le même ton. On l'appelait Coupbas quand il était môme. Son nom de famille à l'envers, Bascoup, coup bas. Tu vois le genre ?

— Je vois, oui. C'est pas si grave, finit-elle par dire devant son visage fermé, on va les organiser, ces élections municipales.

— On n'avait pas besoin de ça. Tant qu'on n'a pas de maire, les budgets sont bloqués, on devra attendre pour la moindre décision. Le Far West à Troulou, t'imagines un peu ? Et franchement, Norbert et sa clique de chasseurs, c'est pas la panacée. Il faut qu'on trouve quelqu'un, et vite !

Mylène penche la tête en observant les groupes rassemblés dans sa boutique, les discussions animées, le paperboard couvert d'inscriptions.

— On va trouver, mon chéri, affirme-t-elle, on va trouver.

Chapitre 2

« … C'est enfin la levée des restrictions de déplacement, un vent de liberté souffle… »

Désirée éteint l'autoradio en même temps qu'elle abaisse les vitres de sa 308 rouge, malgré la température encore fraîche. Elle veut le sentir sur sa peau, ce vent de liberté ! Car aujourd'hui est un grand jour : elle retourne dans le village de son enfance pour y rejoindre l'homme de sa vie.

Greg a d'abord rendu visite à ses parents, au Vésinet. Il ne les avait pas vus depuis plus d'un an, à cause de cette satanée pandémie. Elle-même devra attendre encore quelques mois avant de retrouver les siens, mais ils échangent régulièrement sur WhatsApp.

Pour l'heure, elle a surtout hâte de sauter au cou de son compagnon. Entre le déménagement, les obligations familiales de Greg et les horaires décalés de Désirée, ils n'ont pas pu se contacter aussi souvent ni aussi longuement qu'elle l'aurait souhaité. Puis ils sont ensemble depuis déjà trois ans, leurs élans sont devenus raisonnables. Mais s'ils ne parlent plus des nuits entières, leur relation s'inscrit dans un projet de vie. Elle sourit rien qu'en y pensant, un œil sur le tableau de bord, prête à ralentir si nécessaire. Au petit matin sur l'autoroute, après son ultime garde de nuit, elle a distinctement perçu le flash du radar. Un comble pour une infirmière qui sort justement de plusieurs mois en traumatologie ! Elle en a fini avec les cadences infernales dans un CHU géant, au personnel submergé de travail et d'injonctions contradictoires. Greg et elle emménagent au-dessus du cabinet dans lequel ils exerceront ensemble, se partageant la patientèle, entremêlant leurs destinées. Et qui sait ?

La première fois qu'elle a prononcé le nom de son village natal, Greg a cru qu'elle plaisantait et a aussitôt vérifié l'existence de Troulou sur son smartphone. Comment imaginer, à ce moment-là, qu'il lui proposerait un jour de s'y installer ? Et encore moins qu'elle accepterait ! C'est fou ce que l'amour transforme.

Après neuf ans passés dans une grande ville, Désirée devine que certaines choses vont lui manquer. Starbucks, les soirées tapas entre amis, les cinés et les expos. Elle espère très fort que Greg, arrivé la veille, a trouvé du charme au village. En tout cas, s'il ne l'a pas appelée pour lui annoncer qu'il préférait retourner à la civilisation, c'est qu'il est toujours au cœur de la zone blanche ! Elle fait confiance à Pierre, le médecin qui leur cède son cabinet afin de prendre une retraite méritée, pour guider son amoureux citadin à travers la jungle trouloise. Pierre y a mené toute sa carrière, il n'envisage pas de finir ses jours ailleurs. Désirée s'attendrit à l'évocation de l'homme qui a aidé sa mère biologique à la mettre au monde. Dire qu'elle-même l'accompagnera peut-être lorsqu'il arrivera au bout de son chemin sur cette terre… Le plus tard possible, elle l'espère !

Désirée freine au panneau stop, saisie d'une émotion teintée de solennité. Vivre à Troulou n'est pas un simple retour aux sources, il s'agit de réparer son passé grâce à l'avenir qu'elle et Greg construiront ensemble. C'est un joli symbole que leur installation ait lieu quelques jours avant ses 28 ans, le 8 mai. Ce sera son plus bel anniversaire ! L'année dernière, elle n'a eu qu'un café froid, debout dans la petite salle de repos du service pneumo, tandis que Greg assurait une garde aux urgences.

Un vrombissement aigre la tire de ses pensées. Elle s'avance au-dessus du volant, mais n'aperçoit qu'un corbeau perché sur un poteau électrique. À ce moment, surgit un gamin casqué, arc-bouté sur un solex rouillé qui atteint péniblement les trente kilomètres à l'heure, à vue de nez.

Désirée regarde passer l'antiquité. Elle en a côtoyé, des mecs à mob, durant sa propre adolescence. Certains la surnommaient Dédé et elle détestait ça. D'autres l'appelaient Banania. Là, ça faisait carrément mal. Heureusement, il y avait aussi les copains et les copines. Mais elle restait quand même la seule Noire du canton. Machinalement, elle touche son afro courte avant de poursuivre sa route. Dans une vingtaine de minutes, elle retrouvera Greg et, pour tout le monde, elle sera dorénavant l'infirmière ou la femme du docteur.

Cette certitude la rend plus forte. À eux deux, ils vont remettre Troulou sur pied !

Quelle prétention ! s'amuse-t-elle. Ce qu'ils feront ensemble dans ce coin perdu, c'est une médecine de proximité, avec tout ce qu'elle implique de noble et de trivial. Ils vont accueillir une humanité brute, dépouillée d'artifices : naissance, maladie, mort. Ce sera fort, triste ou joyeux suivant les cas, agaçant parfois, sûrement difficile et épuisant. Mais ils s'épauleront et se compléteront. Désirée n'a pas peur.

Elle se gare en souriant devant la maison de Pierre. Elle reconnaît tout de suite la plus haute bâtisse de la place. Sa façade est une explosion de couleurs : ocre des murs, vert sombre du lierre qui dégouline depuis le balcon de fer forgé du même bleu céruléen que les volets. La porte de la salle d'attente s'ouvre et le médecin sort. Ils devaient guetter son arrivée. Greg est-il déjà en train d'ausculter ses premiers patients ? Ce serait bien son genre de se mettre au travail tout de suite.

— Bonjour, Pierre ! Quel plaisir de te revoir ! lance Désirée en quittant son véhicule.

Le généraliste du village paraît alerte, sa courte barbe est toujours rousse, mais les pattes-d'oie au coin de ses yeux gris se sont creusées. Désirée le trouve plus mince qu'il y a quatre ans, lors de sa dernière visite à Troulou. La fonte de la masse musculaire révèle l'avancée de l'âge, même si l'énergie semble intacte.

— Pour moi aussi, ma grande, pour moi aussi, répond l'homme qui la serre contre lui.

On ne s'embrasse plus, surtout entre soignants, pourtant ce n'est pas l'envie qui leur manque ! Pierre a été le premier à saisir son corps de bébé. Il a aussi fermé les yeux de celle qui lui avait donné le jour. Avec Jeanne, il est le seul qui peut encore lui en parler. Désirée sent, à l'étreinte chaleureuse du médecin, qu'il est aussi ému qu'elle.

Mais lorsqu'ils s'éloignent l'un de l'autre, l'embarras sur le visage de Pierre la trouble.

— Il y a un souci ?

Ce n'est pas une question, plutôt un constat. Il esquisse une moue ennuyée.

— Je suis embêté, je ne te le cache pas, ça me met dans une situation difficile. Tu n'y es pour rien, mais… j'aurais aimé que Grégoire me prévienne avant.

Le diaphragme de Désirée se bloque, rendant sa respiration douloureuse.

— Pardon, Pierre, je ne comprends pas. Te prévenir de quoi ?

Le médecin la dévisage, puis ses lèvres se pincent et son regard exprime une commisération qui brise le cœur de Désirée.

— Je suis désolé. Grégoire a téléphoné hier pour m'annoncer qu'on lui proposait un poste dans un cabinet réputé à Paris. Il ne viendra pas.

Sous le grand chêne, il y a le fauteuil à bascule blanc. Le corbeau freux observe Jeanne penchée sur une butte où elle enfouit des épluchures. Y a-t-il quelque chose pour Lui dans ses mains, un ver, quelques graines, une sauterelle ? Ses yeux parcourent l'espace alentour, il guette les avertissements : le merle qui trille en solitaire, une nuée de passereaux mobiles comme du vif-argent, le tambourinage d'un pic-vert, les shreik-shreik-shreik du geai des chênes et les alarmes des deux pies en vigie sur un arbre mort, au cas où renard et busard tenteraient une approche. Rien ne lui échappe, l'inattention est fatale. Tout à l'heure, une mésange charbonnière a été trop confiante. Le freux a entendu son cri d'agonie sous les griffes du chat. Partout le danger, même s'il y a plus d'une lune que les fusils se sont tus.

Ses plumes noires aux reflets bleus se soulèvent pour laisser passer la brise. Il pense à Elle, il pense à sa vie d'avant. Au dortoir dans les hauts platanes de la ville. Tous les soirs, Elle et Lui dans le nid parmi les Autres. Grande liesse des retrouvailles. Échanges de coups de bec, signes et cris pour raconter la journée, donner la position des nouveaux gagnages et points d'eau. Quand les feuilles jaillissent des branches, c'est le temps de la becquée aux corbillats. Il a tout appris des Autres – le vol, la voix, l'affût, le nourrissage, le réconfort, le partage, la perte et le chagrin. Nombreux sont les ennemis, nombreux sont les absents chaque soir.

Il y a des lunes et des lunes, il a été blessé. Séparé des Autres et d'Elle. Douleur. La femme Brigitte l'a soigné. Il était si bien, toujours de la nourriture, toujours de l'eau. Jamais chaud jamais froid. Après elle l'a emporté dans un nouveau nid. Loin d'Elle, loin des Autres.

Ici rien ne ressemble à là-bas. Dans le nouveau territoire, il y a une colonie au bout du village. Le corbeau lance un cri d'appel. Il est dans une terre où Elle et les Autres ne savent pas venir, pourtant il croasse encore. « Qu'est-ce qu'il y a, Kiki ? » demande Jeanne en se redressant. Il connaît le son qui sert à l'appeler et celui de tous les êtres de son nouveau clan. Il connaît leurs habitudes, leurs voix, il comprend plusieurs de leurs nombreux cris. Il apprend chaque jour.

Face à lui, Jeanne attend. Ils attendent toujours quelque chose. Le moment de couver est passé, dans la colonie les jeunes sont en apprentissage. Kiki continue de veiller sur le ciel. Il imagine Elle et les Autres surgissant, leurs cris de joie, les retrouvailles. À nouveau nourrir les petits, se rendre au gagnage ensemble. Il a préparé un nid de rameaux dans une fourche stable au sommet d'un châtaignier. Fidèle à Elle et aux Autres.

« Kékékékéké. » Kiki file haut dans le ciel. Jeanne le suit des yeux tandis qu'il s'éloigne. Les portes et les fenêtres du Refuge sont ouvertes. Les enfants se chamaillent. Il croise un couple de corneilles et quatre pies. Pourquoi est-il seul ? Les Autres lui manquent, Elle surtout.

Il rejoint la route, survole le village. Sur la place, la cloche de l'église sonne. Kiki pousse un « kékékékéké » sonore pour saluer une mère et son enfant. Le petit pleure. Difficile de communiquer dans son nouveau clan, ils n'apprennent pas vite. Ils ne cherchent pas à comprendre ni à découvrir. Ils sont incapables de voler, ils n'observent pas assez, ne perçoivent rien du déplacement des plantes, ne connaissent pas les messages odorants des arbres, ni la signification des nombreux langages qui racontent le paysage des vivants et des morts. Ils ne sont pas malins, mais ils sont cruels, ils ne survivraient pas, sinon. Dans son ancien clan, les Autres étaient comme Lui, maintenant, ils sont tous différents.

Dans son nouveau clan, les règles sont incompréhensibles, elles changent, rien n'est assuré. Au-dehors, il est seul. Peu d'alliés, les hommes sont dangereux, comme celui dans la maison qu'il survole maintenant. Kiki l'a vu abattre des chevreuils épuisés par une longue traque, des faisans sans défense nourris au grain des élevages, des lièvres trapus au poil doux, des grives musiciennes, de solides sangliers. Il a vu l'homme poser des pièges et lancer de faux cris pour attirer ses proies. Il l'a vu tuer beaucoup de corbeaux. Ce visage est imprimé dans la mémoire du freux, c'est celui de l'homme-qui-tue.

Le dortoir de la colonie est près de sa maison, sur une ancienne allée de platanes envahie par les ronces. L'homme-qui-tue ne supporte pas les rassemblements du soir, la grande conversation des corvidés qui se retrouvent pour la nuit. L'homme-qui-tue saigne les poules suspendues à un crochet, il assomme les lapins pour leur prendre leur peau, il vide la chevrette de ses entrailles, il égorge le porc malgré ses beuglements. Toutes les bêtes le savent. Il est le chef d'une meute de chiens blancs à poils courts et aux oreilles noires tombantes. Des chiens qu'aucun terrain n'arrête, qu'aucune course ne distance, des fous qui hurlent à la mort et au sang, qui n'obéissent qu'au maître. Kiki les déteste tous.

Il reste à distance, il veut en savoir plus sur l'homme-qui-tue. Il faut apprendre à connaître son ennemi, surtout quand on est seul. Il pourrait donner des informations à la nouvelle colonie, s'il décide de l'intégrer. Il souffre qu'on abatte les Autres, y compris quand ces Autres ne sont pas de son clan.

Il se pose sur les tuiles rouges, se faufile contre la cheminée. Les chiens sont à l'enclos. Au loin, les cimes du dortoir se dressent, couvertes de nids. Kiki veut manger du pain trempé. C'est la femme Brigitte qui lui en a donné le goût. Ici, il y en a toujours à côté du grain. Mais d'abord, trouver une place entre les poules, le coq et les canards, sans alerter l'homme-qui-tue.

Kiki tente une première approche et vient se poser à proximité du pain, éblouissant sous le soleil. Blé, orge et maïs sont autour de la mangeoire close. Le coq n'est pas visible, l'homme-qui-tue non plus. Kiki avance d'un pas, d'un autre, puis il sautille en direction du festin. Soudain, un oiseau blanc se dresse entre la nourriture et lui, en poussant des cris de colère. Kiki s'envole aussitôt et se pose hors de portée.

C'est une oie, une jeune femelle de petite taille avec une houppe sur la tête. Elle est déterminée à le chasser, Lui, de son territoire. Kiki lance un cri en retour. La lueur dans les yeux de la femelle lui évoque Elle. C'est si fort. Il est fasciné, lance un second appel malgré les risques. L'oie, plantée sur ses deux pattes, se cambre devant ce freux qui la défie. Pour toute réponse, elle lâche une fiente sur le pain et un cacardement moqueur qui achèvent d'éblouir Kiki. On dirait tellement Elle.

Chapitre 3

Son téléphone collé à l'oreille, Désirée fait les cent pas devant la vitrine d'Adult'Hair, sur le conseil de Pierre, afin de bénéficier du meilleur réseau possible. Pudique, après un bref salut à Mylène, elle s'est détournée de la petite foule qui s'agite dans le salon. Elle secoue la tête, esquisse un geste de supplication, puis serre le poing comme une menace.

Le médecin l'observe depuis la fenêtre de sa salle d'attente, dépité. Lui-même vient d'avertir Jeanne en quelques mots : non seulement son remplaçant s'est désisté, mais ce petit con a « oublié » de prévenir sa compagne. Jeanne a gardé le silence quelques secondes, avant de lui dire de rentrer avec la gamine, pour parler de tout ça en déjeunant. En raccrochant, Pierre en a ressenti du soulagement. Il a bien vu le regard incrédule, puis paniqué de Désirée lorsqu'il a dû lui annoncer la nouvelle. Grégoire, elle le leur avait présenté comme son fiancé. C'était trop beau, tiens, rage-t-il.

Jeanne le rabrouerait sans doute – *Cette réflexion défaitiste ne te ressemble pas !* Mais sa déception est à la hauteur du soulagement éprouvé lorsqu'il a cru pouvoir enfin passer la main. Il avait même téléchargé son formulaire de déclaration de cessation d'activité sur le site de l'Urssaf !

Désirée a raccroché et se dirige vers le cabinet. Pierre attrape les clefs de sa Laguna grise. Inutile de rester plus longtemps, il s'est organisé pour libérer sa matinée. La jeune femme ouvre la porte, les yeux rougis et la bouche tremblante malgré ses efforts pour conserver sa dignité.

— Je suis navrée, Pierre, je ne comprends pas, j'ai…

À cet instant précis, Pierre, si doux et si compréhensif envers ses semblables, démonterait volontiers ce Grégoire.

— Tu n'as rien à te reprocher, l'interrompt-il d'une voix ferme. Jeanne nous invite au Refuge, c'est moi qui conduis !

Désirée ne voit rien du trajet, entièrement tournée vers le maelström de ses sentiments. Tout la bouleverse. Elle avait imaginé présenter l'univers de son enfance à Greg, à qui elle a raconté ses vacances passées chez Jeanne et Marie-Carmen, au Refuge justement : le grain qu'on lançait aux poules, les brins d'herbe qu'on faisait siffler, les généreux goûters. Et les heures passées au salon de coiffure, à regarder des dessins animés sur une télé perchée au sommet d'un escabeau, pendant que Mylène tressait avec douceur ses cheveux crépus. Et Pierre, bien sûr, dont Greg avait admiré la carrière ! L'index droit discrètement posé sur son poignet gauche, elle contrôle sa tachycardie, tiraillée entre la peur d'un infarctus et l'espoir qu'il mette fin à son cauchemar. Mais quand la Laguna se gare près d'une Mini poussiéreuse, la vision de la maison dans laquelle elle est née la ramène à la réalité. Son cœur se serre : elle avait imaginé retrouver le Refuge en compagnie de son compagnon, lui présenter Jeanne…

Justement, celle-ci sort de la ferme en pierre, un sourire aux lèvres, ses longs cheveux blancs nattés, vêtue d'un pantalon de toile kaki et d'un tee-shirt affichant le minois d'Ariana Grande.

— Désirée ! Bienvenue à la maison ! On s'embrasse ou pas ? Je ne sais plus, moi !

— On peut se serrer dans les bras, propose Désirée en détournant soigneusement la tête pour éviter que leurs souffles ne se mêlent.

La maîtresse des lieux n'a rien perdu de sa prestance et ses yeux verts semblent sonder l'âme de Désirée lorsqu'ils se posent sur elle. Quand elle était malade, enfant, il arrivait que ses parents adoptifs, tous deux enseignants, la laissent au Refuge pour une journée ou deux. À cette époque, Jeanne y vivait avec Marie-Carmen, sa compagne, et les personnes qu'elles hébergeaient. Désirée en garde des souvenirs doux : on lui servait des potages de légumes du jardin, Jeanne s'adressait à elle comme à une grande, tandis que Marie-Carmen lui racontait des histoires avec son accent chantant. C'est pour l'enterrement de celle-ci qu'elle est revenue, il y a quatre ans.

— Allez, ne restons pas plantés là, je vais te présenter tout le monde ! abrège Jeanne, qui n'est pas friande d'effusions.

Elle note le visage défait de la jeune femme. Et Pierre ne semble pas davantage au mieux de sa forme. Jeanne les prend l'un et l'autre par le bras pour les conduire avec autorité vers la terrasse.

— Tu vas voir, on a un peu modifié la déco, mais tu ne devrais pas être trop dépaysée ! C'est Pétronille qui s'en occupe. Une fille de la ville, à l'origine, mais elle s'améliore. Quant à La Molotov, elle parle fort, mais elle ne mord pas, ses fausses dents ne le permettent plus.

— La Molotov ?

Désirée, vaguement inquiète, interroge Pierre du regard, mais il paraît perdu dans la contemplation de la main de Jeanne sur sa manche. Lui aussi accuse le coup. La cruauté de sa situation rattrape Désirée qui ne peut retenir ses sanglots. Jeanne toussote.

— Allons, allons, on ne va pas craquer comme ça.

— Jeanne, intervient Pierre.

Désirée tente de parler, mais n'émet qu'un pauvre couinement. Deux grosses larmes lui échappent encore et coulent en direction de ses tennis de toile blanche. Jeanne, mal à l'aise, lui tapote l'épaule. Pierre fouille dans son pantalon et en sort un paquet de mouchoirs en papier.

— Merci, murmure Désirée, ça va aller.

Elle tamponne ses yeux, se mouche, puis prend une grande respiration. Depuis la cuisine, aux portes-fenêtres ouvertes sur la terrasse, leur parviennent des éclats de voix.

— Il faut le goûter avant de le servir !

— Madame Molotov, c'est la seule bouteille qu'on a mise au frais, on attend tout le monde.

Jeanne presse les deux autres. On a dressé la table dehors. Sur le bois brut qu'on a pris soin d'huiler avant l'hiver, cinq assiettes de faïence ancienne dépareillées côtoient des serviettes de coton blanc. Les couverts sont simples et les verres à pied, solides. Ici, pas de cristal ni de porcelaine, encore moins de plastique : tout doit durer, et sans polluer ! Au centre, une touche de gaieté est apportée par un bouquet touffu de marguerites printanières dans un vase en grès.

— Allez, amenez la carafe d'eau, je m'occupe du reste, reprend la seconde voix, aimable mais avec une pointe d'agacement.

L'apparition d'une vieille dame, vêtue d'un caftan imprimé zèbre retenu par une ceinture dorée qui ressemble étrangement au trophée d'un championnat du monde de boxe, cheveux blancs coupés court, achève de distraire Désirée.

— Brigitte. La Molotov, donc, annonce Jeanne d'un ton résigné. Une copine. Elle habite ici, maintenant.

— Ah ! Et voici sûrement la bien nommée Désirée ! braille l'apparition.

Posant la carafe d'eau au bord de la table, La Molotov dévisage en silence la nouvelle venue qui soutient son regard perçant sans broncher. Sous des dehors réservés, Désirée a déjà côtoyé des personnages vraiment intéressants, lors de ses gardes. L'absence de politesse, les examens scrutateurs et les propos déplacés ne l'impressionnent plus depuis longtemps. Et puis, quoi que cette vieille au rouge à lèvres criard puisse lui balancer, ça ne pourra pas être pire que ce qu'elle vient d'encaisser.

— Bon, on peut s'asseoir, Néfertiti ? coupe Jeanne qui n'a pas la même patience.

Les yeux bleus soulignés de fard sombre cillent un instant.

— On peut, mais on boit un coup avant que Pétrolette ne dégaine ses tickets de rationnement.

— Oh, madame Molotov, vous exagérez tellement !

La femme qui proteste vient de sortir de la cuisine par l'une des deux portes-fenêtres. Simplement habillée d'un jean et d'un pull fin couleur corail, elle secoue ses cheveux roux joliment ébouriffés au-dessus des oreilles, sans cesser de sourire. Elle salue Désirée d'un geste.

— Voici Pétronille, dit Jeanne. Elle aussi s'est installée ici, avec mari et enfants !

— Et la greffe a pris ! enchaîne Pétronille, alors qu'elle dépose un grand plateau sur la table. Bruno est à Bordeaux pour son travail et Oscar et Marion sont en cours. Je vais chercher le gratin, asseyez-vous donc. Et bienvenue, Désirée, je suis ravie de vous rencontrer enfin. On peut se tutoyer ?

Elle lui adresse un sourire radieux.

— Bien sûr, avec plaisir.

Machinalement, Pétronille bouge la carafe pour la centrer avant de retourner en cuisine. Désirée s'installe en bout de table, tandis que Pierre et Jeanne vident le plateau de son contenu. Un grand pain ovale à la croûte saupoudrée de farine, un gigantesque couteau dentelé pour le trancher, une bouteille de rosé couverte de buée, salière, poivrière, beurrier, plateau de fromages, saladier de doucette luisante de vinaigrette.

— Dis donc, ma vieille, j'avais pas remarqué ton tee-shirt ! Tes sponsors agricoles t'ont lâchée ? demande La Molotov à Jeanne, qui s'est assise en face de Pierre.

Pétronille prend place, éloignant discrètement la bouteille de sa voisine de table en caftan.

— C'est ma fille qui le lui a offert, explique-t-elle à Désirée. Ariana Grande, c'est sa chanteuse préférée.

— Et apparemment, mes tee-shirts publicitaires ne sont pas assez *stylés*, s'amuse Jeanne. Alors j'ai eu droit à cette merveille pour mon anniversaire.

À ce mot, Désirée s'effondre. Sa bouche se tord, elle hoquette, renifle, finit par cacher sa tête dans ses bras pour laisser libre cours à son chagrin. Un croassement sonore retentit, La Molotov cherche Kiki des yeux. Jeanne grimace. Mais qu'est-ce qui lui a pris d'évoquer son anniversaire ?

Pierre, comprenant ce reproche intérieur, lui attrape la main par-dessus la table. Ils ne risquent pas d'oublier que la jeune femme est née un 8 mai et que, dans cinq jours exactement, elle aura 28 ans. La lâcheté et la goujaterie de ce Grégoire, qui le laisse dans la panade et brise le cœur de Désirée, le révoltent.

— Ce type ne te mérite pas, décrète-t-il avec une certaine colère, sourcils froncés.

Tous les regards se tournent vers lui, seule Désirée ne relève pas la tête. La surprise est générale. Pierre, c'est le médiateur, un Casque bleu volontaire pour toutes les missions à haut risque. Même Jeanne, qui le connaît depuis qu'il est enfant, l'a rarement entendu critiquer qui que ce soit.

— Je suis d'accord, enchaîne-t-elle. Si une personne s'engage auprès de toi et se dédit sans seulement prendre la peine de te l'annoncer, elle n'est pas digne de ta confiance. Ni de ton amour.

— Il t'a sûrement aimée, tempère Pétronille, mais…

— Ah non, tu vas pas lui chercher des excuses ! la coupe La Molotov. C'est un salopard et puis c'est tout ! Moi, je dis qu'il y a des coups de genou qui se perdent et si tu veux qu'on aille lui apprendre le savoir-vivre, je suis avec toi, frangine !

— Il est vrai que, question savoir-vivre, tu peux en remontrer à Nadine de Rothschild, ironise Jeanne.

— Il t'a sûrement aimée, répète Pétronille. Pour autant, avoir eu peur de l'installation n'est pas une raison pour…

Elle pense *te larguer* mais finit par :

— … te mettre ainsi devant le fait accompli.

— C'est lui qui avait proposé de venir ici ! Il se projetait dans cette nouvelle vie à la campagne, il n'a jamais évoqué le moindre doute ! s'écrie Désirée en se redressant, les yeux bouffis et le nez gonflé. Comment j'aurais pu deviner, moi ?!

La colère est plus salvatrice que le désespoir, se réjouit Jeanne qui préfère de loin les explosions aux naufrages. Pierre ne dit rien, songeant qu'en effet ce petit con avait semblé ravi de reprendre le cabinet.

— Tu ne pouvais pas, constate gentiment Pétronille en remplissant son assiette. Et puis tu devais, toi aussi, te préparer à ce grand changement, ça t'a occupé l'esprit.

— Tu crois que si j'avais été plus attentive, j'aurais pu remarquer quelque chose ? s'alarme aussitôt Désirée.

— Non, non, pas du tout ! C'est un adulte, ce Grégoire !

— Quel prénom merdique, intervient La Molotov piquant la bouteille de rosé sous le nez de Pétronille.

— Je comprends pas, gémit Désirée.

— Mais quand tu l'as eu au téléphone, tout à l'heure, il a su t'expliquer ce qui lui a pris ? finit par demander Pierre.

Désirée garde le silence un moment, menton tremblant.

— Eh bien... je ne crois pas, prononce-t-elle lentement, effarée de le réaliser. Il répétait en boucle qu'il était navré que je me sente trahie, qu'il avait eu une meilleure proposition professionnelle et qu'on pourrait reconfigurer notre relation. Mais reconfigurer quoi ?! On va vivre chacun à l'autre bout du pays !

De nouveau, elle plonge sur la table, ne laissant plus voir que son afro courte. Pétronille repousse son assiette, l'appétit coupé par la peine de cette nouvelle venue, si chère aux yeux des gens qu'elle aime.

— Bon, ma grande, tant qu'à être ici, autant prendre du bon temps ! tranche Jeanne. Déjà, tu vas rester avec nous, on ira chercher tes affaires plus tard. Pas vrai, Pierre ?

— Absolument, approuve-t-il.

Désirée essuie vigoureusement ses yeux avec sa serviette.

— Je suis désolée.

— Tu n'as rien fait de mal, on t'a fait du mal, c'est différent, reprend Jeanne. Et puis le Refuge, c'est l'endroit idéal pour se remettre d'aplomb.

— Je confirme, intervient Pétronille, qui éloigne de nouveau la bouteille de l'emprise de son insatiable voisine. On loge tous les quatre sous les combles, donc il reste deux chambres inoccupées à l'étage.

— Ah, il y a eu des travaux, là-haut ? demande Désirée, par courtoisie.

— Ouiiiii ! On a aussi branché le téléphone et installé Internet, ajoute Jeanne en roulant des yeux.

— En revanche, on n'a toujours pas raccourci le chemin des gogues, râle La Molotov.

Désirée se souvient en effet des toilettes, posées sur une estrade carrelée, au fond d'un interminable couloir étroit et sans fenêtre.

— Mon mari télétravaille et pour les enfants, c'était mieux, reprend Pétronille. Et puis, c'est pratique, Internet, vous ne trouvez pas ?

— Pratique pour obtenir tout, tout de suite, oui ! Bientôt on ne supportera plus aucune frustration.

— J'ai pas attendu Internet pour avoir des problèmes avec ça, grommelle La Molotov.

Par prudence, personne ne relève.

— C'est bien, c'est bien, ânonne Désirée, d'une voix absente.

Pierre devine, tout comme Jeanne, que l'abandon par son petit ami ravive une souffrance archaïque et fondatrice.

Cette rupture muette, sans sommation, au moment où ils devaient s'élancer ensemble, entre en résonance avec la douleur du deuil expérimenté à sa naissance. À leur table, se trouvent la femme adulte et le nourrisson, unis devant la solitude et l'abandon.

Jeanne, qui a décidé l'an dernier de quitter le Refuge pour élire domicile dans sa bergerie, située près de la source mais détachée du fonctionnement collectif de sa maison, se voit rattrapée par le passé, elle aussi. C'est son ancienne compagne, Marie-Carmen, qui avait choisi le prénom Désirée, la mère n'en ayant hélas pas eu le temps. Quand Pierre les avait prévenues que c'était fini, elle avait longtemps pleuré dans les bras de Jeanne.

— Tu sais quoi, Pierre ? On va appeler Mylène et préparer une fête d'anniversaire à tout casser samedi prochain, décrète-t-elle. Moi, je t'attendais, Désirée, et je suis heureuse que tu sois revenue parmi nous.

La jeune femme lève un visage incrédule sur Jeanne, qui la fixe d'un air grave.

— Tu as raison, dit Pierre en souriant. Fêtons dignement le retour de l'enfant prodigue !

— Quelle bonne idée ! renchérit Pétronille, soulagée par cette proposition. Et puis ça nous fera du bien, après cette sale période !

— Jeanne a souvent d'excellentes idées.

Le médecin ne dissimule pas sa fierté devant la réaction de celle qu'il a toujours aimée et dont il partage la vie depuis une minuscule année. Les yeux noirs de Désirée, aux cils encore perlés de larmes, vont de l'un à l'autre. L'expression admirative de Pierre, le petit sourire de Jeanne, leurs doigts qui se cherchent.

— Mais vous deux, vous… commence-t-elle, sans oser terminer.

Jeanne toussote et saisit son verre. Pierre acquiesce en silence. Désirée est stupéfaite.

— Ouais, ça fait drôle, hein ? Un si bel homme, soupire La Molotov d'une voix pleine de regrets.

Chapitre 4

L'heure du couvre-feu est dépassée, mais Norbert accepte un nouveau Ricard bien épais.

— On va pas repartir sur une seule patte ! s'exclame-t-il, sa moustache tressautant sous son rire.

— Manquerait plus que ça, répond Hervé en les resservant.

L'usage entre eux est de boire deux verres quand ils sont pressés, quatre quand ils ont le temps. Hélène repousse ses longs cheveux noirs en arrière et regarde les deux hommes à travers ses lunettes papillon. Hervé lui a proposé une bière sans alcool qu'elle a refusée. Elle se tient à l'écart et allaite la petite Mila qui vient d'avoir trois mois. Près d'elle, Baptiste a déjà fini son repas et s'attaque avec vigueur à un paquet de boudoirs. Hervé le surveille de loin car bientôt, il faudra le mettre à table avec les adultes, à plus de vingt mois, la chaise haute devient trop contraignante pour lui.

— J'en reviens pas pour les Pujol, poursuit-il en avalant une rasade.

Les glaçons tintent dans son verre quand il le repose sur la toile cirée à carreaux rouges et blancs. Dans la cuisine, la vieille comtoise sonne la demie.

— Le Philou était furax, se marre Norbert. Entre sa vigne et la Mylène, il a bien assez de soucis comme ça.

— Il est franc du collier, je trouve.

— Oui, mais ça fait pas tout. Et puis y a ce qui se raconte sur la coiffeuse... enfin, on devrait plutôt dire le coiffeur, tu crois pas ? Je me demande toujours si on lui a enlevé...

— J'écoute pas trop ce genre de ragots, le coupe Hervé en jetant un rapide coup d'œil à Hélène, c'est bon qu'à se fâcher entre voisins.

— Mouais, sans doute, concède Norbert à contrecœur.

Il avait fait courir de belles rumeurs, à l'arrivée de Mylène. Elles avaient duré un moment et ils s'étaient payé de bonnes tranches de rigolade, avec les copains. *Non mais, on va pas tout supporter, non plus !* Il aurait bien remis ça.

— Tu m'as pas dit ce qui allait se passer pour le débroussaillage avant la saison de chasse ? le relance Hervé qui préfère détourner la conversation.

Il y a des manières que sa femme n'apprécie pas, surtout à propos des gens suivis par le Dr Vallaron. Même si elle est en congé parental, Hélène reste l'employée de Pierre, fidèle au médecin auquel elle accorde toute sa confiance, à juste titre d'ailleurs. La situation est assez tendue dans leur couple avec les deux petits qui ont bouleversé leurs habitudes. Hervé adore ses mômes, il a toujours désiré être père, alors il est ravi. Mais il trouve Hélène distante avec lui, absente, d'une certaine façon, depuis la naissance de leur fille. Il se demande s'il est responsable du mutisme de sa femme. Est-ce qu'elle lui en veut de ne pas pouvoir s'occuper davantage des gosses ? Il a ses champs et l'exploitation à tenir, elle connaît le boulot, elle est assez souvent venue lui donner la main. Maintenant, il ne peut plus compter sur elle, alors tout est plus dur pour lui aussi ! C'est pas une raison pour bouder ! Ils devraient plutôt se serrer les coudes, c'est bien la fonction d'un couple de se soutenir devant l'adversité, non ?

— Tu m'écoutes, Hervé ?

— Oui, je pensais juste à un truc. Tu disais ?

— Qu'il va falloir se retaper des élections, alors qu'on s'est bien emmerdés avec le corona, l'année dernière. Mais c'est pas plus mal qu'on soit débarrassés de la dynastie Pujol, les choses vont pouvoir avancer, maintenant. On va enfin remettre les écolos à leur place.

— Absolument, approuve Hervé.

— On peut plus bosser tranquille, prétend Norbert qui est à la retraite. T'en as pas ta claque, toi, qu'on nous traite d'empoisonneurs, de tueurs d'abeilles et qu'on désigne les paysans comme les responsables du bordel climatique de mes deux ?

Bien sûr qu'il en a marre, Hervé. Mais il se pose aussi pas mal de questions qui le turlupinent. Il laisse Norbert s'emporter sans oser lui rappeler qu'il n'a jamais été agriculteur. Il était salarié dans une coopérative et touche une retraite qui lui convient, complétée par les petits à-côtés : les œufs, les volailles, les mises bas de ses chiens de chasse, un coup de main par-ci, un abattage par-là. Sans compter la pêche, la chasse et les cèpes. Non, Norbert n'est pas à plaindre et il abuse un peu avec ces *nous* et ces *on* grandiloquents. Pourtant Hervé ne le contredira pas, ça ne se fait pas, entre amis.

Lui, il se trouve au cœur de la tempête. Il est allé à une réunion tenue par des anti-pesticides, avec d'autres exploitants. On leur reproche les épandages, les labours, la pollution des sols et de l'air. Mais putain, avait-il envie de crier, comment tu crois qu'il pousse, le blé que tu bouffes, si on met pas tout ça ? Tout le monde commençait à s'invectiver et puis un gars s'est levé, un céréalier de la vallée de l'Aude. « Elles sont stériles, nos conversations, parce que le problème vient du modèle agricole. On n'a pas le même, c'est tout. » Hervé est d'accord, mais il est incapable de changer le sien, celui que son père et son grand-père lui ont transmis.

— Faut que j'y aille, dit Norbert en se relevant.

Il lisse sa chevelure grise en arrière et ajuste sa casquette.

— Fais gaffe, quand même. Il est presque vingt heures.

— T'inquiète, j'appellerai Moresco si j'ai un problème, se moque-t-il en caressant amoureusement ses rouflaquettes. Un bon gendarme, ce Moresco, pas comme Philibert. Y a rien à en tirer de celui-là. Allez, merci pour l'apéro et à bientôt. Salut, Hélène.

Hélène lui adresse un bref signe de tête en retour et se penche à nouveau sur Mila. Elle a ses règles ou quoi ? se demande Norbert en sortant. L'attitude d'Hélène traverse son esprit à la vitesse de la lumière sans parvenir à s'imposer devant le rêve de gloire que la démission du maire provoque en lui. Il décide de prendre un chemin non carrossable pour éviter le croisement où se tiennent les flics, le plus souvent. Ce sentier rural de terre et d'herbes, bordé par des haies que les outils agricoles martyrisent, coupe une propriété privée. Il est censé ne servir qu'aux randonneurs, aux vélos et aux chevaux. « Mais je m'en fous, beugle Norbert à tue-tête dans son C15, je suis chez moi, je passe bien où je veux et quand je veux. » Il actionne ses jambes maigres sous son ventre rebondi pour négocier les cahots en jouant sur les pédales et file droit sans s'occuper de la colère des habitants.

Quand il se gare devant chez lui, les aboiements de ses ariégeois l'accueillent, c'est l'heure de la gamelle. Derrière le grillage de l'enclos, la petite oie tuftée aux yeux bleus, acquise pour garder les volailles, se précipite à sa rencontre en cancanant comme une furie. Aussi collante que Napoléon, son chien fétiche, son meilleur limier. Il nourrit la meute en premier, caresse une ou deux bêtes et jette un œil sur la dernière portée de chiots, quasi prêts à être vendus. Puis il pénètre dans l'enclos pour s'assurer que les mangeoires sont encore pleines et vérifie le niveau des abreuvoirs. En passant, il balance un coup de pied à l'oie qui l'évite sans problème et tente de lui attraper le bas du pantalon.

— Tu vas finir rôtie si tu continues de m'emmerder, lui crie-t-il sans parvenir à l'effrayer pour autant.

« Quel foutu tempérament, cette bestiole », maugrée-t-il en remontant chez lui. Sa grand-mère ne jurait que par cette race en voie de disparition, Norbert perpétue la tradition – mais celle-ci a un caractère insupportable ! Il secoue la tête, il n'a jamais pu se défaire de sa loyauté envers sa grand-mère, y compris après sa mort. La Nanienne, comme il l'appelait. Son épouse le lui reprochait assez quand elle était encore de ce monde – *C'est elle la véritable femme de ta vie !* – et peut-être qu'elle n'avait pas tort, Monique, paix à son âme.

Norbert se lave et s'habille pour sa sortie en ville, en repensant à la démission du maire et de sa clique. Enfin, son heure est arrivée. Les copains le soutiendront et il en a des copains, Norbert, un paquet, ça oui ! Il en sait des choses, il en a rendu des services, on lui doit le retour. *Tous derrière moi !* Il se sert une rasade de rouge pour fêter cette perspective inattendue. Depuis le temps qu'il se présente aux municipales, chaque fois la même déception, ça use un homme à force. Mais là, c'est la bonne, il le sent ! Il va enfin devenir maire de Troulou, concrétiser ses rêves et les ambitions que la Nanienne avait pour lui. « À la tienne ! » lance-t-il en levant son verre au ciel.

Le solex tourne en rond devant la maison avec un bruit furieusement agaçant. Les portes-fenêtres de la cuisine sont ouvertes sur le jardin où Oscar fait pétarader le vieux moteur remis en état afin que le garçon puisse circuler entre le Refuge et le village de manière plus autonome. Sur le porte-bagage, Marion alterne entre éclats de rire nerveux et couinements de frayeur. Depuis plusieurs jours, elle réclamait *un tour de mob*, pour imiter son frère, mais Bruno et Pétronille ont été plus rigides qu'un 49-3 : « Pas sur la route ! » ont-ils décrété. Oscar a décidé d'embarquer sa petite sœur après le dîner en profitant que leur père, le plus réticent des deux, soit en déplacement professionnel à Bordeaux. Il slalome depuis quelques minutes entre les crevasses et les tas de bois mort, se penchant exagérément pour affoler Marion.

— À fond les manettes, fiston, crie La Molotov pour couvrir les mugissements de l'antiquité, montre-lui ce que c'est la vitesse !

— Il est à balle, renchérit Jeanne. Vingt kilomètres à l'heure au bas mot. En cas de chute, on va manquer de sparadraps.

— T'inquiète, ma poule, tu couches avec le doc, t'auras des prix. On a même une *nurse*, maintenant.

D'accord, elle est montée se pieuter avant nos volailles et elle entame une dépression de niveau 4 pour cause de largage en plein vol nuptial, mais elle saura garder ses réflexes, y compris à zéro de tension. C'est rassurant, on se croirait à l'hosto.

— J'admire ton sens de la compassion.

— Et moi ta vigueur amoureuse.

— Il y a des domaines qui ne te concernent pas, Brigitte, tâche de t'en souvenir.

— Tout me va, c'est un don, tout me concerne, c'est une malédiction. Proverbe de mon cru.

— Jeanne, Jeanne, appelle Marion, ivre de joie, regarde-moi !

— Je ne fais que ça, ma chérie.

Jeanne sourit, cette petite est un trésor qui la suit partout, dès qu'elle le peut : à la cuisine, au jardin, dans la bergerie. Elle veut savoir, avide d'apprendre, lui manifestant une affection exubérante qui attendrit sa mère. Oscar, lui, est fasciné par La Molotov, au grand désarroi de Bruno qui ne s'habitue pas à ses excentricités.

— Cette pisseuse t'adore, marmonne La Molotov. Moi, j'ai une si mauvaise influence sur Oscar, cela illumine mes tristes soirées solitaires. C'est un peu comme si on avait eu des gosses.

— N'exagérons rien non plus, ce n'est pas nous qui les élevons.

— C'est mieux, on leur transmet l'essentiel, ce que leurs parents doivent tenir secret. C'est jouissif !

— Parle pour toi !

— J'essaie d'apporter une lueur d'intelligence dans ton esprit ordinaire.

— Eh, vous arrêtez un peu ! intervient Pierre qui rejoint les deux femmes près du banc d'où elles suivent les pitreries d'Oscar. Jeanne, je vais me coucher, tu m'accompagnes ?

Pierre ne me demande jamais une chose pareille, il doit vouloir discuter, se dit Jeanne en se levant.

— Tais-toi, Brigitte ! lance-t-elle en s'éloignant.

— Je ne suis pas aussi obéissante que toi ! Que lui prescrivez-vous, mon cher Pierre ? J'en prendrais bien une dose.

— Bonne nuit Brigitte, répond Pierre, impassible.

— Comment pourrait-elle l'être sans vous ? se lamente celle-ci. Oscar, c'est mon tour de monter sur cette fichue saloperie !

Pierre et Jeanne entendent les protestations de Marion tandis que son frère la débarque.

— Quelle vieille bourrique, râle Jeanne, elle ne peut pas laisser cette gosse tranquille ! J'espère qu'ils vont bientôt s'arrêter d'ailleurs, Désirée ne pourra jamais dormir avec un tel raffut. Et elle doit être crevée, la pauvre.

— Sans compter que la semaine va être consacrée à la présenter aux patients et à lui expliquer le fonctionnement.

Jeanne approuve tout en pénétrant dans le potager afin de vérifier si Charlotte et Simone sont à l'abri pour la nuit dans le poulailler. Bruno a installé un système à cellule solaire pour commander la porte et ne plus avoir à la fermer ou à l'ouvrir, notamment en hiver. Mais Jeanne n'a qu'une confiance limitée dans cette innovation et puis elle aime bien passer du temps avec ses poules, matin et soir, c'est une sorte de rituel.

— Ce Greg est un sombre connard, s'emporte Pierre. Non seulement cette crevure lâche Désirée au dernier moment sans explication ni entente préalable, mais il me laisse en plus dans un beau bordel.

— Pierre, dit doucement Jeanne en se dirigeant vers la bergerie, Brigitte a aussi une mauvaise influence sur toi. D'habitude, tu ne te mets pas en colère, même si la situation le justifie. Et surtout, tu ne jures jamais !

La porte s'ouvre sans difficulté sur la pièce entièrement rénovée. Jeanne appuie sur l'interrupteur, la clarté étant filtrée par l'orée du bois tout proche, malgré les deux fenêtres qui ont été agrandies. Les murs chaulés sont d'un blanc crayeux, le lit aux montants de cuivre a été restauré, il ne grince plus. Les draps blancs sont recouverts d'un plaid marron, les chevets en palette recyclée, chargés de livres, ont été peints dans le même ton que les murs. Une simple table en bois et ses deux chaises font office de bureau et de coin repas. Une grande commode et un vieux coffre noir aux ferrures rouillées reçoivent le linge et les ustensiles de base. Derrière le paravent tendu de toile de jute, un lavabo, un réchaud, un tabouret et des étagères complètent le décor. Quelques lampes, des bougies, un miroir, de larges descentes de lit en laine sur le plancher décapé finissent d'apporter une touche accueillante. Dehors, à quelques pas, se trouvent les toilettes sèches construites durant le deuxième confinement. Ici c'est chez nous, se dit Jeanne, entrelaçant Pierre et Marie-Carmen, sa compagne décédée, dans cette pensée réconfortante. *J'ai tout ce qu'il me faut dans cette pièce, je n'ai besoin de rien d'autre.*

— J'espérais leur vendre la maison avec le cabinet. J'ai envie de vivre avec toi, Jeanne. Tu es toujours d'accord, n'est-ce pas ? demande Pierre en s'asseyant au bord du lit.

Jeanne acquiesce en silence, elle vient près de lui et commence à lui masser les épaules. Bien sûr qu'elle est d'accord, ils en ont assez discuté depuis l'année dernière. Jeanne n'avait pas deviné les sentiments de Pierre avant qu'il ne se déclare. Elle le connaissait depuis qu'il était enfant, le considérant plus ou moins comme un genre de petit frère. Et puis, à bientôt 80 ans, après la perte de Marie-Carmen – *Dios mios, mi Carmencita* –, elle était loin de penser qu'elle pouvait encore se lier à quelqu'un. Un vrai chambardement, cette révélation de l'amour que lui portait Pierre depuis toutes ces années. Après avoir accompagné Marie-Carmen dans sa maladie jusqu'à son dernier souffle, Jeanne ne voulait que raccrocher : fermer le Refuge, s'encabaner dans sa bergerie et attendre la fin. Ce deuil l'avait achevée. Les gens, elle n'en pouvait plus, elle ne les aimait plus. Les gens, c'était fini pour elle, qu'on se le dise ! Et elle l'avait dit, bon sang, de plusieurs façons. Il y avait eu cette scène terrible avec La Molotov, Pétronille et Pierre. Ils l'avaient mise devant les conséquences de ce choix, elle avait eu du mal à encaisser. Ensuite, la déclaration de Pierre. Quand elle y repense… « On se prend pour Yann Andréa » lui avait-elle dit pour se défendre de l'émotion qui la gagnait. « Seulement si tu joues à être Duras », lui avait-il répondu. *Pierre.*

Néanmoins, c'est vrai qu'elle a parfois besoin d'être seule, elle n'envisage pas une cohabitation permanente. Sa chambre au Refuge est intacte et celle de Marie-Carmen est occupée par Désirée, pour le moment. Mais Pierre pourrait s'y installer par la suite et avoir, lui aussi, cette chambre à soi dont parle Virginia Woolf. D'autant qu'il n'y a pas encore de poêle pour passer l'hiver dans la bergerie. Et puis ils ne rajeunissent pas, elle en tout cas.

— Marine attend son premier enfant, je vais être grand-père et je ne peux même pas aller la voir à San Francisco ! J'en ai marre, Jeanne. Tu sais que j'ai donné, mais là, je voudrais souffler et penser un peu à moi. À nous, ajoute-t-il en lui prenant la main.

Jeanne hoche la tête. Elle aussi en avait eu sa claque, de l'énergie qu'il faut déployer pour aider comme pour aimer. Pour perdre aussi, car soit les gens meurent, soit ils s'en vont. Elle avait failli vendre le refuge à Martin et Sybille. Sans Pétronille, elle l'aurait sûrement fait.

— Je te comprends, Pierre. On va trouver des solutions.

Elle se penche pour l'embrasser. Il la saisit par la taille et l'assoit près de lui. Il se tourne vers elle, prend son visage entre ses mains, plonge ses yeux dans les siens.

— Tu es le plus beau cadeau que la vie m'a offert, après mes enfants, murmure-t-il. Je t'ai attendue pendant des années, je n'aurais pas cru connaître à nouveau le bonheur d'aimer et d'être aimé en retour. Même si tu as un caractère impossible !

— Je suis la personne la plus aimable du monde, rugit-elle en le repoussant pour qu'il s'allonge. Et ne ris pas où tu vas le payer très cher !

— En nature, j'espère, ajoute-t-il en prenant soin de ne pas la brusquer quand il l'attire sur lui au cœur des draps blancs et du plaid froissé.

Chapitre 5

Thérèse commence à s'agiter dans le grand lit double, il est à peine 6 heures. Elle jette un œil sur l'homme immobile à ses côtés. Ses cheveux gris, dont il est si fier et qu'il coiffe en arrière, sont en vrac. Seules ses rouflaquettes et sa moustache Fu Manchu blanche conservent un semblant d'obéissance capillaire. Elle rêve d'un mug de café. Jamais elle ne pourra se détendre tant qu'il sera là. Et puis l'heure, c'est l'heure !

Il a ronflé non-stop, l'empêchant de trouver le sommeil. Et toujours à la coller, à vouloir la prendre dans ses bras… Comme si ce torse grisonnant était un endroit enviable pour y poser sa tête, le graal de la femelle ! Alors qu'elle aime dormir seule, s'étaler, se vautrer dans les draps en toute liberté. Elle lui a pourtant servi du Ricard à l'apéritif, puis du vin en abondance, hier soir, durant le dîner. Elle espérait un peu le saouler. Rien à faire, le gars est en inox, l'alcool n'a pas d'effet sur lui. Depuis le temps, elle devrait le savoir. Mais la perspective de passer une nuit entière avec lui l'enquiquinait.

Un bras poilu se met en travers de son corps, tandis qu'une jambe maigre se rapproche des siennes.

— Alors, bien dormi, chérie ?

Thérèse plaque un sourire sur ses lèvres.

— J'ai connu pire, lui répond-elle en fixant le plafond. Et toi ?

— Comme un bébé. On s'embrasse ? propose-t-il en levant sa tête ébouriffée.

Thérèse plisse les yeux et le nez.

— On va peut-être se laver les dents, plutôt.

— Et après, on pourra s'embrasser ?

— Après, on verra. Tu as pas mal de trucs à faire chez toi, le matin, si je me souviens bien.

— Exact ! Mais on a encore le temps, jusqu'à sept heures ! Il peut s'en passer des choses, d'ici là.

Le ton est égrillard, blindé de sous-entendus. Thérèse se sent bouillir. Elle repousse l'homme et les draps. Ah, mais qu'on lui foute la paix !

— Il me faut immédiatement un litre de café noir où je ne réponds plus de rien, déclare-t-elle en s'asseyant au bord du lit avec vivacité. Je ne suis pas du tout du matin.

— Tandis que moi, je suis un lève-tôt, j'aime être dehors avant le soleil, aller nourrir mes bêtes, marcher dans la forêt avec mes chiens…

— Tu es si campagnard et moi tellement citadine !

— Oui, enfin, Castelnaudary, c'est pas non plus la nouba parisienne !

— Parce que tu crois que je vais passer toute ma vie dans ce trou ?

— Ben, c'est quand même bien parti, non ?

— Sacré Norbert, toujours le bon mot en embuscade.

Pendant ce bref échange, Thérèse a enfilé une djellaba blanche et une paire de mules assorties. Norbert tente de l'enlacer par-derrière. Elle retient un mouvement d'humeur.

— Que veux-tu, je suis un chasseur et tu es ma proie préférée, susurre-t-il, se méprenant sur la crispation du corps de Thérèse.

Elle se laisse embrasser dans le cou, puis se dégage d'un déhanché aguicheur pour se lever.

— Je vais lancer le café, explique-t-elle avec un sourire devant son air interrogateur.

— Mais tu reviens au lit, après ? Regarde ! dit-il en écartant le drap d'un geste théâtral, c'est pas mal pour un homme de 66 ans, non ?

— Tout bonnement époustouflant, répond-elle en s'éloignant.

Norbert boude, il comptait remettre ça ce matin et son projet semble compromis. Elle ne va quand même pas le laisser dans cet état ! Il est tenté de balancer cette réflexion à voix haute, mais il craint que Thérèse ne se fâche. Et puis, il voulait une soirée spéciale, avec un réveil spécial, une sorte de cadeau pour fêter son futur mandat. Aurait-il dû en parler avant ? Il hésite sur la conduite à tenir. Il n'a pas envie de demander, il aimerait que ça vienne d'elle, qu'elle y mette un peu du sien, elle aussi. Il ne réclame pas la lune, merde !

Il entend l'eau qui coule, la vaisselle qu'on lave dans l'évier, le café qui passe et il ferme les yeux pour mieux savourer ces bruits. Il y a longtemps qu'il n'a pas eu de présence féminine au petit matin, qu'il n'a pas bénéficié de cette familiarité qu'on ne perçoit plus au quotidien, qui énerve, parfois, quand on est ensemble depuis trop d'années. L'odeur du café parvient jusqu'à lui, il s'étire et sourit. Il est si bien.

— Tu te lèves ? l'exhorte Thérèse en revenant dans la chambre, un plateau à la main. Je ne prends jamais mon petit-déjeuner au lit et, pour la galipette, j'ai l'impression que le moment est passé.

Elle le regarde avec une certaine indulgence. Ou est-ce du soulagement ? Il a un doute. Eh oui, c'est foutu, en effet, il a compris le message. Elle tartine du beurre sur les biscottes, étale de la confiture industrielle par-dessus. Probablement de la fraise, se dit-il. S'il avait su, il en aurait rapporté un pot maison. Il remet son caleçon, jeté au pied du lit la veille au soir.

Ils prennent place autour de la petite table ronde. Thérèse remplit leurs mugs, propose du sucre, regarde sa montre. Il aime la voir manger, boire à petites lampées, bouger ses mains et ses cheveux en parlant. Cela fait quelques années qu'ils se connaissent. La première fois, il avait été tellement maladroit ! Il ne savait pas comment s'y prendre, à l'époque. Dire qu'ils n'avaient jamais passé une nuit ensemble. Depuis peu, il lui semble que, d'une certaine façon, elle lui doit bien ça. Mais Thérèse est une femme qui ne suit que ses propres règles, il a bien fallu qu'il s'en accommode.

— Bon, mon chou, je ne voudrais pas te bousculer, mais il est bientôt 7 heures, remarque Thérèse en penchant la tête.

— Déjà ?

— J'en ai peur, oui. J'ai pas mal de trucs à boucler et toi aussi.

Elle quitte la table, signifiant que l'intermède a pris fin.

— On avait dit 7 heures, Norbert. Tu es là depuis hier à la même heure, couvre-feu oblige. Le temps que tu as… choisi est dépassé, finit-elle avec une pointe de délicatesse. Tes affaires sont dans la salle de bains.

Norbert se lève à son tour, s'approche de Thérèse. Il la prend dans ses bras, la serre un moment contre lui. Il pose sa bouche sur la sienne, tente l'effraction avec sa langue. Thérèse se dérobe.

— On ne s'embrasse pas ? demande-t-il, la voix enrouée. C'était quand même une belle soirée, non ? Je pensais que ça pourrait être mon cadeau de futur maire.

— Non, Norbert, ça, je ne le fais pas.

— Tu as dit *on verra.*

— Et voilà, on a vu.

Elle s'éloigne, le laisse planté là et, juste avant de disparaître, elle lui lance :

— À la prochaine, mon chou, tu claqueras la porte en sortant.

And I'm here to remind you
Of the mess you left when you went away
It's not fair to deny me
Of the cross I bear that you gave to me
You, you, you oughta know[1]

Pétronille chantonne tout en terminant le ménage chez Pierre. Elle repense à Désirée, à sa stupeur mêlée de chagrin. Elle se sent pleinement solidaire de la jeune femme, non sans éprouver un pincement de culpabilité familier. L'année dernière, c'est elle qui a planté son mari, sans sommation ni explication. Enfin, pas tout à fait sans sommation, il y avait un moment que ça n'allait plus entre eux et

1. Alanis Morissette « You Oughta Know ».

Bruno n'avait pas eu envie de le voir. Elle, pas davantage, jusqu'à ce qu'elle explose. Elle était partie, seule dans sa Mini, avait roulé droit devant, l'autoradio à fond. Jusqu'à finir le réservoir à sec, en rase campagne, à la nuit tombée. Complètement perdue. Dans tous les sens du terme, d'ailleurs. C'est Jeanne qui l'avait trouvée et ramenée au Refuge. Pétronille se sent émue en repensant à ce qu'elle a vécu dans cette ferme, entourée de Jeanne, Mme Molotov, Pierre. La vision fugace de deux yeux caramel à la pointe salée de tristesse traverse son esprit. Elle frotte un peu plus fort, ne s'attardant pas sur le souvenir de cet homme qu'elle ne reverra jamais. Elle était restée combien de temps au Refuge, sans donner de nouvelles aux siens ? Des semaines… Sa fille était en colo, mais Bruno et leur fils avaient cru mourir d'inquiétude. Et elle, de culpabilité. Pourtant sa fugue avait été salvatrice. Bruno avait enfin compris que ce rôle de la parfaite mère de famille, très pratique pour eux tous, la rendait à moitié folle. En son absence, il avait vu tout ce qu'elle accomplissait pour leur faciliter la vie, et combien c'était ingrat. Il s'était aussi rappelé qu'il l'aimait. Alors, elle avait pu poser ses conditions et, ensemble, ils avaient révolutionné leur quotidien bien rangé, jusqu'à emménager au Refuge en famille. Tout ceci n'avait été possible que parce qu'ils avaient su renouer le dialogue, contrairement à cet imbécile de Greg, qui louvoie pour éviter toute discussion trop engageante.

En tout cas, la jeune infirmière est au bon endroit pour se remettre. Pétronille doute qu'elle s'installe au village, mais qui sait ?

Elle en a fini avec la suite sous les combles et la salle de bains du deuxième, elle se rend au premier étage, où se trouvent le séjour et la cuisine. Pierre passant la plupart de ses nuits à la bergerie, elle n'a pas grand-chose à nettoyer à part l'inévitable poussière. À la place de Jeanne, elle investirait un peu les lieux. Les meubles sont de bonne facture, il y a des poutres aux plafonds, une cheminée dans le salon et une autre dans la chambre ! Mais même au cœur de l'hiver, Jeanne préfère réintégrer sa chambre au Refuge plutôt que venir dans cette maison. Peut-être parce que c'est celle dans laquelle Pierre a vécu avec Nathalie, son ex-épouse ? Deux décennies qu'elle l'a quittée, il y a prescription ! De toute façon, Jeanne n'est pas ce genre de femme. Elle-même reçoit Pierre dans sa bergerie, et elle a confié à Pétronille que cette minuscule bâtisse a préservé leur intimité, à Marie-Carmen et elle, lorsque le Refuge leur semblait trop peuplé.

Pétronille descend les poubelles, passe l'aspirateur, nettoie une tasse oubliée dans l'évier, tout pour éviter de penser à ces histoires de territoires et d'amants. Elle préfère ne pas s'attarder sur cette bergerie dans laquelle elle ne met plus les pieds depuis que Jeanne y a pris ses quartiers. Ce lieu est hanté par un souvenir trop brûlant pour qu'elle s'y risque, surtout maintenant que Bruno et les enfants vivent avec elle au Refuge.

La sonnerie de la salle d'attente retentit. Pierre présente Désirée à sa patientèle âgée, il l'a prévenue qu'ils auront certainement du retard. Alors tout à l'heure, en y passant la serpillière, Pétronille a fermé la porte à clef. Elle descend donc en courant au rez-de-chaussée.

— Bonjour, Hélène ! Bonjour, Hervé ! Entrez, le Dr Vallaron n'est pas encore revenu de sa tournée, mais il ne devrait plus tarder. Vous aviez rendez-vous ?

— Oui, mais on peut attendre, répond Hervé.

Dans ses bras, Baptiste triture d'un air concentré le col de chemise de son père.

— Oh là là, mais il grandit à vue d'œil ! s'exclame Pétronille, sous le charme du bambin. Il a un an et demi, si je ne me trompe pas ?

— Un peu plus, vingt mois déjà. Quand on pense qu'il a été aussi petit que Mila !

Il désigne le bébé, derrière lui, qui dort dans la poussette. Sa femme est en train de la manœuvrer pour pénétrer à son tour dans la pièce, saluant Pétronille d'un sourire. C'est la première fois qu'elles se rencontrent sur le lieu de leur travail commun. Pétronille ne sait pas trop à quoi s'attendre. Va-t-elle glisser une allusion au fait qu'après son congé parental, elle reprendra son poste auprès de Pierre ? Mais Hélène s'installe sur une chaise sans un mot, visiblement éreintée. Ses cheveux noirs attachés en queue de cheval auraient besoin d'un shampoing, une légère odeur de lessive émane de ses vêtements froissés. Pétronille se souvient de cette première année qu'elle a traversée dans un brouillard de fatigue et de tâches répétitives, avec Oscar d'abord, puis Marion plus tard. L'accouchement d'Hélène date d'il y a trois mois. Pétronille le sait parce que Pierre est allé souvent la voir, après son départ de la clinique dont elle ne supportait plus les mesures sanitaires d'isolement. Ils sont venus pour la visite mensuelle de Mila.

« Miaou. »

— Navrée, il n'y a pas de véto, ici ! s'amuse Pétronille.

— Aaaaah ! s'extasie aussitôt Baptiste.

Il bat des jambes pour que son père le pose, dans l'objectif évident d'aller rencontrer le matou tigré qui s'est faufilé par la porte entrouverte.

— Non, mon gars, il ressort et toi, tu restes ! proteste calmement Hervé.

Indifférent, le chat boitille jusqu'au milieu de la salle d'attente, avant de s'y asseoir pour se lécher frénétiquement l'épaule. Pétronille l'examine un moment et s'avance pour le toucher avec douceur, tout en lui murmurant des mots d'encouragement.

— Alors, joli matou, on vient pour une consultation ?

Ses pouces se promènent le long de la colonne vertébrale de l'animal qui plisse les yeux en émettant un son rauque.

— Si vous le caressez, il ne va jamais repartir, ironise Hervé.

— Je me demande pourquoi il boite, il n'a pas l'air vieux, pourtant.

Hervé tourne la tête vers sa femme, à la recherche d'un échange complice, mais celle-ci a le regard dans le vague, une main posée sur la poussette. Pétronille continue son exploration en modulant sa voix vers des sons plus aigus, appréciés des félins. Le chat se laisse maintenant tomber sur le flanc, totalement offert aux doigts de cette femme qui lui procure des caresses étranges et divines.

— Voilà, murmure Pétronille, concentrée. Mon pauvre loulou, tu m'étonnes. Ici et puis jusqu'ici…

Quand ils habitaient encore à Bordeaux, elle avait pris des cours de shiatsu, avant de proposer ses services pour masser les animaux, ce qui avait provoqué pas mal de ricanements dans son entourage. N'empêche, elle sent bien que les chairs sont presque aussi rigides que les os, pas étonnant que cette pauvre bête boite ! Comment s'est-elle fait ça ? Une chute, une bagarre ? Mystère. Ignorant le sourire narquois d'Hervé et les cris de protestation de Baptiste,

Pétronille masse jusqu'à ce que les tensions se relâchent et soudain, elle perçoit un léger *plop* sous la pulpe de ses doigts. Les yeux fermés, le chat s'étire. Pétronille le lâche. Il se relève en titubant, frotte sa tête contre sa bienfaitrice, puis repart au petit trot.

— Et reviens quand tu veux, lui lance Pétronille en essuyant ses paumes sur son tablier.

— Alors ça… s'étonne Hervé, qui ne se moque plus. Vous avez de l'or dans les mains, comme on dit ! T'as vu, Hélène ?

Pétronille prend un air modeste et va pour refermer la porte quand elle aperçoit la Laguna grise sur la place du village.

— Ah, voilà le docteur !

Désirée descend la première du véhicule. Son sourire ne concurrence pas son regard triste. Pétronille lui adresse un petit signe de bienvenue en se faisant la réflexion que, décidément, Grégoire est un con.

Chapitre 6

Désirée songe que cette vie-là ne serait pas de tout repos : une matinée sur les routes, une escale au cabinet pour un rendez-vous et retour dans la voiture pour finir la tournée. Pierre et elle ont déjeuné sur le pouce en discutant de la patientèle. Alors qu'elle ne sait même plus si elle va rester à Troulou, puisque Greg s'installe à Paris ! Par loyauté envers Pierre, elle se doit cependant d'envisager une activité ici. Elle ne peut pas le laisser tomber sans sommation, elle aussi. Ils se retrouvent maintenant dans la salle à manger de Mme Bergerac. Le médecin lui a résumé le dossier en chemin : 94 ans, veuve depuis vingt ans, vit seule dans sa petite maison à flanc de colline. Sa fille de 73 ans s'occupe des courses et du ménage, une fois par semaine. Ses deux fils habitent loin. Mme Bergerac ne se plaint jamais, mais elle additionne les pathologies dues à son grand âge – cholestérol, diabète, fragilité respiratoire, sécheresse oculaire, douleurs articulaires et, plus récemment, insuffisance cardiaque du ventricule droit qui fait enfler ses jambes et la fatigue beaucoup. En résumé, la mécanique est usée, a conclu Pierre. Mme Bergerac n'accorde qu'une attention polie à l'infirmière, pressée de discuter avec son médecin chéri, qui passe la voir deux fois par mois. Alors Désirée se met en retrait et observe les lieux sans perdre une miette de la consultation.

Sur les murs sont accrochés deux pêle-mêle débordant de photos de famille : des bébés en noir et blanc, de jeunes hommes le torse nu devant un barbecue, des tablées hilares et quelques portraits de mariage. Toute une existence résumée en une trentaine de clichés. Sur le buffet de Formica marron, une pendule à socle de marbre affiche sans complexe trois heures de retard, à côté d'un vase dans lequel on a glissé un bouquet de roses en plastique pailleté. Ne manque que la coquille Saint-Jacques transformée en lampe d'ambiance, pense Désirée, avant de l'apercevoir sur la vieille télévision cathodique, au centre d'un inénarrable napperon au crochet. OK, donc rien ne manque, carton plein pour Mme Bergerac.

Voilà ce qui l'attend à Troulou. Pas de pique-nique champêtre avec le vin des producteurs locaux et de baisers dans les herbes folles. Pas de câlins devant le feu de cheminée, pas de retour du ciné, collés-serrés, après une journée consacrée à soigner les gens. Pas de Greg, mais des Mme Bergerac avec leurs napperons inusables et leurs roses éternelles. Désirée le sait, elle se montre injuste et amère. Elle en a le droit. Elle est revenue ici, s'imaginant former un couple de sauveurs en blouses blanches. Sans Greg, elle se prédit qu'elle aussi finira seule dans une maison à flanc de colline, cassée en deux par l'arthrose, les photos de famille en moins.

— MAIS, MADAME BERGERAC, JEANINE VA BIEN LE VOIR, SI VOUS MAIGRISSEZ !

Désirée se promet qu'en revanche elle portera son Sonotone.

— Il faut que je fasse attention à mon cholestérol, je lui dirai que je suis au régime et elle sera contente, argumente la vieille dame avec une candeur feinte.

Pierre ne se démonte pas. Mme Bergerac prétend que tout va bien, mais elle a tout de même lâché au détour d'une phrase qu'elle déjeunait parfois d'un fruit et d'un yaourt. Le médecin lui ayant rétorqué que c'était de la nourriture de malade, elle a montré ses mains aux doigts tordus. Désirée imagine sans peine quel calvaire ce doit être de cuisiner, même sommairement, sans parler de l'utilisation des couverts avec des articulations aussi enflammées. Il faudrait que quelqu'un vienne l'aider dans les gestes quotidiens, organiser un portage de repas. Mais dans ce coin reculé, il est difficile de trouver assez de personnel pour ces tâches-là, tandis que la campagne regorge de gens isolés ! Mme Bergerac ne peut compter que sur sa fille septuagénaire, et le passage, deux fois par jour, des services infirmiers.

Alors Pierre insiste, imagine des solutions. Un congélateur associé à un micro-ondes, peut-être ? Et tout en menant les négociations d'une voix de stentor, il ausculte, écoute, palpe et mesure.

— JE COMPRENDS QUE VOUS PRÉFÉRIEZ RESTER CHEZ VOUS. MAIS IL FAUT VOUS NOURRIR. VOUS N'ALLEZ PAS CACHER À JEANINE QUE VOUS NE MANGEZ PAS, ELLE VOUS SURVEILLE PARCE QU'ELLE VOUS AIME.

— Oui, je suis au courant.

Mme Bergerac ronchonne, temporise, marchande, puis finit par accepter que Pierre parle à sa fille. Dans la foulée, le médecin lui prescrit des compléments hyperprotéinés, pour garantir une reprise de poids. Il n'y a pas d'alternative, soit Mme Bergerac conserve assez d'autonomie, soit ce sera l'EHPAD. Elle est consciente de ce qui est en jeu et lutte chaque jour pour demeurer chez elle, parmi ses souvenirs. Roses en plastique comprises. Qui les lui a offertes ? s'interroge Désirée. Cette personne espérait-elle que son bouquet survive à son amour ?

Une fois les derniers points réglés, Pierre salue sa patiente, imitée par Désirée, et tous deux retournent à la voiture pour la suite de la tournée.

— Mais si tu appelles la fille de Mme Bergerac pour lui parler de votre échange, ça ne constitue pas une rupture du secret médical ? demande Désirée en attachant sa ceinture.

— Jeanine gère tout ce qui concerne sa mère, alors rien ne lui échappe de toute façon. Et puis c'est ainsi qu'on procède, par ici, on travaille avec la famille dès que c'est possible et surtout dans les cas de maintien à domicile.

— N'empêche, à son âge, ça doit être éprouvant, une telle charge.

— Oui, ça l'est, confirme doucement Pierre. Mais Mme Bergerac ressemble à toutes les personnes qui voient arriver le bout du chemin, la mettre en EHPAD précipiterait sa fin. Elle a un but qui l'aide à se lever chaque matin : rester chez elle. Jeanine le sait, ses frères le savent.

Devant eux, la route serpente entre des rangées de platanes, parmi les champs de blé.

— Nous sommes dans un désert médical, reprend Pierre. La famille est un pilier indispensable. Consulter un spécialiste est une expédition, tout comme se ravitailler en médicaments ou se rendre aux urgences. Les femmes enceintes qui ont des proches en ville s'installent chez eux à l'approche du terme, pour être certaines d'arriver à temps à la maternité.

— Elles ne cherchent pas à accoucher chez elles ?

— Nous sommes les seuls soignants à moins de trente minutes de route, avec une équipe d'infirmières complètement débordées et des pompiers qu'on sursollicite parce que eux se déplacent. Il n'y a pas assez de sages-femmes dans les environs, sans compter qu'une grossesse comporte des risques, tant pour la mère que pour l'enfant.

Un silence s'installe dans l'habitable de la Laguna. Même le portable de Pierre, qui n'a cessé de sonner durant les précédents trajets, la met en veilleuse.

— C'est ce qui s'est passé pour toi…

— Pierre, tu as agi du mieux que tu as pu, le coupe Désirée d'un ton rassurant.

Il lui a plusieurs fois raconté cette histoire. La sienne. Sa mère était arrivée au Refuge enceinte et sans papiers, par le biais de militants des droits humains. Après l'avoir découverte près d'une gare, mutique et affaiblie, ils avaient essayé de la faire hospitaliser, sans succès. Alors ils l'avaient conduite à l'abri des contrôles de police, espérant lui garantir une fin de grossesse sereine. Âgée d'environ 20 ans, elle était peut-être Mauritanienne, mais comme d'autres dans sa situation, elle aura pris soin de détruire tout ce qui aurait pu servir à l'identifier. Elle aura fui un enfer, où résonnaient les tirs nourris d'un énième coup d'État. Le voyage aura été périlleux et son ventre rond ne lui aura épargné ni les violences physiques ni les épreuves psychologiques. En Europe, elle aura découvert un autre enfer, dans lequel elle était invisible, indésirable et insignifiante. Elle-même ne racontait rien de tout cela, puisqu'elle ne prononçait pas un mot. Elle en comprenait quelques-uns en français, mais tout ce qu'elle avait dû surmonter pour échouer sur les trottoirs parisiens l'avait réduite au silence. Seuls ses yeux noirs, étirés en amande sous des sourcils arqués, exprimaient l'angoisse qui la dévorait. Les rares moments où elle semblait s'apaiser étaient ceux où les mouvements de son bébé la détournaient d'elle-même. Elle se penchait, le dos arrondi comme pour mieux protéger le petit être qui l'appelait du creux de son ventre, l'ombre d'un sourire aux lèvres, le regard allumé d'une curiosité enfantine. Elle était si tranquille alors, lui a toujours répété Pierre. C'est peut-être pour préserver cette étincelle d'espoir qu'une véritable chaîne humaine s'était créée afin qu'elle-même, Désirée, naisse dans un environnement calme et bienveillant. Marie-Carmen et Jeanne avaient accueilli sa mère avec toute la prévenance dont elles étaient capables, dans le secret du Refuge. Elle avait accepté de se laisser examiner par Pierre, méfiante d'abord, soulagée ensuite lorsqu'elle avait compris qu'elle n'était plus seule face à cette première grossesse. Son prénom demeure un mystère, car elle était restée silencieuse toute la durée de son bref séjour. Si on excepte ses cris lors de l'accouchement.

— Les contractions ont commencé le lendemain de son arrivée, je n'ai pas eu le temps de chercher une sage-femme. De toute façon, aucune n'était libre, ce soir-là. Mais tout se déroulait normalement, le col s'ouvrait plutôt bien pour une primo-parturiente et elle gérait la douleur avec courage.

Désirée regarde la route qui s'étire, droit devant. Elle sait déjà tout ça. Mais chaque fois l'émotion la saisit de la même manière et elle ne peut s'empêcher d'espérer qu'un nouveau détail émerge de la mémoire de Pierre.

— Tu es née après quelques heures de travail et tu étais en pleine forme ! Ta maman t'a embrassée, elle semblait si heureuse de te voir. Puis elle m'a fait signe que la douleur revenait. Marie-Carmen t'a prise dans ses bras et ensuite, tout est allé très vite. Ta mère s'est mise à perdre du sang, j'ai réagi immédiatement, mais la situation était compliquée.

Pierre en a la gorge nouée. Elle est morte sous ses yeux, cette jeune mère qui avait traversé deux fois l'enfer. Elle aurait mérité de voir grandir sa fille dans un pays en paix, elle en avait tellement bavé pour y arriver. Il n'a jamais partagé cette pensée avec Désirée, préférant lui raconter encore et encore la tendresse maternelle de cette femme si courageuse.

— Et puis tu n'avais pas le matériel nécessaire sur place, précise Désirée, qui voudrait libérer le médecin de toute culpabilité.

— Avant que les secours arrivent, ta mère était déjà inconsciente, poursuit-il, absorbé par ce terrible souvenir. Elle a tout de même eu le temps de te rencontrer. Puis Marie-Carmen t'a gardée contre elle et t'a nourrie. Avec l'aide de Jeanne, par la suite.

— Et ma mère est décédée d'une hémorragie post-partum en chemin vers l'hôpital, conclut la jeune femme d'une voix délibérément professionnelle.

Chapitre 7

Les portes d'Adult'Hair sont grandes ouvertes sur la place du village, permettant une circulation fluide. La fête d'anniversaire de Désirée bat son plein dans la partie bar de l'établissement, qu'une verrière de style industriel sépare en deux.

— Mais bien sûr ! s'est exclamée Mylène quand Jeanne lui a demandé si elle pouvait l'envahir afin d'organiser une auberge espagnole le samedi midi. Pas de problème. Je ne pourrai pas en profiter avant la fermeture du salon, le samedi est ma plus grosse journée ! Mais ensuite, ce sera quartier libre.

— On va souhaiter un bon retour à Désirée parmi nous. Et puis ça permettra aux gens du village de l'identifier comme la nouvelle infirmière qui travaille avec Pierre. Merci de nous accueillir, c'est vraiment gentil.

— Tu plaisantes, c'est tout à fait normal ! D'autant que cette petite est en train de morfler avec son bellâtre, alors on va lui remonter la bobinette. Je suis si contente de la retrouver après toutes ces années !

Et quand Désirée a fait son apparition, en fin de matinée, Mylène s'est précipitée vers elle dans une grande pétarade de talons pour la serrer sur sa poitrine.

— Chérie, tu es ici chez toi, c'est ton anniversaire !

Après avoir salué les uns et les autres, la jeune femme a pris un verre de spritz et s'est installée dans un coin discret. Elle dort mal, depuis son arrivée, et les journées avec Pierre sont chargées. La tête bourdonnante de fatigue, elle s'est habillée d'une longue jupe noire infroissable, d'un court tee-shirt kaki à fines bretelles et d'une grosse paire de baskets blanches. Deux larges créoles en argent et une chaîne assortie complètent sa tenue. Elle est plus proche de Jeanne dans ses choix vestimentaires que de La Molotov, qui parade dans un fourreau de satin doré digne d'une soirée cabaret. J'ai manifesté dans cette robe, hurle-t-elle au jeune homme qui a servi son cocktail à Désirée, un Belge à en croire son accent, à peu près de son âge, avec de sacrées dreads. Elle ne le connaît pas, une dégaine pareille, elle ne l'aurait pas oubliée.

De longues tables sur tréteaux sont installées de part et d'autre du café, chargées de plats et de boissons. Une immense bassine accueille le spritz, des fontaines de vins bios sont alignées, leurs robinets prêts à lâcher du corbières, du minervois et du malepère. Il y a des salades composées, des gratins de courgettes et de pommes de terre, des terrines de pâtés, des rôtis froids coupés en tranches, des bols entiers de mayonnaise, des tourtes, des tartes, des cakes et même des crêpes ! Désirée se demande d'où sortent toutes ces victuailles. Elle avait oublié à quel point son village est rompu à l'organisation des festivités.

La Molotov continue de raconter ses faits d'armes au Belge en tentant de couvrir la musique ambiante. Il est bien patient, se dit Désirée qui a croisé son regard pour la troisième fois en quelques minutes. Mylène ne cesse d'aller et venir, fraîche dans sa tenue blanche, pantalon droit et tee-shirt moulant. Ses hauts talons dorés sont étonnamment assortis à la robe de La Molotov, ce qui arrache un sourire à Désirée. Troulou, c'est quelque chose, quand même ! Oscar et Marion se sont éloignés de leurs parents pour rejoindre un groupe de jeunes. Bruno passe son bras autour de la taille de Pétronille, il est rentré de Bordeaux la veille au soir. Un joli couple, constate Désirée en les observant, comme elle aurait pu en former un avec Greg. Ne pense surtout pas à lui ! se morigène-t-elle en sentant ses yeux la piquer. Pour la énième fois, elle consulte son portable. Pas un seul message pour lui souhaiter ses 28 ans, un silence terrible. Est-ce qu'elle va passer son samedi entier dans cette attente vaine et douloureuse ? Est-ce qu'ils vont vers une rupture amoureuse ? Cet arrachement est brutal et inconcevable, elle ne l'a pas vu venir et ne peut s'y résoudre. Quoi, ce serait l'arrêt de toute complicité, le naufrage de leur intimité qui semblait aller de soi jusque-là ? Elle a beau s'interroger, elle ne comprend pas le revirement de Greg ni son attitude envers elle. Où est l'homme qui envisageait, il y a quelques jours encore, de s'installer à Troulou pour passer sa vie à ses côtés ? Elle a l'impression qu'il est en train de se débarrasser d'elle, qu'il l'évacue comme une blessée dans l'espace de triage.

— Hey, je ne peux pas laisser la reine du bal seulette dans son coin.

Le jeune Belge est devant elle, deux verres de spritz en main. Désirée relève la tête et tente de sourire pour montrer que tout va bien, elle gère.

— Moi, c'est Romain, lui dit-il en prenant place sur une chaise. Et toi, Désirée, je sais. Tout le monde ne parle que de ton arrivée et de la démission du maire.

— Ah, répond-elle en acceptant le verre qu'il lui tend. Et on raconte quoi ?

— Que les Pujol sont des crevures égoïstes. Que tu es de retour au pays et que c'est chouette parce qu'une infirmière, on en a bien besoin.

— Quoi d'autre ?

— Qu'un médecin devait s'installer avec toi pour remplacer Pierre et qu'il vous aurait lâchés au dernier moment. C'est pour ça que t'as les yeux en kikine de poupousse ?

Devant l'air interdit de Désirée, Romain éclate de rire.

— C'est une expression pour dire que t'as une petite mine. Mais on est là pour te souhaiter un super anniversaire. Il fait beau, on n'est plus obligés de rester cloîtrés chez nous ! Moi je trouve que ça mérite d'être fêté et dignement, même ! À ta santé, Désirée, et que les crevures crèvent de leur égoïsme, y compris dans leurs blouses blanches. Tchin !

Dans l'encadrement de la porte du salon, La Molotov les épie. Elle voit Désirée sourire et lever son verre pour trinquer avec Romain. Elle se sent vieille, tout à coup, mal fagotée, accablée par un sentiment de lassitude. Qu'est-ce qu'elle croyait ? Qu'on était dans un film et qu'à la fin de la soirée le petit Belge la *goûterait*, comme il dit et qu'il l'embarquerait pour un tour de manège ? Avec ses seins qui pendent et son cul tout plat, ses bourrelets et ses rides ? Faudrait plus que de la gouaille et du vinaigre pour attirer le bourdon. Et c'est pas ses histoires de militante ni ses vieux falbalas qui vont redorer son blason.

— Vous êtes dans le passage, remarque Mylène d'un ton pincé. Pourriez peut-être aller vous asseoir quelque part et nous laisser travailler ?

— Je pourrais, mais j'ai pas envie. Je prends le soleil.

— Oh, pourtant, vous resplendissez bien assez.

— Je vous fais de l'ombre, Mylène ? Et vous n'aimez pas trop ça, l'ombre.

— C'est l'hôpital qui se fout de la charité, dites donc !

— Vous parlez comme ma grand-mère, méfiez-vous, susurre La Molotov dans un fin sourire avant de rejoindre Bruno et Pétronille en grande conversation avec Jeanne et Pierre.

D'une oreille distraite, elle écoute Bruno raconter ses projets de reconversion professionnelle, son regard revenant sans cesse à Romain, ses longues dreads, son corps svelte et musclé dans son jean et son simple tee-shirt noir. Elle a mal au cœur, comme une envie de se laisser tomber sur place, de tout arrêter. Qu'est-ce qui lui prend d'en pincer pour ce petit gars ? Tout ça parce qu'il a répondu une ou deux fois à ses plaisanteries graveleuses. Elle a trouvé ça dur, l'enfermement, ces derniers mois. Très dur, même.

— Et je suis donc officiellement maître composteur, termine Bruno avec fierté.

— Bravo, mon chéri, approuve Pétronille. Beau boulot.

— On doit vous appeler comment ? demande La Molotov. Votre Grandeur du purin ?

— Sa Majesté des lombrics ?

— Jeanne, avertit Pétronille en fronçant les sourcils.

— Pardon, répond celle-ci, mais maître composteur, c'est n'importe quoi. C'est comme technicienne de surface, dans les deux cas, on se coltine la merde des autres. C'est pas la peine d'user de périphrases ridicules.

— Votre Grâce des asticots, insiste La Molotov sans y mettre son entrain habituel.

— Je vous ai connue plus drôle, chère Brigitte, s'agace Bruno.

La Molotov tourne la tête dans sa direction avec une vivacité étonnante et darde sur lui son regard brûlant.

— Je ne crois pas que nous ayons gardé les larves ensemble. Vous n'êtes pas autorisé à m'appeler ainsi, Monsieur du pipi. Un titre qui vous va si bien, je vais l'adopter. Monsieur du Pipi !

Juchée sur ses talons dorés de douze centimètres, Mylène termine le carré wavy de Sylvette Brossou, qui s'admire en souriant. Mylène l'a sortie de l'indéfrisable il y a bientôt vingt ans et ne cesse de lui proposer de nouvelles expériences capillaires depuis, pour sa plus grande satisfaction. Pendant que sa cliente se lance des œillades quasi amoureuses, l'esprit de Mylène s'évade. Elle songe à Philou, son roc, qu'elle voit tanguer pour la seconde fois depuis leur rencontre. La première, c'est lorsqu'elle l'avait déstabilisé en lui offrant son cœur et tout ce qui allait avec. Heureusement, il avait vite retrouvé son équilibre. Ces temps-ci, entre le gel et la démission des Pujol, son chauve semble aussi abattu que ses vignes.

Dans le miroir, elle observe le déroulement du déjeuner d'anniversaire. Mylène a vu grandir Désirée et elle a été la première, ici, à pouvoir s'occuper de ses cheveux crépus, grâce à une formation expresse auprès d'une collègue sénégalaise, employée dans un salon toulousain. Mylène et Désirée ont en commun de savoir très précisément ce que signifie être une exception, attirer les regards curieux, intrigués. Pas nécessairement malveillants, mais toujours pesants.

Pour l'heure, il semblerait que l'effet conjugué du spritz et des biceps tannés de Romain redonne le sourire à leur nouvelle infirmière. C'est un début, espère Mylène, un corps à découvrir effacera les traces du précédent. Que Désirée rêve aux caresses de Romain lui évitera de penser aux baisers du sale traître !

Il l'agace parfois, mais Mylène a beaucoup d'affection pour le jeune Belge, même si elle lui ratiboiserait volontiers les dreads. *Comme s'il avait grandi dans la religion rastafari à Namur ! N'importe quoi !*

— Et salut la compagnie ! tonne joyeusement une voix masculine.

La maîtresse des lieux opère un quart de tour millimétré pour se trouver face à la porte laissée grande ouverte. La silhouette massive de Norbert se fige dans l'embrasure. Il prend la pose, deux doigts sur le bord d'un Stetson hors de propos, et finit par s'avancer. Chemise bien rentrée dans un jean de la même nuance, cou sanglé par une cravate à lacets dont l'écusson argent et turquoise est un rappel subtil de sa boucle de ceinture à tête de bison, les santiags noires en croco plantées dans le sol, Norbert sourit derrière sa moustache qu'on devine lustrée à l'huile.

— Bonjour, que puis-je pour vous ? module doucereusement Mylène pour cacher sa surprise.

Le fier moustachu est l'un des rares Troulois qu'elle vouvoie. Il s'agit d'une marque de distance et non de respect. Depuis leur première rencontre, lors d'une réunion où elle était venue présenter son *business plan* au conseil municipal, c'est l'ère glaciaire entre ces deux mastodontes du relationnel local. Norbert avait passé son temps à scruter la coiffeuse en espérant déceler un détail qui lui aurait permis une remarque graveleuse ou une plaisanterie insultante. Heureusement, le regard caressant de Philou avait magnifiquement joué le rôle d'antidote à ce scanner malfaisant. Mais si Mylène pardonne, elle n'oublie pas ! C'est un de ses principes.

— J'ai besoin de… votre talent, annonce Norbert en prenant place sur le second fauteuil du salon, aussi blanc que le premier, toujours occupé par Sylvette Brossou qui fixe le nouvel arrivant.

— Très bien, je vais m'employer à vous satisfaire, alors.

Mylène vaporise un nuage de laque sur le carré de sa cliente, encaisse le prix de sa coupe et la raccompagne en l'abreuvant de compliments. Puis elle se campe derrière Norbert, mains sur les hanches.

— Que me vaut l'honneur de votre visite ?

Jamais le chasseur ne lui a encore confié sa chevelure grise et savamment rejetée en arrière. Il lui fait l'affront de fréquenter un coiffeur *à la ville*, un barbier seul autorisé à toucher sa précieuse moustache. Stetson sagement posé sur les genoux, Norbert tente d'amadouer Mylène d'un sourire mielleux.

— C'est que j'attends quelqu'un du *Petit Journal* d'ici une heure. Je vais donner une interview ! révèle-t-il à la ronde.

Mylène reste silencieuse, un sourire professionnel aux lèvres. Elle ne lui offrira pas le plaisir de l'interroger, ce cowboy de pacotille avec sa moustache qui pendouille.

— Je me présente aux élections municipales ! finit-il par lâcher. L'article annonçant ma candidature sera publié demain, avec mon portrait.

— Vraiment ? Il faut vous rendre beau, alors…

— Exactement ! approuve gaiement Norbert.

— À l'impossible, nul n'est tenu, murmure Mylène sans se départir de son sourire couleur rubis.

Elle passe lentement ses doigts aux ongles rouge vif dans les mèches grises, paraît envisager des issues à un problème insoluble. En réalité, elle songe à Philou. L'évidente satisfaction du chasseur rend l'angoisse de son homme encore plus insupportable.

— Juste un petit rafraîchissement, pas plus, ose Norbert, que ce silence inquiète.

— On va parer au plus pressé, conclut-elle sans attendre d'approbation.

Elle attrape une cape noire au fin liseré léopard, en couvre les épaules du candidat et saisit un vaporisateur dont elle use abondamment. Le visage bientôt perlé d'eau, Norbert agite un bras pour l'extirper du tissu de protection afin de s'essuyer les yeux. Dans son dos, Mylène coupe déjà. Elle a l'air concentrée, reculant avant de jouer des ciseaux. Tranquillisé par tant de professionnalisme, il arrive enfin à se détendre.

— Sans les Pujol, je ne vois pas ce qui pourrait m'empêcher d'être élu, se confie-t-il.

— Les desseins de l'urne sont impénétrables.

Les ciseaux ne faiblissent pas, ils accélèrent, même. Elle l'a promis à Philou : ils trouveront quelqu'un pour contrer ce type. Pas question de laisser s'installer un fanatique armé goinfré de Ricard à la tête du village. Côté bar, le volume sonore a diminué, personne ne voulant rater une seule passe de l'escarmouche.

— D'ailleurs, j'y pense, pour fêter ça, faudrait organiser un petit quelque chose.

Norbert fait semblant de réfléchir, comme si l'idée venait de lui traverser l'esprit.

— Tiens, un apéro géant ! En calant ça le 21 juin, on boira autour du feu de la Saint-Jean, une si belle tradition ! s'exclame-t-il, la mine réjouie. Avec le comité des fêtes, vous vous en chargerez très bien !

Pour résister à la tentation de l'égorger, Mylène préfère empoigner le sèche-cheveux qu'elle allume à fond. La soufflerie est aussi bruyante qu'un réacteur d'A320, une merveille. C'est méconnaître la puissance pulmonaire du chasseur, habitué à couvrir les aboiements de sa meute.

— Vous pouvez dire à Philou que je lui réserve une place sur ma liste ! C'est toujours bien d'accueillir des points de vue différents ! Ça permet la diversa… la plurila… le mélange, quoi ! C'est comme l'eau dans le Ricard, il en faut pas trop, mais sans, c'est moins bon !

Mylène tire sur une mèche du dessus avec une brosse ronde, pour ajouter du gonflant. Elle s'y emploie si bien que les sourcils de Norbert remontent au milieu de son front à chaque mouvement. *Jamais je ne demanderai un truc pareil à Philou !*

— Finalement, s'il est dans mon équipe, même quelqu'un comme vous serait représenté, poursuit Norbert déjà en pleine campagne électorale. Vous savez vous rendre utile et c'est le principal, à mes yeux !

Utile ? UTILE ?!

Mylène repose brutalement son séchoir et positionne un miroir derrière la nuque de Norbert pour qu'il admire le résultat.

— C'est amusant, commence-t-elle d'un ton léger, je me disais que c'était justement l'occasion pour quelqu'un *comme moi* d'avoir enfin accès aux instances dirigeantes. Il n'y a pas meilleure représentativité que la représentation, ne croyez-vous pas ?

Côté bar, on entendrait respirer une limace.

Mylène, dans sa tenue virginale, et Norbert, sous sa cape ténébreuse, se toisent par miroirs interposés. Leurs reflets s'affrontent à l'infini dans un duel de regards vertigineux.

— Ça vous plaît ? demande fielleusement la coiffeuse.

Devant l'absence de réaction, elle précise :

— La coupe.

Norbert hésite, puis il aperçoit ceux qu'il considère déjà comme ses administrés, figés dans l'attente de sa réponse. Il se force alors à sourire poliment, frémissant de rage.

— Oui, très bien.

— J'étais certaine que vous aimeriez. J'ai la main très sûre, vous savez ! en rajoute Mylène.

Sans plus attendre, Norbert se lève, arrache la cape de protection avant d'écraser son brushing sous son Stetson. Mylène lui barre le passage. Tout le monde retient son souffle.

— Bien évidemment, c'est un cadeau de la maison, décrète-t-elle sans ciller. Ma modeste participation à votre projet.

— Je tiens à régler.

— Comme vous voulez, mais dans ce cas…

Mylène brandit alors un impressionnant coupe-chou, dont la lame luit sous le lustre en forme de boule à facettes.

— Je vous offre le maillot, Norbert ?

Chapitre 8

Bruno, cheveux humides, tasse la mouture dans la cafetière à l'italienne, sérieux comme un physicien atomiste. Pétronille, en jean et tee-shirt de lin vert, savoure déjà son infusion mélisse, thym et monarde, un mélange élaboré par ses soins sur les conseils de Jeanne. Cette dernière vient de s'asseoir à ses côtés, une chemise d'homme boutonnée à la hâte sur un pantalon de toile usé. Pierre nous rejoindra plus tard, a-t-elle annoncé en entrant dans la cuisine pour le traditionnel brunch du dimanche.

Ce matin, c'est Bruno qui est chargé de dresser la table. Si Oscar dort encore, Marion se trouve déjà dans le jardin, tentant une fois de plus d'amadouer Kiki en l'absence de sa maîtresse.

— Regarde, Kikinou, je t'ai cueilli des fraises ! Viens ! Kikiiiiinouuu !

Jeanne sourit. *S'il l'approche, Brigitte va nous taper un scandale !*

— Laisse mon Kiki tranquille ! crie une voix depuis l'étage. Il est allergique aux fraises !

Qu'est-ce que je disais ! Des pas retentissent dans l'escalier, puis La Molotov apparaît dans une robe noire vintage, au léger parfum d'antimite.

— Y a donc rien de prêt ? ronchonne-t-elle avant même de prendre place.

— Une minute, Votre Altesse ! riposte Bruno, encore vexé par son surnom de la veille.

Mais il se hâte d'apporter le plateau chargé de nourriture et dispose le pain au levain, les fromages fermiers, la corbeille de pommes et le saladier de fraises, sans oublier les pots de confiture préparés l'année dernière par son épouse et Jeanne. Pour finir, il empile en vrac assiettes, fourchettes et couteaux, dont la moitié s'éparpille sur la table.

— Tant qu'il n'y a rien de cassé, c'est pas grave, le rassure Pétronille.

— Le service laisse vraiment à désirer, dans ce bouge, depuis qu'on a recruté du petit personnel sous-qualifié, ose La Molotov.

Bruno tente l'impassibilité et retourne contrôler la cafetière, dont les chaleureux borborygmes sont bientôt couverts par un moteur de voiture. C'est Désirée, elle n'est pas rentrée dormir au Refuge. Lorsqu'elle les rejoint dans la cuisine, elle affiche un visage détendu malgré des cernes conséquents.

— Bonjour, tout le monde ! lance-t-elle à la cantonade d'un ton dégagé.

Si elle pense qu'on ne l'a pas vue filer avec Romain, ses hôtes ne sont pas stupides et elle devine que l'endroit où elle a passé la nuit n'est un mystère pour personne. Elle a ri dans les bras d'un autre, sans doute grâce aux pétards dodus qu'ils ont partagés en plus du reste, ce qui l'a un peu consolée. Un peu vengée, si elle est honnête. Elle se doute que la morsure de la culpabilité ne tardera pas à se faire sentir. Entre Greg et elle, la situation est confuse. Il répond à ses appels, mais lui qui la surnommait « amour de ma vie » ne sait que lui réciter des phrases convenues, sans lien avec les mots tendres ou passionnés auxquels il l'a habituée. Quant à Désirée, elle gémit comme une suppliante, avant de hausser le ton pour conclure par des sanglots. Elle le sait, elle devrait au contraire se montrer indépendante et donc intrigante ou, au moins, rester digne ! Sa nuit avec Romain, c'est aussi pour restaurer son estime d'elle-même.

Les bonjours ont fusé joyeusement en retour, et maintenant La Molotov la reluque d'un air inquisiteur.

— T'as perdu tes boucles d'oreilles ? demande-t-elle brusquement.

— Euh… oui, c'est possible. J'irai vérifier chez Mylène, quand je me rendrai au cabinet, bafouille Désirée.

Son visage fonce, témoignant malgré elle de son embarras.

— Tiens, ma grande, tu m'en diras des nouvelles !

Jeanne lui tend une généreuse tartine de fromage de chèvre surmontée d'une cuillerée de miel de châtaignier. Désirée la dévore en émettant des gémissements appréciateurs qui provoquent chez La Molotov un curieux pincement de la bouche. Jeanne s'étonne en silence que son amie ne saisisse pas cette occasion de les gratifier d'une blague salace. *Perdrais-tu ton sens de la répartie, ma vieille ?* Bruno annonce que le café est prêt et remplit les trois tasses qui se présentent devant lui, avant de se servir.

— Coucou, Désirée ! piaille Marion depuis la terrasse en lui adressant un signe de la main à travers la fenêtre.

— Coucou ! riposte Désirée avant de croquer dans une pomme.

— T'étais où ? demande innocemment la petite.

— Chez un ami, répond Pétronille en faisant les gros yeux, ce qui éloigne sa fille.

— Un ami… grince La Molotov. Pff ! Elle était chez…

— Elle était chez qui elle voulait et ça ne regarde qu'elle, on est bien d'accord, Brigitte ? l'interrompt Jeanne avec une certaine dureté dans la voix.

Désirée se recroqueville sur sa chaise, touillant son café avec application.

— Bien sûr qu'on est d'accord, admet La Molotov de mauvaise grâce.

Et bien sûr que Désirée a le droit d'aller chercher le plaisir où il se trouve, mais l'imaginer avec Romain lui tord le cœur, elle n'y peut rien. Elle se juge mesquine et petite-bourgeoise de ressentir de la jalousie. D'autant plus que Désirée vient de prendre une gamelle mémorable à cause de l'autre trouduc. Si elle le tenait, celui-là, elle pourrait se passer les nerfs sur lui, ça la soulagerait !

— Encore heureux qu'on couche avec qui on veut quand on veut, ajoute-t-elle en guise d'excuse.

— Madame Molotov… soupire Pétronille.

— Mais quoi, à la fin ? On n'a pas toujours eu ces pudeurs à propos des coucheries, ici, il me semble !

Pétronille devient pâle comme une morte. Elle jette un regard de reproche à La Molotov qui baisse la tête, l'air mauvais.

— Bruno, vous voulez bien préparer à nouveau du café, je vous prie ? demande alors Jeanne. Pierre ne devrait pas tarder et il aura sûrement envie d'en boire !

— Et j'en reprendrais bien, moi aussi ! Il est délicieux, enchaîne Désirée avec un soulagement palpable.

— Ah, vous voyez ! C'est meilleur que le café filtre, triomphe Bruno que cette diversion éloigne d'un terrain miné.

Pétronille acquiesce, blessée par l'attaque inattendue qu'elle vient de subir. De son côté, La Molotov tartine sa confiture avec rage.

Alors que chacun garde le silence, une autre voiture arrive. Intriguée, Jeanne se penche et reconnaît la Simca de Philou par la fenêtre. Si le moteur ronronne, la carrosserie semble dentelée tant la rouille ronge le métal. Mylène et le propriétaire de l'antiquité se garent à côté de la 308 de Désirée. Et derrière la mini de Pétronille, la Laguna de Pierre ainsi que l'énorme Audi A3 de Bruno. Jeanne lâche un soupir exaspéré. Elle va installer des herses au bout du chemin pour les obliger à polluer ailleurs ! Le covoiturage, c'est pas pour les clébards, bon sang ! Elle s'apprête à partager ses réflexions quand l'expression furieuse de Mylène l'alerte. Jeanne vide sa tasse d'une gorgée : elle va avoir besoin de carburant supplémentaire !

— Salut, désolé de débarquer sans prévenir, déclare Philou qui, le premier, passe la tête dans la cuisine avant d'entrer sur l'invitation de Jeanne.

Mylène le suit, le visage fermé et toute de noir vêtue – pas même une paillette pour égayer sa jupe sous le genou. En guise de bonjour, elle jette un exemplaire du *Petit Journal* sur la table. Le quotidien local est plié de façon à ne pas rater ce qui la fait fulminer, une interview de Norbert Bascoup et son portrait souriant sous un titre provocateur : « Un candidat unique en son genre. »

— Unique en son genre ! répète la coiffeuse, ulcérée.

Bruno revient avec la cafetière tandis que toutes les têtes convergent sur l'article. La curiosité allume les regards, mais Mylène s'impatiente et rafle le journal.

— Non, mais écoutez-moi ça ! ordonne-t-elle en entamant la lecture. « Quels sont vos projets, si vous êtes élu ? QUAND JE SERAI MAIRE, j'offrirai aux Troulois une plus grande diversité en termes de SERVICES. J'encouragerai la création d'établissements locaux, tenus par de VRAIS TROULOIS, qui connaissent les habitudes et les besoins du village. On ne peut pas DÉBARQUER DE NULLE PART et s'arroger le monopole commercial, au mépris de la plus saine concurrence ! » Je t'en foutrais, moi, de la saine concurrence et des vrais Troulois !

— Calme-toi, il n'est pas encore élu, souffle Philou, manifestement épuisé.

— Il ne s'arrête pas là ! poursuit Mylène, sans paraître l'entendre. Quand le journaliste lui dit qu'il a l'air bien sûr de lui, Môssieur répond : « Je suis le seul à m'être déclaré en préfecture et les Troulois savent mon attachement au village, j'y suis né. Mon élection est logique ! »

Elle prend à témoin son auditoire médusé :

— À deux doigts d'invoquer le droit du sang, le Norbert ! Et vous noterez qu'à aucun moment il ne parle des Trouloises, hein ! Il n'y en a que pour les bonshommes, comme d'habitude ! Bref !

D'un geste définitif, elle largue de nouveau le canard sur la table, puis se redresse, dans un claqué de talons militaire. Tous la fixent, aussi navrés par la candidature de Norbert qu'éberlués par la fureur flamboyante dans ses yeux bruns soulignés de khôl.

— On ne laissera pas ce guignol nous dicter sa loi ! déclare-t-elle, farouche. S'il faut se dévouer, je le fais, je me présente ! Qui veut figurer sur ma liste ?

— Plutôt crever que me compromettre dans cette mascarade républicaine, ricane La Molotov, anarchiste jusqu'à la moelle.

Mylène l'ignore superbement, dardant ses prunelles exaltées sur le reste de l'assemblée. Philou lève la main, résigné, puis cherche du soutien du côté de Bruno. Hésitant, celui-ci se tourne vers Pétronille qui interroge alors Jeanne du regard. Cette dernière secoue la tête en se ravitaillant en café.

— À mon âge, je n'ai aucune envie de me lancer dans une campagne électorale, sans façon. Je passe mon tour, déclare-t-elle calmement. Mais allez-y, tous ! Désirée, tu es autant une enfant du pays que Norbert, tu devrais participer.

La jeune femme en reste bouche bée. Décidément, elle n'a pas le temps de respirer tant les imprévus se succèdent.

— C'est que je viens juste d'arriver, je ne sais même pas si… Mais je vais y réfléchir ! ajoute-t-elle précipitamment devant l'expression indignée de Mylène.

La Molotov, pas du tout calmée par l'indifférence de la nouvelle passionaria trouloise, récupère le journal et brandit à bout de bras le portrait du candidat au sourire satisfait.

— En tout cas, bravo, chère Mylène ! roucoule-t-elle avec gourmandise. Cet imbécile n'a jamais été aussi bien coiffé ! Grâce à vous, il sera splendide sur ses affiches !

Nor-bert, un discours ! Nor-bert, un discours ! Alors Monsieur le prochain maire, on n'a pas trop le melon depuis qu'on passe dans Le Petit Journal *? Tu parles, il est allé chez la Mylène, fallait qu'il soit désespéré ! Ah ah ah, t'es beau, mon Nono, change rien surtout. Elle est sympa, Mylène, moi je l'aime bien. Oh, mais vous, les femmes, vous aimez tout le monde. Heureusement pour toi, mon pauvre Michel !...*

Norbert secoue fièrement sa crinière grise et lève son verre de Ricard tomate en direction de l'assemblée. Tous ses amis sont là, autour d'un barbecue géant où il va faire griller une bonne partie de ses saucisses de chevreuil et autres cuissots issus de ses chasses fructueuses. Le temps est superbe, c'est un beau dimanche pour fêter l'article dans le quotidien régional et l'annonce de sa candidature. La maison de Norbert est grande ouverte, les femmes s'activent en cuisine pour dresser les tables et préparer les accompagnements : salades vertes, pâté de sanglier, fromages de tête, saucissons et chips. L'apéro est servi dehors. Les hommes veillent sur le feu, au cas où il s'enfuirait, à grand renfort de tapes dans le dos et de toasts portés par un enthousiasme à 45°. Plusieurs exemplaires de l'édition du dimanche sont à la disposition des invités.

Ah, il lui a mis une bonne droite, à la coiffeuse, ça lui apprendra à fermer son clapet, se dit Norbert avec satisfaction. Il aimerait tellement voir le museau qu'elle doit tirer en ce moment. Il est plutôt fier de son jeu de mots que le journaliste n'a pas compris. Comme quoi, un rural peut toujours en remontrer à un petit scribouillard ! « Faut pas m'emmerder et pis c'est tout ! » glisse-t-il à Hervé qui termine de lire en manifestant sa réserve habituelle.

Derrière le grillage de l'enclos, l'oie tuftée cacarde comme la Castafiore pour participer aux réjouissances.

— Hé, Norbert, y a un corbeau avec tes volailles, tu veux pas lui faire sa fête à ce bestiau ?

— M'en parle pas ! Il vient pour le pain trempé. Je vais m'en occuper, t'inquiète. J'ai prévu d'aller tirer dans le tas, ils nichent tous dans les platanes de l'ancienne route.

— Ces saletés nous bouffent les semis, je peux pas les blairer, ces charognards. J'irai avec toi, si tu veux, ça fera des petits en moins.

— Ah, salut Matthieu, lance Norbert au gendarme Moresco qui arrive. T'es pas d'astreinte, au moins ?

— Non, c'est bon. Merci pour l'invitation.

— C'est bien normal, tu chasses avec nous, tu pêches avec nous et je désespère pas de te convertir à la pétanque ! rigole Norbert en lui serrant la main.

Le gendarme Moresco, d'ordinaire en uniforme et flanqué de l'adjudant Philibert, est le plus bel ornement de la bande à Norbert. Rugbyman amateur, célibataire endurci, il porte bien son mètre quatre-vingts, sa mâchoire carrée et une musculature avantageuse qui le protège, pour l'instant, d'un empâtement probable. En habitué du terrain, il écoute mais parle peu, sauf quand il s'agit d'impressionner une femme, jolie de préférence. Il a la réputation d'être moins intransigeant que son supérieur hiérarchique. Et moins subtil, aussi.

La viande commence à présenter une belle coloration, d'ailleurs le fumet qui s'élève des immenses grilles, au-dessus des braises, indique qu'on va bientôt pouvoir déjeuner. Pour Norbert, c'est l'heure ! Tous les invités sont présents, les dames sirotent leur muscat maintenant que tout est sous contrôle et qu'elles en ont fini avec la mise en place. Seule Hélène se tient à l'écart pour allaiter sa petite. Norbert palpe son peigne en corne dans la poche de son pantalon, mais résiste à l'envie de le sortir pour ordonner sa chevelure. Au lieu de quoi, il tripote l'extrémité de sa moustache et l'entortille sur elle-même pour contenir son impatience.

Il lève les bras pour réclamer le silence.

Nor-bert un discours, Nor-bert un discours, Nor-bert un discours !

Les copains et la famille, y a rien de mieux, se dit Norbert en souriant, pas vrai, Nanienne ?

« C'est bon, commence-t-il, arrêtez de me charrier, les gars. On va bientôt casser la croûte, j'en vois deux ou trois qui tiennent pas la route et qui ont besoin d'éponger. Vous demanderez à Moresco par où passer au retour pour éviter ses collègues. »

Il a qu'à nous faire un mot d'excuse !

Éclat de rire général, Moresco adresse en retour un petit signe qui n'engage à rien. Longue plainte de l'oie qui profite d'un silence relatif pour se rappeler au souvenir de Norbert.

« Les Pujol ont quitté la mairie et se sont cassés au soleil, grand bien leur fasse. Le bilan qu'on peut tirer de ces années sous leur dynastie, c'est que Troulou en a bien pâti. On va pas se mentir, on en avait tous marre des atermoiements du vieil Alphonse. »

C'est vrai, ça ! La tête à Troulou, le cul à Castelnaudary, on savait jamais sur quel pied danser, avec lui. Si tu veux mon avis, les femmes l'ouvraient un peu trop au conseil municipal. On t'a pas demandé ton avis, Michel ! Je parle pas pour toi, Françoise. Non, en effet, ça risque pas.

« Michel, arrête de dire des conneries, s'il te plaît, ça va gâcher l'ambiance. Françoise, on va pas se disputer, la journée est superbe et on est là pour s'amuser, les amis », intervient Norbert, tout entier à son rôle de chef de troupe.

Bien dit, Monsieur le Maire !

« Ne mettons pas la charrue avant les bœufs, même si l'absence d'adversaire laisse présager le meilleur. Je ne vois pas trop qui se foutrait en travers de notre route, d'autant que j'ai approché Philippe Bouscary. Ce serait pas mal qu'il soit sur notre liste. Réfléchissez avant de râler ! Il vaut mieux qu'on l'ait *avec* nous que *contre* nous. C'est le seul candidat potentiel sérieux. Il a la sympathie des Troulois... »

Et des Trouloises !

« Oui, Françoise, merci de nous le rappeler. C'est un conciliateur, un gars du coin qui trime dur dans ses vignes et ne renâcle jamais à aider les autres. C'est un mec d'ici, qui comprend les problèmes des gens d'ici. Sa présence en fera taire plus d'un. Et plus d'une... C'est bien, comme ça, Françoise ?

« Bon, ça c'est pour acheter la paix avec l'opposition. Maintenant, il va falloir s'atteler au projet municipal et on va bouger les lignes, croyez-moi ! On a pas mal de points à soulever : le réaménagement du centre, la réfection de la voirie, l'assainissement communal qui est loin d'être en place, les budgets affectés à l'entretien des espaces verts... je suis ces dossiers depuis des années, comme vous le savez. »

Tu vas rouvrir certains chemins ruraux aux quads pour les battues ?

« Évidemment, c'est la prérogative du maire la destination des chemins ruraux. On va se gêner ! Après, on doit tenir compte de tous les administrés. Un bon maire est impartial et traite chacun de manière équitable. Surtout maintenant où le dernier con venu te fait un procès pour que dalle ! Et puis attention, je serai le premier flic du village ! Pas vrai, Matthieu ? Je serai un peu ton patron, du coup ! »

Mes problèmes avec les voisins, tu vas aussi t'en occuper ?

« T'inquiète. Chaque chose en son temps. On va d'abord établir notre liste ensemble et Hervé ici présent – viens près de moi, l'ami – sera mon premier adjoint, ce n'est une surprise pour personne. Merci, Hervé, d'être à mes côtés, je compte sur toi pour m'aider à soutenir nos agriculteurs et nos viticulteurs. Ce qui s'est passé pendant l'épisode du gel ne doit pas se renouveler. C'est pas un peu de paille brûlée qui va tuer la planète, arrêtons de déconner. »

Ouais, bien dit, Norbert ! Ils ont qu'à rester en ville ceux qui sont pas contents !

« En tout cas, comptez sur moi pour remettre de l'ordre. Il y a des lois, il y a des traditions, il y a des gens qui vivent ici depuis des générations et il va falloir apprendre à respecter tout ça. Pour l'instant, c'est la fête ! Merci de votre présence, et… à table tout le monde ! »

Norbert esquisse un petit salut sous les applaudissements nourris. L'assemblée se dirige vers les tables lourdement chargées.

— On n'arrivera jamais à tout descendre ! s'exclame Hervé, tu as prévu trop large.

— Quand on aime, on compte pas ! Il y a toute la soirée pour finir les restes.

— Et le couvre-feu ? objecte Hervé en secouant la tête en direction de Moresco.

— Mais on s'en branle, du couvre-feu, répond Norbert. On va pas se laisser dicter notre conduite, quand même !

Chapitre 9

« Kékékéké ! »

Kiki se perche sur l'épaule de La Molotov qui l'embrasse sur le bec, attisant l'envie dans le regard de Marion.

— Oui, ma beauté, tu sais qui est la patronne, tu es fidèle, toi, susurre-t-elle à l'animal en se réjouissant de susciter la jalousie de quelqu'un, même si ce n'est que la gamine.

On prend les revanches qu'on peut, se dit-elle pour prévenir toute culpabilité. Désirée s'est éclipsée en prétextant un appel urgent tandis que Mylène entraînait ses troupes à l'extérieur, sous le grand chêne au bout du jardin. La Molotov accapare le fauteuil à bascule blanc, les autres ont installé des chaises pour un meeting improvisé. Elle offre un tableau saisissant dans sa robe noire, son corbeau sur l'épaule. Pierre, qui les a rejoints un peu plus tôt, prend place près de Jeanne. Les deux poules caquètent depuis leur enclos, attirées par ce remue-ménage inhabituel.

— Mes amis, commence Mylène, l'heure est grave.

Pétronille s'est allongée dans l'herbe, encore remuée par la réflexion de La Molotov. Et si cette vieille bourrique allait plus loin, si elle allait *trop* loin ? Jusque-là, Pétronille pensait que son secret était bien gardé et que, comme le lui avait dit Jeanne, ce qui s'était passé dans la bergerie resterait dans la bergerie. Maintenant, elle ne se sent plus tranquille du tout.

— C'est vrai, renchérit La Molotov.

— Contente d'apprendre que vous êtes consciente de la situation, approuve Mylène.

— On est assorties et c'est bien la première fois que ça nous arrive, alors oui, l'heure est grave, Mylène. Le noir ne vous va pas du tout, vous qui êtes si… bigarrée, d'habitude.

— Mais bon sang, Brigitte, tu ne peux pas débrayer cinq minutes ? s'emporte Jeanne.

— Vous vous feriez suer sans moi, avoue !

— Tu as dit que tu ne participais pas, donc ramène pas ta semoule !

— J'ai un mandat impératif, ma poule, celui de veiller sur nos libertés.

— Bon, recentrons-nous, s'il vous plaît, intervient Mylène avec un certain agacement, il en va de l'avenir de Troulou. Nous devons affronter Norbert.

— C'est qui, Norbert ? questionne Marion.

— Un type qui a tout misé sur ses poils, rétorque La Molotov.

— Qu'est-ce que tu proposes, Mylène ? demande Pierre pour désamorcer les bombes.

— Dans les grandes lignes, nous allons définir nos objectifs et déclarer notre propre liste dès demain. Dans les projets ne devant plus attendre, il y a l'assainissement collectif et la nomenclature des rues en prévision du passage de la fibre. On devra aussi affecter des moyens au comité des fêtes ! Mais nous irons encore plus loin en proposant l'ouverture d'une Marpa-école[1]. L'éducation, c'est la clef de nombreux problèmes actuels. Nous préparons l'avenir avec les enfants. Y associer les personnes âgées, c'est jeter un pont entre les générations, rompre l'isolement et nourrir la pédagogie à l'expérience de celles et ceux qui nous ont précédés ! Réunir sous un même toit le passé et le présent pour agir sur le futur, voilà notre voie.

— Nous avons besoin de lieux pour nos séniors, c'est certain, commente Pierre. Cela favoriserait la création d'emplois, également. Mais attention, c'est beaucoup d'argent et autant de responsabilités ! La communauté de communes sera concernée, il faudra de nouveaux arrivants, des logements ou des terrains pour les accueillir et toute une infrastructure pour pérenniser le projet.

— Bien dit, Pierre, soutient Jeanne. Moi, la fibre, ça me défrise. On ouvre la boîte de Pandore et qu'est-ce qu'il y aura dedans ?

— C'est qui, Pandore ? demande Marion.

— On doit toujours viser haut, Pierre, clame Mylène. Quant à la fibre, elle est indispensable pour attirer de nouveaux venus, nous ne pouvons pas rester en zone blanche à l'heure de la 5G.

— Et pourquoi pas ? s'insurge Jeanne. Est-ce que tu connais les chiffres, au moins ? Plus de 16 % des Français sont en difficulté devant la dématérialisation des services publics et privés. Putain, moi, déjà, je ne supporte pas le téléphone !

---

1. Une MARPA est une Maison d'Accueil Rurale pour Personnes Âgées.

— Vous avez évolué sur ce point, intervient Pétronille, vous l'avez rebranché ! Sans rire, on peut ouvrir un atelier d'aide aux démarches informatiques, les jeunes guideront les vieux dans leurs apprentissages.

— Bravo, Pétronille, c'est exactement ce que j'attends de mon équipe municipale ! De l'audace, des propositions, de l'enthousiasme ! Une politique ambitieuse, au service de tous. Il est inadmissible qu'on me… qu'on calomnie les Trouloises et les Troulois d'adoption. Nous vivons ici depuis des années, nous amenons des richesses au village, nous l'animons, nous lui permettons de prospérer au lieu qu'il se referme en devenant la proie d'une bande de phallocrates autoritaires et armés !

— C'est quoi, un phallocrate ? chuchote Marion à La Molotov.

— Un adorateur du…

— Brigitte !

— … Kiki. Pas vrai, mon Kiki ?

« Kékékékéké ! »

— C'est pourquoi je compte demander à Sybille et Martin de nous rejoindre, ajoute Mylène. Je sais que cela ne te plaît pas davantage que la fibre, Jeanne, mais nous avons besoin d'eux.

— Que peuvent t'amener deux olibrius perchés sur une tisanière ? C'est un mystère.

— Entre étrangers, on se comprend, tranche Mylène.

— Je dois les rencontrer pour un projet de compostage. Je peux commencer à leur en parler si tu ne les as pas vus avant, suggère Bruno.

S'ensuit un débat où chacun émet des propositions et des réserves. La Molotov conserve une attitude solennelle sur son siège. Quand les interventions finissent par se calmer, Mylène se tourne vers Philou, silencieux jusque-là. Elle lui adresse un sourire éblouissant qui lui donne envie de rentrer la tête dans les épaules.

— Mon chéri, nous avons besoin de toi, en particulier. Grâce à ton aide, nous pourrions toujours avoir un coup d'avance sur l'adversaire et tu sais combien cela compte, une stratégie guerrière. Norbert t'a offert un siège dans son équipe… J'ai bien réfléchi et je crois que tu devrais l'accepter. Deviens notre informateur secret !

— Tu ne peux pas me demander une chose pareille ! Je n'ai aucune envie d'être sur cette liste ! Personne ne le comprendrait, d'ailleurs. En plus, je n'aime ni mentir ni trahir.

— Ah vraiment ? répond-elle d'un air pincé. Cela t'est bien arrivé au moins une fois dans ta vie, pourtant.

Décidément, se dit Pétronille, c'est le jour des grosses allusions. L'année précédente, la coiffeuse lui a confié l'origine du nom de son salon, Adult'Hair. L'assemblée tout entière a compris le coup de griffe.

— Mylène, vous remonteriez presque dans mon estime, rugit La Molotov en éclatant de rire.

Philou se lève et, sans un mot, se dirige vers la maison du pas résolu de qui s'en va sur un coup de tête. *Philou, hé, Philou, reviens ! Tu crois qu'il est fâché ? Moi, je le serais à sa place.*

— Laissez, intervient Jeanne, je vais lui parler. Mais ce n'est pas de cette manière que tu vas convaincre les électeurs, Mylène. Il va falloir ajouter un peu de sucre dans ta citronnade.

Jeanne se dépêche de rejoindre Philou avant qu'il n'ait réussi à démarrer sa vieille Simca. Elle le trouve devant la portière ouverte, manifestement désemparé. Ils restent côte à côte un moment, sous la brise légère qui s'est mise à souffler. Jeanne s'étire pour briser la gêne qui menace de les paralyser. Elle connaît Philou depuis longtemps, un homme simple et sincère, ce genre de type sur lequel on peut compter. Plutôt lent, accordé à la pulsation lourde de ses vignes et de ses terres. Assez affirmé pour se mettre en couple avec Mylène sans se soucier des commérages. Quelqu'un pour qui elle a de l'estime et dont elle devine qu'il ressent une certaine inquiétude à l'idée que sa compagne, élue maire, décide de tout.

— Ta femme n'envisage pas une carrière de diplomate, au moins ?

— Elle est en mode commando. Les manières de Norbert l'insupportent. Cette élection devient aussi une question d'honneur, il lui a lancé deux ou trois vacheries en public qui l'ont piquée au vif. L'article, c'est la fois de trop.

— C'est bien de soutenir sa moitié, y compris quand elle a été discourtoise.

— C'est ma Tempête, explique-t-il avec un haussement d'épaules fataliste, j'ai l'habitude de prendre quelques rincées.

— Écoute, Philou, ce n'est pas à moi de te dicter ta conduite. D'autant que j'ignore quoi penser de cette... suggestion. Norbert, tout seul, on peut s'en débrouiller. Mais au milieu de sa clique, c'est autre chose. Effet de meute, tu connais. En savoir un peu plus aiderait sûrement.

Elle attend un moment, ne pas appuyer, ne pas chercher à convaincre, juste offrir une piste de réflexion et laisser l'autre cheminer à son rythme.

— Quoi que tu décides, ce sera OK pour moi et je te soutiendrai, ajoute-t-elle en mesurant ses mots. Mais si tu décides d'y aller, reste toi-même et parle-lui d'homme à homme. Ouvre-lui ton cœur, il y a pas mal de choses qu'il peut comprendre. Norbert est plus… complexe qu'il n'y paraît. Lui aussi, je le connais depuis un bail.

— Jeanne, sage et discrète.

— Tu plaisantes ?

— Pas du tout. Tu aides beaucoup de gens, de mille manières différentes. Devant toi, on se sent souvent un peu nu.

— N'importe quoi, je suis bourrue comme pas possible. Je déteste les gens, ils me sortent par les trous de nez ! Allez, on va pas se dire des trucs qui gênent, on sait pas où ça mène, après.

Elle presse le bras de Philou et retourne auprès du reste de la troupe. Elle pense à Marie-Carmen et à Pierre, à toutes les fois où on a tenté de l'approcher sans qu'elle y consente. Sans doute à cause de son éducation, de ses parents qui, en créant le Refuge, l'ont fait passer en dernier dans leurs préoccupations. Il y avait toujours quelqu'un de plus malheureux qu'elle, il ne fallait ni se plaindre ni attendre de l'attention. Elle s'est mise à distance pour trouver sa place et toute manifestation d'affection la met mal à l'aise – *les gens, ça va ça vient. Sont pas très fiables, pas très solides. Se défilent pour un rien.* Les gens changent, lui a dit une amie en prenant le large sans être capable de reconnaître en face qu'elle ne voulait plus la voir. Les gens, peut-être, mais pas elle. Pas ses sentiments. Alors, on aide, mais on reste à l'écart, c'est plus sûr.

— Bon, crie-t-elle, on va terminer là et je vous fous dehors parce que c'est bientôt l'heure du putain de couvre-feu de sa mère !

Désirée a esquivé la réunion préparatoire des élections : aucune envie d'assister au télescopage de ces fortes personnalités, alors qu'elle manque de sommeil. Elle longe le jardin, où la rhubarbe rouge et vert sombre étend déjà son panache feuillu. Partout, les plantations de Jeanne sortent de terre. Les scaroles et les frisées s'épanouissent avec vigueur, les tendres pousses d'épinard semblent délimiter une piste d'atterrissage pour Lilliputiens. Désirée ne s'attarde pas, pressée de vérifier si Oscar a dit vrai. Jeanne l'a prévenue d'un air goguenard : on capte mal, ici. Mais l'adolescent lui a confié qu'il y avait un coin, au fond du potager, entre le compost et le tas de pierres, où il arrive parfois qu'on perçoive un signal suffisant.

Après une semaine au Refuge, elle pense constamment à Greg. Chaque jour, elle regarde sur son téléphone les photos qu'ils ont prises de leurs week-ends au ski ou de leurs escapades au Pays basque, dans la maison de vacances de ceux qu'elle considère encore comme ses futurs beaux-parents. Elle visionne aussi, sans pouvoir s'en empêcher, toutes ces petites vidéos qu'elle a filmées dans leur appartement toulousain : Greg qui essaie de sabrer une bouteille de champagne, Greg qui s'est endormi sur le canapé, Greg qui souffle ses bougies d'anniversaire. Toutefois, cajolée par Pétronille et inspirée par Jeanne, elle se sent moins fébrile que lundi. La hargne affichée de La Molotov envers Greg la réconforte un peu. *Et la nuit avec Romain aussi.* Aujourd'hui, elle n'agira pas comme les fois précédentes. Elle sera forte, calme, et elle ne suppliera pas. Après tout, c'est leur premier gros désaccord, c'est normal qu'ils ne sachent pas comment négocier ce virage. Tous les couples traversent leur baptême du feu. On ne peut pas espérer s'inscrire dans la durée et éviter les difficultés. S'ils arrivent à surmonter celle-ci, ils seront invincibles, ensuite !

Elle atteint le monticule de cailloux et les déchets verts à l'odeur douceâtre. Juste après le vaste enclos dans lequel Simone et Charlotte grattent le sol à la recherche d'imprudents vermisseaux. Hors de vue, elle entend les palabres de la réunion, en bruit de fond. La poule noire est la plus douée pour débusquer les lombrics dodus et rosés. Mais immanquablement, Charlotte accourt pour les lui arracher du bec, laissant sa comparse stupéfaite. Puis très vite, Simone recommence à griffer la terre, pleine d'espoir. Ou d'illusions.

Désirée souffle un grand coup, prie les dieux des réseaux pour que son appel aboutisse et s'encourage mentalement. Elle récapitulera les faits avec calme, Greg sera obligé de reconnaître que son comportement est insensé, et peut-être qu'il reviendra sur sa décision.

— Oui ? l'accueille la voix de Greg, entre lassitude et agacement.

L'assurance de Désirée s'évapore aussitôt.

— C'est moi, répond-elle stupidement.

— Qu'est-ce que tu veux ?

Cette même question, l'accent belge en plus, Romain l'a prononcée hier soir, alors qu'ils venaient de s'embrasser à quelques mètres d'Adult'Hair. Passer la nuit chez toi, a-t-elle rétorqué, poussée par le désir secret de blesser Greg, et l'envie d'un corps contre le sien.

— Que tu me dises sincèrement pourquoi tu as changé d'avis, ose-t-elle. Et pourquoi tu ne m'as pas prévenue !

— On en a déjà parlé, soupire Greg.

— Mets-toi à ma place ! Je fais quoi, moi, maintenant ? Tu aurais quand même pu m'en parler avant de te décider ! Tu avais des doutes quand on a choisi de venir ou quoi ? insiste-t-elle, plaintive malgré ses efforts.

— Ma décision n'était pas préméditée, articule-t-il comme s'il s'adressait à une gamine obstinée. Quand on m'a proposé un poste chez Barlois, je n'ai pas pu refuser. Toi aussi, mets-toi à ma place ! Tout s'est enchaîné, je te l'ai déjà expliqué, je n'ai pas eu le temps de me retourner.

Le souffle coupé, Désirée sent quasiment les mains de Romain se poser sur ses hanches pour la faire pivoter, dos à lui, avant de plaquer son… Elle cligne des yeux, le cœur au galop.

— J'ai dû chercher un logement en catastrophe et c'est vraiment l'enfer, en région parisienne, tu t'en doutes.

— Tu as tout de même pris soin de prévenir Pierre, un confrère, rétorque-t-elle d'un ton acerbe. Tu ne l'as pourtant jamais appelé *amour de ma vie*, lui, je crois !

Ne s'était-elle pas juré de garder son calme ? Elle aurait peut-être dû emporter un peu de l'herbe que Romain fait pousser. Les volutes s'échappaient joliment de ses lèvres, quand il lui a soufflé la fumée dans la bouche, juste avant de descendre entre ses…

— Je suis désolé si tu te sens blessée, intervient la voix posée de Greg, venant interrompre la projection intime de Désirée.

— Moi aussi, je suis désolée de me sentir blessée, grince-t-elle.

— Je suis triste que ce soit si compliqué, tu sais.

— Et comment je pourrais le savoir ? Tu crois que je suis extralucide ?!

— Oui ! lance-t-il avec autorité.

— Hein ?

Désirée en reste ébahie. Il a décompensé ou quoi ? Voilà qui expliquerait tout.

— Posez le dossier ici, je le lirai et j'en parlerai avec le Dr Barlois.

Le salaud. C'est à la secrétaire médicale qu'il s'adresse. Elle supposait naïvement qu'il lui accorderait toute son attention.

— Désirée, je pense qu'il serait bénéfique qu'on prenne un peu de temps, chacun de notre côté, avant de recommencer nos échanges.

— On est déjà chacun de notre côté, si tu veux mon avis. Toi à Paris et moi à Troulou.

— Je préfère qu'on ne s'appelle pas pendant un moment, précise-t-il, histoire que les choses s'apaisent.

Le corps sec et musclé de Romain contre le sien, leurs souffles courts, le sang qui pulse encore sous l'effet de l'orgasme. Et leurs rires hébétés, après la frénésie.

— Que les choses s'apaisent, répète Désirée, déstabilisée par l'assaut de ses souvenirs érotiques autant que par l'indifférence de Greg.

Ce n'est pas un baptême du feu, c'est une putain de période glaciaire qui s'annonce, bien partie pour durer des millions d'années.

— Je suis certain que…

— Tu m'as l'air bourré de certitudes pour quelqu'un qui vient juste de changer de plan de vie ! le coupe-t-elle, soudain furieuse.

— Bon, tu n'es visiblement toujours pas capable d'avoir une conversation constructive.

— Enfin, merde, Greg ! Tu croyais que j'allais le prendre comment ?! Même quand on n'aime plus quelqu'un, on le prévient ! On prévient, bordel !

Désirée envoie un énorme coup de pied dans un caillou échappé de sa pyramide. Une nuée de passereaux s'envole d'un chêne tout proche.

— Tu sais quoi ?! C'est moi qui te quitte ! JE TE QUITTE ! hurle-t-elle en tenant son téléphone devant sa bouche.

Puis elle raccroche, se doutant que Greg en a fait autant.

— Quel con ! Et quelle conne ! ajoute-t-elle sur le même ton.

Parce qu'elle se trouve conne, en effet. Ces mots fatidiques, qu'elle redoutait et qu'elle a fini par prononcer, il les lui devait ! En même temps, son éclat la délivre de cette zone frontalière où elle était coincée, entre espoir et regrets.

— Salaud, va... chuchote-t-elle, la voix étranglée.

Au moins, elle va pouvoir arrêter de regarder les offres d'emploi à Paris. Elle va rester à Troulou pour l'instant, voilà tout. Elle respire à pleins poumons, à plusieurs reprises, jusqu'à ce que les larmes refluent, et elle reprend le chemin en sens inverse, direction le Refuge. Elle s'attend à ce que tout le monde soit en pleine discussion, mais à peine a-t-elle dépassé le muret de pierre qui délimite le jardin que Mylène arrive à sa rencontre. Son sourire charmeur de candidate s'efface en voyant le visage défait de Désirée.

— Greg ?

Désirée hoche la tête, les yeux rougis.

— Je l'ai rappelé. Et je me suis autolarguée, avoue-t-elle, la voix étranglée.

Mylène lui passe un bras autour des épaules avec une moue dubitative.

— En te plantant sans prévenir, il t'avait quittée, non ? Donc tu ne t'es pas autolarguée, tu l'as contreplaqué !

Désirée esquisse un pauvre sourire.

— Et il faut aller encore plus loin, ajoute Mylène, que cette réaction encourage.

— Oui ? demande la jeune femme avec espoir.

— Oui. Tu pourrais supprimer son numéro de ton répertoire, mais s'il t'appelle, tu risques de te laisser surprendre. C'est une manœuvre que je ne recommande pas. Il vaut mieux renommer son contact de manière stratégique.

— Du genre *Mon ex* ou *L'homme contreplaqué* ? propose Désirée, prête à tout pour s'extraire du marasme.

— Donne, commande Mylène en tendant la main.

Intriguée, Désirée lui remet son téléphone. Les doigts manucurés pianotent à toute vitesse sur le clavier. Au-dessus du numéro de Greg, s'affiche en majuscules : « NE PARLE PAS À CE MINABLE ! »

— Ah d'accord, apprécie sobrement Désirée.

— Phase une, tu repousses l'ennemi. Phase deux, tu t'assures qu'il ne puisse revenir. Maintenant, en phase trois, il faut t'occuper l'esprit, explique Mylène qui retrouve son sourire enjôleur. Pour ça, j'ai une solution parfaite : une place sur ma liste électorale !

Chapitre 10

Par la fenêtre de sa cuisine, Philou contemple les quelques passants sur la place du village en soufflant sur sa tasse de café. Il entend Mylène descendre au moment où l'horloge sonne la demie de 7 heures. *Elle est bien matinale pour un jour de repos. D'habitude elle n'émerge pas avant 10 heures.* Philou serre brièvement les dents et se retourne pour accueillir sa compagne avec un sourire aussi naturel que possible. Ils ne se sont pas expliqués sur ce qui s'est passé la veille, chez Jeanne. Ils sont rentrés dans un grand silence, Philou s'est enfermé dans son atelier, au sous-sol, et n'en est ressorti que pour aller se coucher. Mylène est venue toquer pour lui proposer de dîner, mais il a simplement répondu qu'il n'avait pas faim.

— Tu veux que je te prépare un thé ? lui demande-t-il.

— Avec plaisir, accepte-t-elle en s'approchant pour lui donner un léger baiser sur les lèvres.

Elle porte son kimono de soie noir et or, celui qu'il lui a offert pour Noël et, manifestement, rien en-dessous. Elle reste appuyée un instant contre lui et murmure :

— On est fâchés ? Je regrette, pour hier.

J'aimerais que tu arrêtes de me culpabiliser avec cette histoire, se dit-il sans oser lui en faire part. Une seule fois avec une autre femme, au tout début de leur rencontre.

Un moment de panique. Ce n'était pas rien de devenir le mec de Mylène, on ne l'a pas loupé au tournant, par ici. *L'enseigne de ton salon ne te suffit donc pas* ? C'est ça le problème, avec elle, le besoin de tout maîtriser. De régenter, même. Il sait qu'elle en a bavé pour devenir Mylène et être respectée en tant que telle, mais elle n'est pas la seule dans ce cas, elle a tendance à l'oublier.

— Ce n'est pas à moi de payer la note pour tous les autres, tu ne crois pas ? tente-t-il.

— Bien sûr. Tu me connais, je m'emporte vite, mes mots dépassent ma pensée.

Pour toute réponse, il l'embrasse à la racine des cheveux.

— Je vais aller voir Norbert, ce matin. Mais je tiens à te répéter que cela ne me plaît pas et ne me ressemble pas. Je le fais pour t'aider.

Et en espérant que tu ne vas pas atteindre tes objectifs. Comment ne pas se sentir coupable d'une chose ou d'une autre ? *Je vais trahir mes principes et arnaquer Norbert par loyauté envers toi. Et il y a des chances pour que je sois obligé de te mentir aussi. Tu ne me rends pas toujours la vie facile.* Est-ce qu'elle en a conscience, au moins ?

— Tu n'es pas obligé si c'est trop contraignant. Mais… cela m'aiderait. Sans compter le comportement de Norbert à mon égard.

— Tu devrais peut-être laisser tomber, suggère-t-il. Son opinion a-t-elle vraiment un quelconque intérêt ?

— Ce que les autres pensent de moi continue de m'importer, même si je prétends le contraire.

Et il le sait, ô combien oui, se dit-il en conduisant la Simca, un peu plus tard, pour aller chez Norbert. Cet aspect de Mylène que peu de gens devinent, c'est ce qui la rend difficile par moments. Sur la défensive, craignant toujours qu'on lui balance son passé, comme une vacherie, en pleine figure. Mylène est rongée par ses trop nombreux souvenirs d'humiliation. Et elle s'est fait une idée bien à elle du monde – la meilleure défense, c'est l'attaque.

Néanmoins, laisser le champ libre à Norbert n'est pas non plus une bonne idée, pense-t-il en se garant à destination. Il ne veut pas entendre parler d'être maire et il aurait vraiment préféré que Mylène ne s'en mêle pas. D'abord parce qu'elle va s'exposer et prendre des risques. Il en connaît qui ne lui pardonneront pas si elle gagne les élections et décide de tout chambouler avec sa diplomatie habituelle. Une partie de la population départage encore les tâches à l'ancienne, ici. Alors Mylène à la mairie, c'est de la science-fiction pour ces gens. Certains – et même, certaines ! – ne vont pas s'embarrasser pour le lui expliquer, ils la tolèrent parce qu'elle est avec lui. On jase, certes, mais en catimini. Il a la réputation d'être calme, Philou, si on ne le pousse pas à bout. Sans quoi, il est tout à fait capable de sortir le démonte-pneu.

Ensuite, il rêve d'une vie simple, douce. Il a déjà bien assez de problèmes avec ses vignes et parfois, avec son couple. Un quotidien serein, sans bataille ni conflit, la paix et l'amour, il n'en demande pas plus. Est-ce qu'on n'y a pas tous droit ? Est-ce qu'il y a une autre raison de se lever le matin ?

Il aperçoit Norbert en train de nourrir ses bêtes et sort de la voiture pour le rejoindre. Le chasseur semble aux prises avec une petite oie qui cherche à lui pincer les mollets tout en esquivant habilement les coups de pied. Elle prend carrément ça pour un jeu, se dit-il, amusé. L'homme quitte l'enclos et vient à sa rencontre sous les cris du volatile dont la houppe blanche s'agite avec virulence.

« Kékékékékéké », lance Kiki du haut d'un tremble qui le dissimule à la vue.

— Salut, Norbert, elle a du tempérament, cette petite.

— Ne m'en parle pas, je vais l'embrocher si elle continue. Alors, Philou, que me vaut le plaisir de ta visite à cette heure ?

— Est-ce qu'on peut discuter entre hommes, et garder cette conversation… privée ?

Norbert hoche la tête en signe d'assentiment. Philou se jette à l'eau – ça passe ou ça casse.

— Mylène m'a fait part de ton invitation à rejoindre ta liste. Je t'avoue que j'ai été pas mal surpris et que ta proposition a donné lieu à quelques échanges vigoureux, chez nous.

— Ah, les femmes… commente Norbert avec un sourire entendu qui donne envie à Philou de lui allonger une tarte.

— Je vais être honnête avec toi, Mylène a décidé de se présenter à la mairie.

— Bordel de crénom de mille merdes ! Mais qu'est-ce qu'elle a dans la tête ?

— Elle pense qu'elle peut amener de la nouveauté au village et elle a des idées.

— Oh, ça doit pas lui manquer, en effet. T'es conscient qu'elle n'a aucune chance ?!

— Je n'en suis pas si sûr, elle a des amis, modère Philou qui ne peut s'empêcher de prendre la défense de sa compagne.

Tu es là pour infiltrer sa liste, pas pour encenser l'adversaire, se morigène-t-il.

— C'est possible, maugrée Norbert, mais moi aussi j'ai des amis. *Beaucoup* d'amis !

— En effet, oui. Quoi qu'il en soit, je préférerais qu'elle s'abstienne. Elle en a bien assez avec la boutique et le comité des fêtes.

— Voilà ! Sans compter qu'elle devrait s'occuper de son ménage, non ? Monique le comprenait, ça. On s'entendait bien d'ailleurs, chacun à sa place. C'est important de savoir rester à sa place.

Norbert teste jusqu'où son vis-à-vis acceptera d'aller dans la médisance. Philou décide d'esquiver.

— Pour être maire, reprend-il en tâchant de garder le contrôle de la situation, il faut déchiffrer les tenants et les aboutissants du village. Cela demande de bien connaître le terrain, d'avoir un certain historique en tête et de traiter tous les administrés d'une manière équitable.

— Tu m'enlèves le mot de la bouche ! Tu entres boire un kawa ?

L'invitation sonne comme une petite victoire, ce qui engage Philou à ne pas courir le risque d'une trop grande proximité.

— Je dois retrouver Jeanne, je n'ai pas beaucoup de temps. Mais je ne voulais pas attendre avant de venir discuter avec toi.

Penser à Jeanne lui rappelle leur échange de la veille et le réconforte, même s'il use d'un mensonge pour rester en terrain neutre. *Dans quel merdier je vais me fourrer, moi ?*

— Tu connais Mylène, reprend-il en ayant l'impression de commettre une trahison XXL, elle a beaucoup d'énergie, du charisme à revendre, toujours en train d'œuvrer à droite et à gauche.

— Surtout à gauche, ricane Norbert en plissant les yeux.

— Bref, je n'ai pas envie qu'elle aille plus loin dans ses… activités. Ni qu'elle se mette à commander tout le monde, et à me dire… ce que je dois faire… s'embrouille Philou en devenant rouge brique sous le coup de l'émotion.

— Tu prêches un convaincu, mon gars, l'interrompt Norbert. C'est normal que tu tiennes à ta… heu, à Mylène, mais il y a des limites à ce qu'un homme peut tolérer. C'est pas simple de l'admettre, surtout pour un taiseux comme toi. On n'a pas toujours été d'accord, tous les deux, mais il se pourrait qu'on trouve un terrain d'entente, si je te comprends bien ?

— C'est ça, acquiesce Philou qui ne désire plus qu'une seule chose, sortir de là et au plus vite !

— La démarche est pas facile, je respecte ton courage. Tu vas en prendre plein la gueule à la maison, quand elle va être au courant. T'es sûr de toi ?

— Tout à fait.

— Écoute, je vais demander à l'équipe si elle accepte ta proposition de te joindre à nous, qu'on me traite pas de dictateur, et je te tiens au jus. Entre hommes, on se serre les coudes, et nous deux, on a tout à gagner à s'entendre. Alors, considère que c'est fait.

— Merci, Norbert, articule péniblement Philou comme s'il mâchait une pelote d'aiguilles chauffées à blanc.

— À charge de revanche, mon gars !

Mylène noue la ceinture de son kimono, puis se rend dans la salle de bains, pour se rafraîchir et, peut-être, user de l'anticerne. Elle a mal dormi. Hier soir, elle était trop tendue après la réunion pour initier une explication avec Philou. Elle aurait dû lui présenter ses excuses, mais comme chaque fois qu'elle repense à l'aventure de son mec, la rancune l'a submergée. Sa pique en public était injuste. Philou l'a trompée avec une touriste au début de leur relation, mais depuis il a prouvé qu'il lui était fidèle. Il n'empêche que ce coup de canif a ébréché sa confiance. Et s'il choisissait un jour de l'abandonner pour une autre ? S'en relèverait-elle ? Mylène se rince les mains, puis se regarde droit dans les yeux.

— Il est loyal et amoureux, prononce-t-elle à mi-voix, comme pour s'en persuader.

Elle passe les doigts dans sa chevelure, ouvre un peu plus son décolleté et descend. L'horloge sonne dans le séjour. Philou, qui boit un café les yeux perdus sur la place du village, se retourne pour lui sourire.

— Tu veux que je te prépare un thé ?

Mylène se sent envahie d'un immense soulagement et s'approche pour l'embrasser.

— Avec plaisir, répond-elle en se collant à lui.

Cette nuit, ils ont laissé un vide glacial entre leurs deux corps d'habitude imbriqués. Sa chaleur lui a manqué.

— On est fâchés ? murmure-t-elle. Je regrette, pour hier.

Et pour chaque fois où je te fais supporter ma peur qu'un jour, toi aussi, tu te débarrasses de moi. Elle sent la solide carcasse se détendre imperceptiblement.

— Ce n'est pas à moi de payer la note pour tous les autres, tu ne crois pas ? demande-t-il d'un ton fatigué.

Je sais, mon amour. Mais j'ai tant de factures en souffrance…

— Bien sûr, acquiesce-t-elle. Tu me connais, je m'emporte vite, mes mots dépassent ma pensée.

Elle voudrait poursuivre, lui expliquer qu'elle l'aime plus que tout, même si elle devine qu'il la trouverait encore excessive. *Je préfère dire entière*. Elle n'en a pas le temps, il l'embrasse à la racine des cheveux.

— Je vais aller voir Norbert, ce matin, déclare-t-il. Mais je tiens à te répéter que cela ne me plaît pas et ne me ressemble pas. Je le fais pour t'aider.

Mylène retient à grand-peine un sourire. Avec Philou à ses côtés, Norbert ne peut plus rien contre elle. Troulou va enfin connaître une évolution progressiste digne d'être citée en exemple et pourquoi pas au niveau national !

— Tu n'es pas obligé si c'est trop contraignant, se force-t-elle à préciser. Mais… cela m'aiderait. Sans compter le comportement de Norbert à mon égard.

Ça oui, il lui en a fait baver lorsqu'elle est arrivée au village. Moqueries, insultes, rumeurs infamantes. À l'époque, Mylène n'était pas en état de l'affronter seule et il avait fallu que Jeanne s'en mêle pour qu'il desserre les crocs, le roquet moustachu. *Le temps est venu de passer à la caisse, Norbert.*

— Tu devrais peut-être laisser tomber, suggère Philou. Son opinion a-t-elle vraiment un quelconque intérêt ?

— Ce que les autres pensent de moi continue de m'importer, même si je prétends le contraire, confesse tristement Mylène.

En se rendant à la ferme des Martels, un peu plus tard, elle repense à cet aveu. Elle préférerait qu'il en soit autrement. Elle envie l'admirable indifférence de Jeanne devant les ragots. Mais Mylène n'a pas sa force de caractère ni l'aplomb qui va avec la certitude d'avoir été aimée. Elle sait combien tous les gens qui sont passés au Refuge vouent à Jeanne une affection sans bornes, elle en fait partie. En revanche, elle ignore quelle femme elle serait devenue si on l'avait chérie pour ce qu'elle est réellement.

Sybille est sortie accueillir Mylène dès que la Mini s'est garée sur l'allée qui longe la prairie des Martels. Pétronille, qui travaille chez Pierre ce lundi, lui a prêté sa voiture pour aller convaincre les tenanciers de l'*Iris Center* qu'ils feront d'excellents conseillers municipaux. Depuis la crise du Covid, leur centre yogique, dans lequel ils organisaient des séjours payants, reste désespérément vide. Deux ans après avoir terminé les travaux, incluant la construction d'une rotonde vitrée pour les cours de yoga et de méditation, pandémie mondiale. Terminées, les semaines « jeûne et randonnées ». Finies, les formules « hydrothérapie du côlon et massages ». Sybille avait bien tenté de proposer des cours de yoga sur Internet ou des tutoriels d'automassage, mais rien n'avait vraiment fonctionné. Ils se trouvaient désormais assez désœuvrés entre leurs murs blanchis à la chaux, buvant seuls leurs tisanes ayurvédiques et leurs élixirs ancestraux. Il est temps de les sortir de cette retraite imposée !

Pour l'occasion, la coiffeuse a revêtu une longue jupe en jean délavé, avec un pull de coton naturel décoré d'un immense signe de la paix. Elle a même chaussé des sandales à semelles de bois, qu'elle n'avait pas enfilées depuis une glissade mémorable sur le sol carrelé de son salon. Elle a d'ailleurs serré les fesses pendant toute la visite des lieux et s'est assise avec soulagement sur le banc rustique « traité à l'huile de lin bio », ainsi que le lui a précisé Martin. C'est devant une infusion maison qu'elle doit maintenant révéler aux Quessoy la raison de sa présence.

— Je vous remercie de toutes vos suggestions pour la fête de la Lenteur, commence-t-elle. Vous fourmillez d'excellentes idées, c'est pourquoi je souhaite que nous allions plus loin.

Sybille tient fermement un calepin noirci de son écriture saccadée et la dévisage, attentive. Martin croise les mains sur la table, toujours méfiant depuis la réunion du comité des fêtes. C'est vers lui que Mylène se penche, les yeux francs et la voix vibrante.

— Troulou est en danger, leur apprend-elle.

Les deux époux échangent un regard inquiet.

— Mais ensemble, nous pouvons agir, enchaîne-t-elle aussitôt. Vous le savez, nous devons élire une nouvelle équipe municipale.

— Je ne vote pas, généralement, avoue Sybille avec un petit rire gêné.

— Vous n'êtes pas la seule, balaie Mylène d'une main indulgente. Je suis candidate.

— Oh… lâche Martin, plus anxieux que jamais.

— Ce n'est pas de gaieté de cœur que j'assume cette mission, poursuit Mylène, le visage douloureux. Mais Norbert Bascoup a des intentions malveillantes, je le crains. D'abord, il envisage de discriminer les entrepreneurs qui ne sont que Troulois d'adoption !

— Hein ? Mais comment ça ? s'alarme Martin.

— C'est simple : vous n'êtes pas d'ici, on vous mettra des bâtons dans les roues, résume Mylène, l'œil farouche. Il faut qu'on fasse front. Les mois qui viennent de s'écouler ont été suffisamment difficiles pour nous, petits commerçants !

— Nous ne sommes pas des boutiquiers, s'offusque Sybille. Nous ne recevons pas des clients, mais des *invités* !

— Évidemment ! Moi-même, j'ai à cœur d'offrir un espace de parole dans mon salon, je ne me contente pas de couper des cheveux. Mais Norbert se moque de la dimension humaine. La preuve : quel accueil vous a-t-on réservé ? À part au comité des fêtes que je préside, bien sûr.

Martin ouvre la bouche pour répliquer que personne ne leur a jamais souhaité la bienvenue, pas plus au comité qu'ailleurs, mais Mylène poursuit son idée, les prunelles fiévreuses.

— On vous a décrits comme des originaux, de doux dingues et surtout des gens d'ailleurs ! Mais ça peut changer, je peux vous aider à être compris et acceptés de la communauté trouloise, s'enflamme-t-elle. Et puis si Norbert est élu, les chasseurs auront le pouvoir…

Mylène, dosant son effet, boit une gorgée de l'insipide tisane, laissant ses hôtes imaginer l'ampleur que prendraient leurs démêlés actuels avec les copains de Norbert. Sybille en frémit d'avance.

— Ah non ! Déjà qu'ils traversent la propriété, fusil armé, pour tirer toutes les bêtes qui s'y réfugient !

— Ils ruinent nos stages de méditation entre septembre et février, confirme Martin, qui n'a toujours pas digéré d'avoir dû rembourser plusieurs *invités*, au bord du choc post-traumatique après une séance particulièrement riche en coups de feu.

Mylène secoue la tête, indignée.

— C'est illégal, mais ils s'en fichent ! Et l'ancien maire détournait les yeux. Comme quand Norbert nous a empoisonnés en réchauffant au gasoil les vignes de son copain. La pollution de la planète et la santé de ses concitoyens, il s'en fout !

Cette fois, le couple acquiesce de concert, les doigts crispés autour de leurs mugs en terre cuite.

— Sans ces barbares et avec le soutien d'une municipalité moderne, votre *Iris Center* pourrait prendre un essor rapide, affirme Mylène sur le ton de la confidence. Bien sûr, ce serait plus simple si vous étiez dans notre équipe, vous pourriez devenir force de proposition, m'aider à impulser un nouvel élan.

Sybille la considère, pleine d'espoir. De son côté, Martin pèse le pour et le contre, front plissé. Le silence se prolonge un peu trop au goût de Mylène.

— On doit faire barrage à cette idéologie nauséabonde qui nous parvient des poubelles de l'Histoire !

— J'en suis ! Tu as raison, Mylène, il faut parfois sortir de soi pour aller vers l'autre, s'engage Sybille, son regard bleu exalté.

— Bien dit ! Martin, tu souhaites te dresser contre l'infamie, toi aussi ? lui demande Mylène d'un ton grave.

— Pour l'avenir du développement personnel, je suis avec vous, promet-il.

— *Yes, we can !* clame alors Mylène, en frappant le bois du plat de la main.

— *We can !* répète Sybille, complètement emballée. D'ailleurs, on va commencer par une cérémonie pour dénouer ton chakra racine, afin de libérer les énergies qui te mèneront au succès !

— Je… quoi ? interroge prudemment la candidate, pas exactement versée dans le chamanisme.

— C'est rapide et elle obtient des résultats étonnants, lui murmure Martin qui l'invite à se lever.

Sybille ne les écoute plus, de toute façon. Retroussant les manches de sa tunique de lin, elle attrape un bol tibétain sur une étagère, allume un bouquet de feuilles de sauge blanche dans une soucoupe et la dépose aux pieds de Mylène. Une odeur âcre et un tintement s'élèvent. Sybille écarte les bras, réunit ses pouces et ses auriculaires en levant les paumes vers le ciel.

— Mylène, nous allons faire Gyan Mudra et tu répètes chaque phrase après moi.

La candidate tente de garder le sourire tandis que la chamane, le visage habité, psalmodie d'un ton grave :

— Mon corps est un temple. Laaaaaaaaaaam. Mon chakra racine est ouvert. Laaaaaaaaaaam. Je me sens ancrée et à l'aise d'être moi-même. Laaaaaaaaaaam. Je suis en paix avec mon entourage, avec les gens et les événements de la vie. Laaaaaaaaaaam…

Chapitre 11

Retournement en plein ciel, plongeon en piqué, vol au ras de l'herbe, remontée à la verticale, looping et atterrissage parfait. Plumes hérissées, queue évasée. « Kékékékéké Raaaahi Raaaahi Kahgha Kahgha. » Écartement maximal des ailes, trois pas en avant. « Raahi Kahgha », staccato du bec, trille longuement roulé en gorge, torsion du cou, « Kahgha Kahgha. » Fin de partie.

Kiki est immobile devant l'oie tuftée, elle l'observe avec attention mais ne donne pas les signes attendus. C'est la troisième fois, ce matin, qu'il offre son tour complet. Il vient jour après jour depuis qu'il a trouvé sa nouvelle Elle. Jamais il n'a eu besoin d'une aussi longue parade ! Ils doivent encore construire le nid. Pas dans la corbeautière des hauts platanes, les Autres les chasseront. Elle est trop différente. Pas dans le nid du châtaignier, son vol est trop court. Mais Lui a repéré un promontoire rocheux, accessible, à côté de la bergerie. Si Elle veut bien le suivre. Il faut d'abord sortir. Il a étudié la porte, son système de fermeture. Possible à ouvrir, mais beaucoup de passage, ici, beaucoup d'ennemis.

La petite oie déploie ses larges ailes, elle s'ébroue avec puissance, pointe sa tête en avant et s'élance avec des cris d'allégresse « Hininhininhininhinin. » Des plumes tourbillonnent – Kiki recule d'un bond. L'oie fonce sur lui, le dépasse sans ralentir, se précipite sur l'homme-qui-tue. Elle se jette dans les jambes maigres, y enroule son cou et manque de le faire tomber. Kiki se perche sur un poteau. Rage. Le crâne de l'homme-qui-tue ne résisterait pas à son bec. Tac tac tac tac, Lui le percerait. Lui se délecterait de la cervelle de l'ennemi.

« Mais foutu bordel, vas-tu t'arrêter, saloperie ! » L'homme-qui-tue repousse Elle à coups de pied. Lui est prêt à la défendre. Mais Elle n'a pas peur, Elle évite le danger. Habile, Elle danse autour du rival. La porte est ouverte, ce serait le bon moment. Mais Elle n'a pas encore accepté la demande et Lui ne peut pas la forcer.

« J'ai pas le temps, bouffe donc du grain et lâche-moi. J'ai une réunion à préparer, allez, file ! » Elle pousse des cris stridents, réclame le contact. Lui est agité. Pourquoi Elle ne vient pas ? Il saurait lisser ses plumes, lui cajoler le bec. Il a offert vers gras et sauterelles dodues, a montré qu'il sait chasser, qu'il est un bon compagnon. Pas comme l'homme qui garde la porte fermée. « Kahgha. » Libres. Ensemble.

« Aïe, mais tu pinces, en plus ! » L'homme-qui-tue jette le seau vide et réussit à toucher l'oie en pleine tête. Kiki pousse un avertissement – « Kékékékéééééééé. » Il gonfle son plumage et prend son air le plus menaçant. « Bouge pas de là, saleté de corback. J'en ai ras le bol, je vais chercher mon fusil et ça va être ta fête ! » Le rival part à grandes enjambées en direction de la maison. Sonnée, la petite oie secoue la tête, l'œil vague. Kiki s'assure qu'il n'y a pas de danger, il vient se poser non loin. Il sautille et sautille, Elle est proche. Lui caresse doucement ses plumes, propose le réconfort en claquant du bec. Et Elle se laisse faire ! Il avance devant Elle, touche le sol une fois, puis deux, lui montre la sortie. La porte est grande ouverte, vite. C'est si dur sans l'envol ! Elle le suit, vacille. Trop lente. Kiki l'encourage, la stimule – vite, l'ennemi revient.

Soudain, le freux entend le bruit caractéristique du fusil qu'on arme. L'homme-qui-tue le vise depuis le bout du chemin, mais il ne tire pas. Pas encore. Il attend le bon moment. Kiki les a étudiés, ces hommes qui chassent dans les bois et les champs, qui traversent les prairies cernées par leurs chiens, terrorisant tout sur leur passage. Pas bouger. Pendant quelques secondes, seuls se font entendre le caquètement des poules et le bourdonnement des guêpes sur des os mal récurés. Puis Elle avance, masquant Kiki aux yeux du chasseur. Le freux s'envole aussitôt, le premier coup part, levant une nuée de mésanges et de merles. Le second résonne en écho dans les bois voisins.

L'homme-qui tue se précipite, furieux. Elle est collée au sol, tête rentrée. L'ennemi scrute les environs, cherche du sang et des plumes. Il crie et repart dans l'autre sens en fermant violemment le portail. Bruit écœurant. Il s'arrête. Kiki est figé comme pierre. L'homme-qui-tue rouvre lentement.

« Merde ! » Elle est allongée, le cou tordu. Le sang coule. « Merdemerdemerdemerde !!! » Bec entrouvert, langue pendante, œil vitreux. « Manquait plus que ça ! Je viens de buter mon oie. Quel con ! » L'homme-qui-tue pousse Elle du pied, hors de l'enclos et verrouille derrière lui. « Bon, ben y a plus rien à faire, on verra ça plus tard. »

Bientôt, le vieux C15 s'éloigne en direction de Troulou. Un silence ravagé s'installe. Le long du grillage, Elle est immobile, ses petites plumes s'agitent sous la brise aussi légère qu'une caresse. Rouge, le sang ! Une file de fourmis et des mouches bleues sont déjà là.

Kiki se pose à côté d'Elle. Corps mou, cou brisé. Il la touche du bec, la remue à plusieurs reprises. Plus bouger. Il pousse une plainte lugubre qui traverse les vastes étendues et ricoche sur le tronc des chênes. Plus bouger.

Marvin Gay roucoule en fond sonore, les lasagnes reposent dans le four, un assortiment de fromages et d'olives patiente sur la table basse, près de la carafe dans laquelle le fitou décante tranquillement. Satisfaite, Mylène ôte enfin son tablier noir, puis ajuste sa robe rouge zippée sur toute la longueur qui, si elle ne dévoile rien, suggère énormément. Elle a enfilé les dessous de soie que Philou adore. Tout est prêt pour le retour de l'agent double. Ce soir, elle se veut femme fatale, et pas uniquement pour lui soutirer des informations sur la stratégie de l'équipe adverse pour la suite de la campagne électorale. Certes, Mylène brûle de savoir ce qui s'est dit lors de cette première réunion chez l'autre candidat, mais elle tient aussi à ce que Philou comprenne combien elle lui est reconnaissante de son soutien actif – il approuve ses convictions, mais réprouve son objectif de laver dans l'urne les humiliations infligées par Norbert et ses semblables. Sans doute ce type est-il devenu le symbole de ses tourmenteurs, mais elle-même ne représente-t-elle pas tout ce que son adversaire déteste et méprise ? *Chacun son tour, mon vieux !*

Les semaines à venir seront éprouvantes. Déjà, depuis dix jours, les échanges peu amènes se multiplient entre les deux camps. Cet après-midi, une de ses clientes régulières, épouse de chasseur, l'a menacée à mots couverts d'aller se faire coiffer ailleurs en cas de maintien de sa candidature. Mylène est restée impériale et l'a gratifiée du plus beau balayage jamais admiré à Troulou. *Ça m'étonnerait qu'elle renonce à son méché miel pour la moustache de l'autre imbécile, tiens !*

Une portière claque. C'est son homme ! Mylène saisit la carafe et remplit un verre de vin, puis elle se jette sur le canapé en attrapant à la volée *La Deuxième Femme*[1], qu'elle ouvre au hasard. Quand Philou entre, elle lève les yeux comme s'il l'interrompait dans sa lecture.

— Alors, chéri, ça a été ? demande-t-elle nonchalamment.

Elle s'oblige à rester assise, croisant les jambes pour remonter le tissu rouge de sa robe jusqu'à la lisière de ses bas. Philou retire sa veste et la suspend à la patère. Un sourire vient illuminer son visage aux traits tirés.

— Tu me sors le grand jeu ? s'amuse-t-il, pas dupe.

— Comment ça ? Mais non, prétend-elle, avec une innocence toute relative.

— Je n'ai rien contre, la rassure Philou. Mais je te préviens, il y avait de quoi rassasier un régiment de chasseurs, je ne peux plus rien avaler.

— Ce n'est pas grave, on réchauffera les lasagnes demain, répond Mylène en lui servant du vin, même si elle a remarqué le léger ralentissement de sa diction en fin de syllabes.

Philou attrape le verre et se laisse tomber à ses côtés dans un grand soupir, avant de se frotter vigoureusement le front. Elle ne veut pas le brusquer, bien qu'une rafale

1. Louise Mey, *La Deuxième Femme*, Pocket, 2021.

de questions menace de franchir ses lèvres peintes avec soin. *Qui était présent ? Quels sont les points principaux du programme ? Ont-ils un plan d'action ? Et surtout : quel est leur slogan ?*

— Tu ne devineras jamais, commence Philou, l'air de quelqu'un qui détient une information de première importance.

— Quoi ? Quoi ? fait-elle.

Norbert se désiste ? Il a versé des pots-de-vin pour avoir du soutien dans la presse locale ? Philou prend une gorgée de fitou, la roule sur sa langue. *Bon sang, parle !*

— Norbert a une oie chez lui, petite, nerveuse comme tout…

Les épaules de Mylène s'affaissent. Elle sourit, masquant son désappointement en intérêt détaché.

— Je savais qu'il avait des canards et des chiens, mais une oie, je l'ignorais.

— L'autre jour, elle s'amusait à lui pincer les chevilles…

— Brave bête !

— Ce matin, il l'a coincée dans une porte alors qu'elle le suivait, et il l'avait laissée par terre, tu aurais vu le tableau : le cou tout biscornu, la langue pendante, les yeux à demi fermés.

— Il l'a tuée ?!

— Eh bien, il le croyait, mais non, elle respirait encore quand on est arrivés. Il était vraiment emmerdé, le Norbert. Du coup, il l'a mise dans un carton et il l'a rentrée chez lui.

Philou secoue la tête, l'air vaguement écœuré, puis vide son verre d'une lampée.

— Et il ne la conduit pas chez un véto ?! s'indigne-t-elle en ravitaillant l'espion.

— Une volaille ? C'est déjà miraculeux qu'il ne l'ait pas encore embrochée. D'autant que tous les autres se sont foutus de lui ! Il y en a un qui a baptisé l'oie « Zigzag ». À cause de son…

Philou dessine un angle approximatif dans les airs, évoquant à Mylène le cavalier qui surgit hors de la nuit et signe ses forfaits du bout de son épée.

— Zigzag ? Ah ben bravo, le chasseur qui mutile les animaux de basse-cour ! ricane Mylène. Ça va être compliqué de se vendre comme un ami de la nature, préoccupé de régulation ! C'est lui, le nuisible !

— Ne t'amuse pas à l'attaquer sur l'oie, hein ! s'alarme Philou. Il saurait tout de suite d'où tu tiens tes informations !

— Bien sûr que non, je ne suis pas une écervelée !

— J'agis par amour pour toi et ça n'est pas une partie de plaisir, ajoute-t-il d'un ton douloureux.

— Moi aussi je t'aime et je te remercie, assure Mylène en caressant l'avant-bras velu de Philou.

— Bon, j'ai une info utile, enchaîne-t-il sans attendre, comme on arrache un pansement. Ils ont prévu un affichage dans le village et les environs, durant la nuit de lundi à mardi.

— Hein ?! On a notre séance photo lundi ! s'affole Mylène. On doit les doubler : je vais appeler tout le monde pour boucler ça demain et j'irai moi-même porter les affiches à l'impression. Et puis, il faut qu'on trouve un slogan ! C'est quoi, le leur ?

Philou secoue la tête de gauche à droite, descend la moitié de son verre et esquisse le geste de zipper ses lèvres.

— Je ne peux pas tout te révéler au risque de griller ma couverture, objecte-t-il, la voix pâteuse. De toute façon, tu le verras mardi, son slogan !

— C'est vrai, mais j'aurais bien aimé savoir à quoi m'attendre pour choisir le mien, argumente Mylène. On pourrait peut-être le contrer, si tu me donnais un indice !

— Je t'ai déjà permis de ne pas te laisser distancer pour l'affichage et tu te doutes bien qu'après cette réunion, tout le monde guettera tes faits et gestes pour s'assurer que j'ai tenu ma langue !

Mylène reste silencieuse un instant, puis prend le verre vide entre les mains de Philou pour le poser sur la table. Elle se tourne ensuite vers lui et lui offre un regard torride, se mordillant les lèvres.

— J'aime bien quand tu ne tiens pas ta langue, feule-t-elle en se cambrant vers lui.

— Viens là.

Ils échangent un baiser de nature à réchauffer des pieds de vignes plus sûrement que des braseros. Mylène soupire quand les doigts de Philou font glisser le zip de sa robe jusqu'en bas pour caresser sa peau frémissante.

— Mon espion qui donnait chaud, murmure-t-elle.

— Embrasse-moi encore.

Chapitre 12

— Te revoilà, mon beau ! Où étais-tu ?

Dans une robe de flamenco rouge à pois noirs, La Molotov se campe sous le chêne, cou dégagé, prête à accueillir son freux. Il s'élance depuis sa branche, pattes en avant, et se pose sur elle pour recevoir un baiser à la base de son énorme bec.

« Kékékékéké ! »

— « Le ciel bleu sur nous peut s'effondrer et la terre peut bien s'écrouler, chantonne La Molotov. Peu m'importe, si tu m'aimes, je me fous du monde entier. »

Derrière elle, on se racle la gorge. Elle se retourne, un sourcil levé.

— J'ai quelque chose à vous dire, de femme à femme, commence Pétronille d'une voix vibrante de tension.

— De femme à femme, carrément ! T'entends ça, mon Kiki ?

— J'ai toujours été correcte avec vous, madame Molotov, même quand vous racontez devant mes enfants…

— Je ne parle que des choses de la vie, la coupe La Molotov.

— Vous parlez trop, surtout, assène Pétronille d'un ton tranchant. Et de sujets qui ne regardent personne d'autre que moi.

— Oui, bon, je vois, obtempère La Molotov, mal à l'aise. Jeanne m'avait énervée. Bruno n'a rien compris, alors oublions ça !

Pétronille secoue la tête de droite à gauche.

— Je veux que vous me promettiez de ne plus jamais, et je dis bien JAMAIS, faire la moindre allusion à ce que vous savez. Au nom de la liberté. La mienne, et la vôtre, ajoute-t-elle après une hésitation.

La Molotov plisse les yeux. Pétronille est furieuse. Depuis bientôt deux semaines, elle est sur le gril, terrifiée à l'idée que cette furie lâche une réflexion acerbe qui éveille l'attention de Bruno. Elle refuse de rester dans la crainte d'une révélation qui ferait de nouveau vaciller son couple. Sans compter ce que ses enfants éprouveraient. Même si ça doit susciter l'inimitié de La Molotov, elle protégera sa famille et la vie qu'elle s'est choisie.

— Vous aussi, vous avez vécu des aventures, l'année dernière, reprend-elle. Des aventures nocturnes qui ont conduit les gendarmes jusqu'au Refuge.

L'autre reste bouche bée, stupéfaite.

— Tu serais donc une balance ?

Pétronille rougit violemment, mais ne se démonte pas.

— Pas plus que vous, mais si vous l'ouvrez, je l'ouvre.

Les deux femmes s'affrontent du regard. Kiki, sentant la tension grésiller entre elles, s'ébroue brusquement. *Kââââ !*

— Tope là, abdique enfin La Molotov en crachant dans sa paume.

Pétronille recule, écœurée.

— Mais vous n'avez donc rien retenu des explications de Désirée sur les gestes barrières ?! Je tope, hein, mais comme ça ! conclut-elle en effleurant de son coude celui de La Molotov.

Celle-ci essuie sa main sur les volants de sa robe et toutes deux retournent près de la maison, où l'équipe électorale est attendue pour la photo de groupe. Jeanne et Pierre sont sur la terrasse. Bruno, lui, n'est pas revenu de chez les Martels, auxquels il présente son projet de composteurs. En revanche, Désirée gare sa 308 avec à son bord une Mylène survoltée qui jaillit du véhicule alors que le moteur tourne encore.

— Tout le monde est prêt ? Vous avez vos tenues ? Du bleu, du blanc, on est sobres, on est élégants ! débite-t-elle.

Puis elle fonce sur Pétronille et l'examine de la tête aux pieds. Ce matin, celle-ci a enfilé un jean bleu pâle et une chemisette blanche, tout comme Bruno. Le code couleur est respecté à la lettre. La Molotov renifle avec mépris, son freux toujours sur son épaule.

— C'est d'un triste, vos déguisements !

Mylène se tourne vers elle, déjà exaspérée.

— Vous organisez un bal costumé ? demande-t-elle avec hauteur.

— Je porte les couleurs de mes convictions ! Noir pour l'anarchie, rouge pour le sang versé des masses laborieuses ! Olé !

— Bon, moi, je vais me changer, marmonne Désirée.

— Vite fait, il faut qu'on profite de la lumière ! la bouscule Mylène.

— On se détend, intervient Jeanne, son appareil photo en bandoulière. Bruno n'est pas encore revenu avec les deux autres. Fonce, ma grande !

Mylène souffle, sous pression. Elle a travaillé au salon toute la journée, s'est changée dans l'arrière-boutique et remaquillée pendant le trajet, sous l'œil admiratif de la conductrice. Nerveuse dans sa jupe noire, elle rajuste son blazer bleu roi à fine ganse dorée, qui laisse paraître une chemise blanche au décolleté inhabituellement raisonnable.

— Je ressemble à quoi ? demande-t-elle à Jeanne.

À une DRH royaliste en route pour la messe. Mais Jeanne préférerait manger des clous plutôt que l'avouer.

— À la candidate pour qui on va tous voter, élude-t-elle. Bon, avec Pierre, on a pensé au lieu qui pourrait servir de fond pour la photo, tu nous donnes ton avis ?

— Allons-y.

Aussitôt, tous trois s'éloignent en direction de la bergerie.

— Je vous accompagne ! braille La Molotov.

Désirée redescend en terminant d'attacher la ceinture de sa robe bleue parsemée d'étoiles blanches.

— Ça ira, tu crois ? Je n'ai rien de plus chic, se désole-t-elle.

— C'est très joli, la rassure Pétronille. De toute façon, Mylène accaparera toute la lumière !

— Tant mieux ! En plus, j'ai horreur de sourire sur commande.

Pétronille ronge son frein, ne sachant trop comment aborder le sujet. Ces derniers jours, la mine préoccupée de la jeune femme l'a inquiétée.

— Oui, il y a des moments dans la vie où c'est plus difficile de garder le sourire, commence-t-elle timidement. Mais ça passe, promis.

Pour la première fois, les deux femmes partagent un tête-à-tête. Est-ce cette intimité nouvelle ou la fatigue d'une journée qui n'en finit pas ? Désirée a subitement envie de confier ce qui la tracasse.

— À force de me demander comment Greg a pu me planter comme ça, sans hésiter, j'en viens à douter que notre histoire d'amour ait vraiment existé.

Pétronille hoche la tête, sérieuse.

— L'année dernière, on a traversé de sacrées turbulences, avec Bruno, lui révèle-t-elle à son tour.

Désirée a eu vent de l'affaire, oui. Mais aujourd'hui, ils se montrent prévenants, toujours à se frôler ici ou là, et faisant front commun contre La Molotov.

— J'ai appris une chose essentielle à cette occasion : il vaut mieux utiliser son temps et son énergie à comprendre ce qu'on ressent, plutôt que se perdre en conjectures à propos des autres.

Désirée grimace.

— Ce sont des questions sans réponse qui te détournent de toi-même.

La jeune infirmière hoche la tête, n'osant expliquer qu'elle se considère parfois comme une gigantesque question sans réponse.

— Crois-moi, garder l'œil sur sa boussole intérieure est la seule façon pour choisir dans quelle direction aller, termine Pétronille.

Mais si je ne comprends pas ce qui s'est passé pour Greg, cela pourrait-il encore m'arriver ? Ne dois-je pas me demander si c'est moi qui ai provoqué cette situation ?

— Ah, les voilà ! s'écrie Pétronille.

Bruno se gare à côté de la voiture de Désirée. Martin et lui n'interrompent pas leur discussion alors qu'ils descendent du véhicule, suivis de Sybille, drapée dans un authentique sari d'un bleu canard éclatant.

— Mylène va adorer, murmure Pétronille.

— Au moins, le mari est plus… blanc, renchérit Désirée, alors que le voisin des Martels s'avance dans un de ses habituels ensembles de lin immaculé.

Pétronille ne peut s'empêcher de rire. Sybille précède les deux hommes qui échangent avec vigueur sur la bio-oxydation, les micro-organismes et autres super pouvoirs des annélides.

— On va vous tirer le portrait près du chèvrefeuille ! hurle La Molotov qui revient au pas de charge, Kiki dans son sillage. Le cul dans les orties et la tête dans les abeilles, on va bien se marrer !

— Madame, la salue Martin, soudain très crispé.

— Ouais, confirme-t-elle.

— Pétro ! s'écrie Bruno que l'enthousiasme rend imprudent. Sybille et Martin sont d'accord pour héberger mes lombricomposteurs ! Je vais pouvoir démarrer mon activité dès demain ! C'est génial, non ?

— Félicitations, Votre Grandeur du purin ! se moque La Molotov. Bientôt le succès, Monsieur du Pipi !

« Kâkâââ ! » lance Kiki en se posant à nouveau sur son épaule.

Bruno fulmine. Cette fois, c'en est trop, il ne peut pas se laisser humilier ainsi en permanence ! Il se redresse, prêt à en découdre.

— Oooooooh ! gémit Sybille d'une voix gutturale, la main serrée sur sa poitrine plate.

Tous se tournent vers elle, Désirée se précipite, craignant l'accident cardiaque.

— L'oiseau !

— Quoi, l'oiseau ? C'est mon freux, il est gentil si on ne l'embête pas, explique La Molotov en caressant le bec d'un doigt tendre.

— Il a le cœur brisé ! Il aime… Oh oui, il aime ! poursuit Sybille, les yeux brillants d'une fièvre inopinée. Pauvre âme déchirée par le chagrin…

— Mon Kiki souffre ? s'inquiète La Molotov.

Serait-il amoureux, cet emplumé chéri ? Épris d'une semblable ? Ou d'une humaine, peut-être ? Il est vrai qu'elle lui fredonne des chansons d'amour.

— Il souffre de solitude, explique Sybille.

Ah. C'est bien la peine de se décarcasser pour lui, tiens.

Comme s'il avait ressenti son changement d'humeur, le freux prend son envol. Ses pattes frôlent les cheveux de Sybille qui éclate en sanglots. Martin la réconforte, un bras autour d'elle.

— Il est si malheureux, renifle Sybille.

C'est l'hôtel des cœurs brisés, ici, songe Désirée avec un attendrissement nouveau pour le corbeau.

— Bon, on y va ou on s'enracine ? Parce que Eva Perón va vous taper un scandale si elle est obligée d'attendre ! ironise La Molotov. Un peu de respect, les suiveurs, puisque vous avez besoin d'un leader politique !

Bruno et Martin secouent la tête, Pétronille lève les yeux au ciel, tandis que Sybille et Désirée guettent encore dans la direction prise par Kiki. Mais tous se mettent en marche.

Arrivés près du chèvrefeuille, on se salue rapidement. *Bruno, vous êtes superbe. Martin, bon, mettez-vous derrière, ça ira. Ce sari, c'est… Brigitte, pousse-toi un peu et arrête de rire. Comment allez-vous, Pierre ?* Des planches couvrent les orties pour préserver les épidermes de la candidate et de ses colistiers que Jeanne dispose selon les instructions précises de Mylène.

— On va montrer au village qu'on n'a pas une liste de bonshommes mal dégrossis ! s'excite cette dernière.

Enfin, elle les rejoint, devant et au centre. Autour d'elle, les trois femmes semblent former sa garde rapprochée, tandis que Bruno et Martin s'installent derrière, sur deux parpaings.

— Allez, donnez-moi le sourire de la victoire ! les encourage Jeanne, prête à les mitrailler.

— Dites *Anarchiiiie* ! intervient La Molotov. Au fait, c'est quoi, votre slogan ?

Le sourire de Mylène s'efface sous une mine soucieuse.

— J'ai quelques idées, avance Pétronille avec ferveur. J'avais pensé à « Mylène, l'audace citoyenne » et aussi à « Nous, c'est vous ! » pour que les électeurs comprennent qu'on tient à les représenter tous.

— C'est pas mal, oui, admet Mylène, qui espère toujours l'épiphanie.

— Sinon, il y a « Mylène, parce que Troulou le vaut bien ! » tente Bruno.

— Je suis moins sûre…

— Rapprochez-vous un peu, demande Jeanne pour en finir avant que la situation ne dégénère.

— « Troulou autrement » ? suggère Désirée.

— « Troulou, tu l'aimes si t'y habites ! » ose Martin, désireux de s'intégrer enfin au village

— « Troulou, l'avenir est à vous », propose Sybille.

— « Devant Mylène, tous se prosternent ! » brame La Molotov, hilare.

Gardez plutôt vos âneries et allez voir ailleurs ! « Mylène, c'est tout ce qu'on aime ! » « Troulou, ensemble, ouais ! ouais ! » « Troulou, l'avenir est au bout ! » À bout, plutôt !

L'air soucieux, Pierre pose une main sur l'épaule de Jeanne qui ne cadre même plus l'équipe électorale. Personne ne reste en place et La Molotov se bidonne dans le champ de vision.

— Tout ça va mal finir, murmure Jeanne.

« R7 : 1 maille lisière * 3 mailles envers, glisser 2 mailles sur une aiguille auxiliaire placée devant, tricoter les 2 mailles suivantes, puis les 2 mailles de l'aiguille auxiliaire, 2 mailles endroit, 3 mailles envers* répéter de * à * terminer par 1 maille lisière. »

Sur la gazinière, un poulet au citron mijote en douceur, dégageant un fumet incomparable. La journée se termine, aussi fraîche que les précédentes malgré l'ensoleillement. La radio diffuse les informations en alternance avec des messages d'alerte au coronavirus.

« R8 : Tricoter toutes les mailles comme elles se présentent. »

Hilarant, vraiment. *Comme elles se présentent ?* Mais vas-y voir comment elles se présentent, et tu m'en diras des nouvelles ! L'immense *feignasserie* des instructions, c'est une honte au prix où on paye ces foutus magazines.

« R9 : 1 maille lisière * 3 mailles envers, 2 mailles endroit, glisser 2 mailles sur une aiguille à torsade placée derrière, tricoter 2 mailles endroit, puis 2 mailles de l'aiguille auxiliaire, 3 mailles envers* répéter de * à * terminer par 1 maille lisière. »

Les aiguilles cliquètent, s'accordant par moments au tic-tac régulier du vieux réveil sur la cheminée. Le poulet se mariera parfaitement avec de la semoule aux raisins secs, en plus c'est vite prêt, ce qui est bien appréciable quand on a faim. Faudrait juste venir à bout de la torsade et c'est pas gagné, ça non. Mais le pull aura de la gueule, il mettra sa chevelure en valeur, sans parler de sa moustache, alors ça vaut le coup de s'échiner. C'était quand même plus facile quand sa grand-mère était encore là pour le guider. Elle aurait drôlement rouspété avec ces instructions torchées sur un coin de table, mais elle aurait su comment enchaîner les mailles. De manière générale, la vie de Norbert était plus agréable du temps de la Nanienne et de Monique.

La recette du poulet au citron, il la tient de sa femme, l'amour du tricot, de son enfance passée dans les jupes de sa grand-mère. Monique, elle savait cuisiner et tenir sa maison. Vaillante avec ça, ils s'entendaient plutôt bien. Le petit aura été leur deuxième sujet de discorde. Monique estimait que Norbert était trop sévère avec Alexandre et lui qu'elle était trop permissive. Mais sinon, ils s'étaient bien trouvés et il n'a pas eu à regretter d'avoir courtisé la belle Monique ni d'avoir emporté le morceau. C'est qu'elle avait des prétendants ! Et elle, a-t-elle été heureuse avec lui ? Il n'a jamais pensé à le lui demander et se le reproche parfois. Son portrait trône dans leur chambre, à côté d'une bougie qu'il allume chaque année, à la date anniversaire de sa mort.

Bien sûr, la Nanienne n'avait pas vu le mariage d'un bon œil, même si elle avait été obligée de concéder que Monique était une véritable fille de la campagne. Elle était assez exclusive, la grand-mère, il faut l'avouer. Normal, après avoir élevé Norbert, elle ne voulait plus le lâcher. Ses parents avaient autre chose en tête que lui, ils ne l'aimaient pas, c'est comme ça. Sa mère, en particulier, ne pouvait pas le supporter et lui collait des baffes au moindre prétexte. Il n'a jamais su pourquoi et ça le turlupine encore. Qu'est-ce qu'il leur avait fait, bon Dieu, il n'était qu'un gosse ! Heureusement qu'il avait eu la Nanienne. La loyauté à sa grand-mère a été LE sujet qui fâche, entre sa femme et lui. Quand c'était trop tendu, Monique disait : « T'en as que pour elle. » C'était sans doute vrai, mais elle était si vieille et il se doutait qu'elle ne durerait pas éternellement. Pas facile de se retrouver pris entre les deux quand chacune réclamait sa préférence.

« R8 : Tricoter toutes les mailles comme elles se présentent. »

Bon là, il en a sa claque, il reprendra plus tard. Ou peut-être demain, le dimanche il aime bien faire des patiences et tricoter quand il n'est pas dehors. À ses pieds, sur une vieille couverture, calée dans un carton, l'oie respire avec un sifflement qui l'inquiète. Il ne s'attendait pas à la retrouver vivante, en revenant chez lui, hier, pour la réunion. Il s'était préparé à la rôtir, pas à la soigner. Mais Philou a insisté pour qu'il la rentre et la mette à l'abri. Les autres l'ont charrié, bien sûr, et ils ont refilé ce nom débile à la pauvre volaille : Zigzag.

Il est incapable de l'expliquer, mais lorsqu'il lui a donné de l'eau au compte-gouttes et qu'elle a ouvert ses yeux… eh bien, c'est comme s'il la voyait pour la première fois. Elle s'efforçait de boire, alors qu'elle était vraiment mal en point. Ensuite, elle a poussé ce cri minuscule, en le reconnaissant, et lui – lui, Norbert Bascoup, chasseur, pêcheur et éleveur de bestioles ! –, il a craqué. Il est allé chercher de la salade au jardin pour lui donner la becquée, petit bout après petit bout. Durant la nuit, il s'est relevé deux fois pour pisser et il a vérifié qu'elle respirait encore. Il en a éprouvé un soulagement incompréhensible et lui a même caressé l'aile – « Allez ma grande ! »

Qu'est-ce qui lui arrive ? Ce n'est qu'une oie, bordel ! Il se sent coupable de l'avoir mise dans cet état. La tuer, c'était pas grave, mais là, c'est une autre histoire. Il n'aime pas souffrir, ni voir souffrir, il en a des frissons. Cela lui rappelle Monique, le jour où elle a eu son épouvantable mal de tête qu'il a traité par le mépris et un cachet de paracétamol alors qu'elle était en train de succomber à un AVC. Comment il aurait pu savoir, il n'est pas docteur, non plus ! Norbert a les yeux qui piquent, c'est dur de repenser à cet épisode, il évite autant que possible. Il lui arrive de se demander ce que ça aurait changé s'il avait conduit Monique au cabinet médical, s'il avait pris son état au sérieux. Est-ce qu'elle serait encore là ? C'est une idée terrible qui surgit au moment où il s'y attend le moins. Parce que Monique, il l'aimait. Parfaitement. Il n'a pas honte de le reconnaître. Mais il avait ses pudeurs, il n'a pas su le lui dire, et maintenant c'est trop tard. Il a peur qu'elle soit morte en croyant que son mari était le dernier des salauds, qu'il la laissait crever comme une bête. Alors qu'il avait juste pas compris ce qui se passait, que Monique n'était pas plus éternelle que la Nanienne.

Norbert tire un grand mouchoir de sa poche et se mouche énergiquement avant de s'essuyer les yeux. Il va se prendre un petit verre, pour se remonter le moral, tiens. Il n'y a plus personne pour lui reprocher de trop lever le coude. Alexandre ne vient plus le voir. Norbert suppose qu'il lui en veut, qu'il le juge responsable et que c'est la raison pour laquelle il ne rend plus visite à son père. C'est vrai aussi qu'ils ne se sont jamais trop entendus, tous les deux. Ce n'est pas le fils dont Norbert rêvait. Une véritable chochotte, le nez fourré dans des bouquins en permanence, craintif avec la meute, incapable de tirer au fusil, nul à la pêche. Il a même réussi à se casser un orteil avec une boule de pétanque. Et asthmatique avec ça ! Mais fortiche à l'école, de ce côté-là, rien à redire. Gentil avec sa mère qui lui passait tout – ils avaient tendance à se liguer contre Norbert. Pourtant, faudrait pas compter sur ce gamin pour le ravitaillement en cas de pénurie mondiale. Crèverait gueule ouverte à côté d'un bon gros lièvre plutôt que le tuer. Bref.

Norbert mesure la semoule, il jette une poignée de raisins secs dans l'eau et la met à bouillir. Le poulet au citron est confit à souhait, il en salive par anticipation. La Nanienne aurait aimé ce plat et lui aurait aimé le partager avec elle. C'est pas toujours drôle d'être seul. Il est obligé d'aller à Castelnaudary voir Thérèse, tous les mois, pour *les affaires courantes*, et c'est cher la demi-heure. Depuis le temps, elle aurait pu lui faire un prix. Il aurait vraiment apprécié, la dernière fois, quand il lui a demandé une nuit entière. Rien du tout ! Heureusement qu'ils se parlent quand leurs *affaires courantes* sont finies, ça crée des liens, il se sent moins anonyme. Mais ça remplace pas, quand même. Monique, il lui reste fidèle, d'une certaine façon. Aujourd'hui, il se rend compte qu'il a eu deux femmes de sa vie, son épouse et sa grand-mère. Dommage, elles l'auront pas su.

Enfin les femmes, c'est pas mal d'emmerdes, en définitive – il y a réfléchi, et plutôt deux fois qu'une ! Hervé, par exemple, il n'est pas à la fête avec Hélène. Elle tire une tronche depuis qu'elle a eu la petite, c'est pas croyable. Et le Philou, avec l'autre engin, il doit morfler pour demander à rallier la liste adverse ! Bon, Mylène, on ne sait pas exactement ce que c'est, mais elle lui casse bien les noisettes en tout cas. De ce point de vue, elle a réussi son coup. Sans parler des deux vieilles folles du Refuge, ou encore de cette Pétronille qui les encourage. Non, lui, il a décidé, aucune femme sur sa liste ! Celles qu'il connaît sont bien occupées chez elles, de toute façon ! Et puis c'est plus simple de cette manière, on va pas les chambouler avec des réunions et des problèmes qui les dépassent. Et qu'on ne le bassine pas avec la parité ou l'égalité, toutes ces conneries. Chacun à sa place, comme il aime à le répéter, et les chèvres seront bien gardées. Il y a un bail que ça fonctionne ainsi, il ne changera pas de direction. Et il a un paquet de gars derrière lui qui pensent la même chose, qu'on se le dise dans les chaumières !

Norbert s'échauffe et bouscule le carton où se trouve Zigzag, lui arrachant un cri de douleur.

— Oh là là, ma grande, je t'ai fait mal ? demande-t-il en s'agenouillant près d'elle. Pardon, un peu d'eau sucrée, ça te requinquerait ?

L'oie le regarde d'un œil légèrement vitreux. Pas bon du tout, se dit-il avec anxiété. Il saisit le compte-gouttes sur la petite table, le glisse dans le bec de la malade et veille à ne pas lâcher l'eau trop vite afin qu'elle ne s'étrangle pas en l'avalant. Manquerait plus que ça ! Comment il va pouvoir l'aider, à qui demander ? Il ne va quand même pas appeler le véto, l'histoire ferait le tour du village. Pour un chien, d'accord, mais une oie, si on lui tord le cou, c'est pour la becqueter ! Cette idée l'écœure, et c'est une nouveauté. Elle s'abandonne avec tant de confiance, comme si elle remettait sa destinée entre les mains de son maître.

— Allez, Zigzag, murmure-t-il avec tendresse, on va s'en sortir, c'est un mauvais moment à passer. On en a vu d'autres, ma grande, pas vrai ? Tu vas pas lâcher comme une dégonflée, hein ?

Dehors, la meute commence à hurler en prévision de la gamelle et les poules caquètent de concert. « Kéééééééékéééééé ! » lance Kiki depuis la branche où il scrute la cuisine à travers la fenêtre ouverte. « Kaaha. »

— Ta gueule ! lui répond Norbert. Vos gueules, tous !

Chapitre 13

« Consonne. »

« N ! »

Désirée caresse doucement la saignée du bras comme pour demander pardon, et pique. Les veines sont fuyantes, fragiles, il faut de la précision et de la délicatesse. M. Maréchal fixe l'écran de la télévision. Consonnes et voyelles sont données par le présentateur, qui lance ensuite les trente secondes réglementaires. Le sang coule dans les deux tubes. Dans un coin du salon, un griffon au poil blanchi ronfle, son bassin osseux bien calé sur un édredon épais. Quand Désirée retire l'aiguille, M. Maréchal se tourne vers elle.

— Huit lettres ! annonce-t-il triomphalement.

— Laissez-moi le temps de réfléchir, mendie l'infirmière en positionnant le pansement. Peintre ? Non, ça fait sept.

— Repeinte ! Ou Repentie ! exulte le vieux monsieur, un sourire bancal aux lèvres.

Désirée range son matériel, la mine contrariée.

— Vous avez un avantage, vous étiez concentré !

— Et j'ai plus d'expérience, concède l'ancien garagiste, sans dissimuler sa satisfaction pour autant.

— Dites, vous vous êtes hydraté, aujourd'hui ? Je vous trouve la peau un peu sèche, prétend Désirée.

— Ah ? Peut-être bien que j'ai oublié.

La jeune femme lui tend alors le verre posé sur la table basse au plateau recouvert de la même faïence que la crédence de la cuisine. Le vieil homme s'en saisit, sans remarquer qu'il est vide.

— Ah pardon, l'eau ! s'exclame Désirée en attrapant la bouteille.

M. Maréchal n'est pas un imbécile, il lui lance un regard soupçonneux sous ses énormes sourcils qui rebiquent vers les pupilles. *L'auxiliaire de vie pourrait penser à les lui tailler, on va finir par le confondre avec son chien.*

Désirée s'assoit à ses côtés sur le canapé de cuir marron, dont la surface craquelée a dû accueillir de nombreux fessiers. Elle affronte les yeux noirs, en embuscade derrière leurs buissons.

— C'est votre cataracte qui vous gêne ? demande-t-elle carrément. Je sais bien que l'opération ne vous emballe pas, mais le Dr Vallaron a raison, c'est de la routine, maintenant. Ce serait dommage d'avoir été aussi loin sur la Carrera et de vous arrêter aux portières, quand même !

Elle tourne ostensiblement la tête vers la dernière maquette de M. Maréchal. Dès la première visite, il a été intarissable sur le modélisme, sa passion. Pourtant, le véhicule est remisé, les portières et leurs minuscules charnières à l'abri d'un bocal fermé. Son patient soupire.

— Oui, bon… J'y vois trouble et un peu neigeux. Mais assez pour me rendre compte que vous êtes pas d'ici, quand même ! plaisante-t-il pour reprendre contenance.

Désirée se retient de répliquer qu'elle est native de Troulou et donc davantage d'ici que lui qui a grandi à Clermont-Ferrand. Il ne comprendrait pas son agacement.

Tout comme elle ne comprend pas ce besoin, systématique, de toujours en revenir à sa peau noire, à ses cheveux crépus. Qu'on parle cuisine, curling ou cataracte, il y a forcément quelqu'un pour souligner qu'elle n'est pas blanche. *Comme si c'était un scoop.* Dans l'espoir qu'un jour ses patients s'habituent à elle ou qu'elle s'habitue à leurs réflexions, Désirée enchaîne.

— Et avant, vous coupiez le son de la télé à mon arrivée, mais ça ne vous empêchait pas de suivre la partie.

M. Maréchal grogne.

— C'est à cause de lui, explique-t-il en désignant son vieux compagnon, dont une patte arrière frémit, en souvenir d'une course au cul d'un lièvre affolé.

— Bugatti ?

— Il aboie dès que je ne suis plus dans les parages. Mon fils habite en ville, il ne me le gardera jamais, même pour quelques jours !

Un peu plus tard, Désirée remonte dans sa voiture. Il faudra trouver une solution pour la garde du toutou, mais M. Maréchal accepte l'opération. Après avoir écrit sur son téléphone le compte rendu de la visite à l'intention de Pierre, la jeune femme repart.

Reprenant l'écoute du podcast *Le Tchip*[1], elle roule droit vers le rendez-vous suivant. Deux escarres sur une dame. Le maintien à domicile dépend de la vaillance du mari, dont Désirée contrôle toujours la tension au passage, pour les rassurer tous les deux. Alors que les chroniqueurs discutent de la place des journalistes noirs en France, elle aperçoit

1. Un podcast sur la culture afropop par Mélanie Wanga, François Oulac et Kévi Donat. Disponible à l'écoute sur toutes les applis podcast.

Romain sur le bas-côté, vêtu d'un jean terreux, ses longues dreads rassemblées sur sa nuque par un morceau de ficelle agricole. Sa dégaine l'amuse, il semble si décontracté que ça la repose. Désirée se demande ce qui l'a mené jusqu'ici. Sans doute un quelconque travail dans une vigne, une maison à retaper ou peut-être un déménagement. Elle lui lance des appels de phares, souriante. *Mais pas trop, qu'il ne pense pas non plus que je le drague.* Il sourit en retour, la saluant d'un geste. Désirée interrompt le podcast. Elle ralentit, se gare et abaisse sa vitre côté passager.

— Salut, ça va ? Je te dépose quelque part ? J'ai pas fini ma tournée, mais ça ne me dérange pas !

Romain rigole, secoue la tête.

— Ouais, ça va, et je fais juste une pause, t'inquiète, répond-il en désignant un camion dans une cour, deux cents mètres plus loin.

— OK ! Comme tu veux.

Les yeux clairs de Romain la dévisagent. Elle regrette soudainement de ne pas être maquillée, puis suppose qu'il est du genre à préférer le naturel. Sous le tee-shirt, les pectoraux affleurent suffisamment pour rappeler à Désirée à quel point son corps sec et robuste lui plaît. Mais ils n'ont pas évoqué le fait de se revoir, elle-même a soigneusement évité d'y penser. Elle ignore si elle serait la bienvenue chez lui. Elle aimerait bien qu'il l'invite en bonne et due forme.

— Évite le claquage musculaire, quand même, recommande-t-elle soudain.

— Oui, maman.

Elle rit, un peu gênée qu'il la taquine à propos de ses démonstrations de sollicitude. Comme Greg… *Mais Greg, on s'en fout.*

Romain se penche à l'intérieur de la voiture. *Il veut qu'on s'embrasse ? Si je me penche aussi, ma ceinture va me gêner. Mais si je la détache et qu'il ne comptait pas m'embrasser…*

— Tu passes ce soir ? demande-t-il enfin.

Elle hésite, repousse les interrogations qui l'assaillent aussitôt et se jette à l'eau :

— Pourquoi pas ? Si tu veux, je peux acheter de quoi cuisiner un truc. Mais je risque d'arriver assez tard. Si ça t'ennuie, tu me dis !

J'espère que non, pense-t-elle sans l'ajouter en constatant l'air perplexe du jeune homme.

— Non, mais si c'est trop compliqué, faut pas te sentir obligée.

Désirée le regarde, déstabilisée.

— Je ne suis pas tout seul à décider, précise-t-il plus doucement. Qu'est-ce que tu veux, toi ?

— Oh. Je… je ne sais pas trop.

Romain se redresse, la privant de toute perspective de baiser.

— OK, pas de problème, conclut-il, sans parvenir à masquer sa déception. Je ne voulais pas te mettre la pression.

Cette prévenance inhabituelle provoque une véritable tempête intime chez Désirée : son corps se glace, son visage s'enflamme, son cœur galope et son cerveau reste aux abonnés absents. Pour une fois qu'on lui demande son avis, elle n'est pas foutue de le donner correctement !

— Je…

— Moi, ça m'aurait fait plaisir, mais je comprends.

Allez, dis un truc, imbécile.

— Je dois y retourner, annonce-t-il. On se recroisera sûrement, alors à bientôt.

PARLE !

— J'aimerais qu'on se retrouve ce soir. Et j'apporterai mes CD de Kool and the Gang, comme on en avait discuté, ajoute-t-elle très vite, avant de se maudire d'être aussi tarte.

— Cool ! Funk attitude, on adore ! On s'ambiancera avec dans ma tutte, lui promet Romain dont le visage s'éclaire. Comme tu finis tard, tu veux rester dormir ou juste passer vite fait ?

Panique à bord. C'est une question piège, aucune réponse ne semble être la bonne. *Ni la mauvaise.*

— Euh… hésite-t-elle. Je veux bien rester dormir.

— Super !

Puis il part, sans l'embrasser, mais avec un grand sourire. Désirée remonte sa vitre et souffle, chamboulée par l'échange. Elle démarre, sans relancer le podcast. Elle a besoin de réfléchir. Son cœur bat encore trop vite. Elle vient de se mettre dans un état de stress indiscutable, tout ça parce qu'un garçon lui a demandé ce qu'elle voulait. *Pas un garçon, un homme.* D'ailleurs, elle-même n'est plus une fille, mais une femme ! « Tchhhhip ! » siffle-t-elle entre ses dents.

Pourquoi lui a-t-elle d'abord proposé de prendre le repas en charge, alors que sa journée n'en finit pas ? Comme si elle cherchait à compenser sa présence, comme si elle croyait que Romain allait devoir la supporter. Songeuse, elle se remémore son premier rendez-vous avec Greg. Elle l'avait rejoint dans un pub pour suivre un match, en prétendant apprécier ce genre de soirée. Et leur premier dîner en tête à tête ! Dans un restaurant dont le standing lui avait donné des sueurs froides. *Qui utilise quatre fourchettes, bon sang ? Et puis Greg, on s'en fout !*

Elle va rentrer, se doucher, embarquer quelques victuailles et filer discuter, fumer de l'herbe et coucher avec un mec qui a envie de la voir, qui lui demande son avis et ne lui parle pas de sa couleur de peau sans nier qu'elle soit noire pour autant ! Satisfaite, Désirée allume la radio.

She's fresh, fresh! Exciting... She's so exciting to me...

Zigzag gît sur la vieille couverture, la respiration sifflante. Napoléon est déjà venu la renifler à plusieurs reprises et, sans l'intervention de Norbert, il lui aurait mâchouillé le magret avec entrain. Il semblait avoir du mal à comprendre qu'il ne s'agissait pas d'une gamelle installée à son intention. Un coup de pied fulgurant lui a remis les idées en place. Depuis, il contourne prudemment le carton quand il circule à proximité.

Un épisode de vent d'autan a sévi durant la nuit. Un volet a été arraché et le sol est jonché de petites brindilles, de feuilles hachées, de minuscules amandes ainsi que de fleurs de pommiers qui ne donneront pas de fruits. Norbert nettoie en pestant contre la météo comme si elle lui était personnellement hostile et, quand il en aura fini, il compte réparer le gond qui s'est descellé. L'échelle est déjà en place contre le mur et le matériel nécessaire posé juste à côté.

Napoléon se met à aboyer lorsque la voiture d'Hélène tourne sur le chemin d'accès pour se garer à proximité immédiate de la maison. Elle vient chercher les plats qu'elle a laissés lors de la soirée donnée par Norbert au début du mois. Elle lui a téléphoné ce matin pour vérifier qu'il serait là et qu'elle pouvait passer. Des plats qui devaient pas beaucoup lui manquer, se dit-il, depuis le temps ! Mais il essuie ses mains sur son pantalon et s'apprête à accueillir sa visiteuse. *Ses* visiteuses !

Hélène est accompagnée de Françoise, sa voisine, celle que Norbert et ses copains appellent parfois *cette enquiquineuse de Françoise*, parce qu'elle a tendance à les reprendre. Heureusement que la loi sur la parité ne s'applique pas aux communes de moins de mille habitants, sinon Norbert n'aurait pas pu l'évincer de sa liste. Françoise et ses histoires de masculin qui ne devrait pas l'emporter sur le féminin, alors que franchement, tout le monde s'en fout ! Est-ce que ça va permettre de régler les problèmes des Troulois ? Je ne crois pas, se rengorge Norbert. Mais il accueille les deux femmes avec le sourire et se tait prudemment.

Hélène a ramassé ses cheveux noirs dans une natte serrée qui éclaire son visage et dégage ses lunettes papillon. Elle porte un jean informe, poché aux genoux, des baskets tachées et un grand tee-shirt commercial froissé. Françoise est plus pimpante, mais Norbert n'a jamais trop aimé les robes à fleurs ni les mises en plis. Baptiste et Mila dorment à l'arrière du véhicule et leur mère veille à ne pas claquer la portière pour ne pas les réveiller. Napoléon se précipite pour quémander une caresse, mais elle le repousse sans ménagement.

Françoise et elle s'avancent, aucune des deux ne semblant vouloir lui faire la bise, Norbert se contente de lever la main en guise de salut.

— Vous amenez le beau temps, dit-il en préambule. On a essuyé un joli coup de vent, cette nuit. Vous avez eu des dégâts ?

— Non, répond Françoise, pas trop. Beaucoup de bruit pour rien. Et toi ?

— Oh, un volet qui était mal scellé, ça va me donner l'occasion de l'arranger. Ce qui m'embête le plus, ce sont les fruitiers. Ils sont vraiment mal placés. Chaque année c'est pareil au moment des floraisons, avec l'autan, je perds quasiment tout.

— Plantes-en d'autres, c'est pas la place qui te manque.

— Bof, j'en mange pas tant que ça, des fruits, à part les pommes. Et puis, les confitures, c'était plutôt le domaine de Monique. Alors… tant pis.

Il évacue la question d'un petit geste, aucune envie d'aller sur ce terrain avec Françoise qui connaissait bien sa femme puisqu'elles étaient amies. Si ça se trouve, elle lui a même fait des confidences, alors non vraiment, très peu pour lui.

Hélène reste en retrait, les mains dans les poches, fixant Zigzag dans son carton à l'ombre d'un cotonéaster.

— Vous entrez prendre un café ? propose Norbert en priant pour qu'elles répondent non.

— On n'a pas trop le temps, merci, décline Françoise. Les petits dorment, pour l'instant, mais on doit encore aller chercher deux ou trois trucs et il faudrait qu'on soit rentrées pour la tétée de Mila.

— Pas de problème. J'ai rangé les plats dans le garage, tu viens voir si ce sont bien les tiens, Hélène ?

La jeune femme approuve et lui emboîte le pas. Françoise admire le potager, les enclos puis elle avise le carton contenant l'oie. Elle s'en rapproche, note la couverture, l'angle formé par le cou, le sang séché. Elle s'accroupit, pose sa main sur le ventre de la volaille, stupéfaite de sentir sa respiration laborieuse, mais bien présente.

— Qu'est-ce que tu fous avec cette bestiole ? crie-t-elle pour que Norbert l'entende. Tu lui as tordu le cou à moitié, tu sais donc plus tuer les bêtes ou quoi ? Tu ne vas pas la laisser dans cet état, quand même ? Si tu veux, je m'en occupe, rien de plus facile. Je peux même le faire tout de suite. On voit bien que…

— NON, surtout pas !

Les rouflaquettes hérissées, Norbert déboule du garage, si vite que Françoise sursaute. Il semble agité au point qu'une mèche virevolte dans sa chevelure habituellement bien ordonnée. Il se penche, attrape le carton et le saisit délicatement dans ses bras. Françoise se relève, un sourcil remonté en signe de perplexité.

— Ben, il y a quoi avec cette oie ? C'est ta copine ?

— N'importe quoi, rétorque Norbert. Je… j'ai promis à Hélène qu'elle pourrait la récupérer. Pas vrai, Hélène ? On s'est entendus tous les deux, elle veut s'en occuper, au cas où elle pourrait être soignée. Moi, je m'en fous un peu. Mais c'est une bonne gardienne, ça vaut le coup de le tenter. Peut-être.

— Peut-être, oui.

— Voilà, et puis c'est une romaine tuftée, pas facile à trouver de nos jours.

— Sans doute.

— Tu connais Hélène, elle est sensible…

— Elle ne m'a rien dit au sujet d'une oie qu'on devait récupérer.

— … et discrète. C'est aussi pour ça qu'on l'apprécie.

Hélène est sortie du garage à son tour et avant qu'elle ait pu dire un mot, Norbert lui confie le carton avec Zigzag.

— C'est bien aimable d'en prendre soin. Avec toi, elle est entre de bonnes mains ! Si ça n'avait été que moi… Mais d'accord, on peut essayer de sauver cette oie. Sait-on jamais ? Ahahaha, elle va peut-être nous faire des petits, après. Et si c'est le cas, je t'en donnerai un !

Hélène semble interdite et même un peu paniquée.

— Fais gaffe, hein ? Elle n'est pas en super forme, ce serait dommage qu'on… qu'elle… crève, crache Norbert avec difficulté, alors qu'elle a tenu jusque-là. C'est de la bravoure, non ?

— Absolument, confirme Françoise avec un petit sourire.

— Bien. Je vais te chercher les plats, Hélène. Si tu n'as pas besoin d'aide pour l'installer dans ta voiture.

Et pendant qu'il s'éloigne, le visage terriblement crispé, en direction du garage, Françoise chuchote à Hélène :

— C'est moi ou il est complètement à l'envers, le Norbert, avec son oie ? Une oie !

Chapitre 14

Les ruelles obscures de Troulou, qu'aucun lampadaire ne vient éclairer, sont désertes. Un chat se coule entre les barreaux d'une clôture, invisible dans la nuit d'encre. Il s'immobilise un instant sur les pavés, oreilles dressées, puis détale au petit trot.

— Allez, allez, allez, chuchote-t-on à l'entrée de la place centrale.

Des silhouettes sombres avancent à pas rapides, malgré un étrange chargement : longs tubes semblables à des canons de fusils, seaux lourds tirant sur les bras.

— Stop, souffle la première personne, levant son poing fermé à hauteur de tête. C'est bon.

Elle déplie l'index, pointe la façade de la mairie d'un geste saccadé, puis se tourne vers le reste de la troupe et pose son doigt sur ses lèvres closes, sans un mot. Tous filent à la queue leu leu, visages noircis au charbon, vers l'objectif. Mylène, dans un treillis qui la serre carrément aux entournures, les laisse passer, puis reprend le seau qui était par terre et leur emboîte le pas pour surveiller les arrières. *C'est beau, quand même, la discipline.*

C'est Pétronille qui ouvre la marche, vêtue de noir et armée de deux pinceaux larges ayant précédemment servi pour tapisser les chambres des enfants. Derrière elle et dans la même tenue, Bruno porte son seau de colle comme un cilice. Cinq kilos qui le font transpirer depuis qu'ils ont quitté l'utilitaire de Jeanne, garé à l'entrée du village pour ne pas être repérés. Ensuite viennent Sybille et Martin, en sarouels gris foncé et cotonnades bleu marine. Elle agite un pendule tandis que lui tient les rouleaux d'affiches en équilibre sur son épaule. Tous ont enfoncé un bonnet sur leurs têtes et enfilé des gants, tous crèvent de chaud. Ils se regroupent en silence sous le fronton de la mairie, attendant la responsable des opérations.

— OK, souffle Mylène en déboulant derrière eux.

— Ah ! sursaute Pétronille.

— Chut !

— Pardon, je t'ai pas entendue approcher, j'ai eu peur.

— Il y en a, là ! murmure Bruno.

— Je vois rien, se plaint Martin.

— Mais chut !

Mylène allume une des deux lampes torches, qu'elle a tenu à conserver sur elle. Ce n'est pas qu'elle manque de confiance dans son équipe, mais l'amateurisme n'a pas sa place : la mission est prioritaire, la discrétion, capitale. Le faisceau laisse apparaître la moustache de Norbert, les visages ravis de ses colistiers et, enfin, ce que Mylène brûle de connaître depuis trois interminables jours : le slogan. Son cœur rate un battement. Derrière elle, Bruno étouffe un rire.

— Il fallait oser, murmure Pétronille.

— Je ne sais pas si c'est audacieux ou idiot, chuchote Martin.

— Puisse le pouvoir de la nuit nous offrir l'énergie séculaire de la lune afin de nous mener vers le succès, récite Sybille, yeux fermés.

La coiffeuse et ex-militaire se tait. Elle pourrait décocher mille et une remarques ironiques, mais son âme de commerçante reconnaît l'efficacité quand elle se présente. Norbert a un bon slogan. *Merde.* Au-dessus des crânes plus ou moins chevelus qui entourent la coupe impeccable du candidat, de grandes lettres rouges promettent :

EN AVANT, COMME AVANT !

Mylène effleure le papier. *Déjà sec. Ils ont dû agir en début de soirée.* Déterminée, elle cale la torche sous son aisselle gauche, puis tend sa main droite à Pétronille.

— On y va. Pinceau, colle, ordonne-t-elle à voix basse.

Autour d'elle, on s'agite en sourdine. Après quelques secondes, Martin et Sybille lui passent une première affiche encollée. Mylène applique avec soin leur photo de groupe sur celle de leurs opposants. Elle lisse le tout d'une main vigoureuse, puis recule pour évaluer le résultat.

Le slogan, blanc sur le feuillage vert, affirme :

TROULOU, C'EST TOUT NOUS !

— Ça a quand même plus de panache, non ? Non ? insiste Mylène.

— C'est clair !

— Mais ça va rester comme ça ? s'inquiète Martin.

Le papier, détrempé par la colle, laisse apparaître par transparence la glorieuse moustache de Norbert, affublant Mylène d'un épais monosourcil.

— Dans une ou deux heures, on ne verra plus que nous, assure la candidate. Bon, on continue. Martin, Sybille, avec moi. On prend le côté ouest du village. Pétronille, Bruno, le reste de la place et le côté est. On quadrille toutes les rues et on se retrouve au véhicule dans une heure. C'est compris ?

— Compris.

— Compris.

— Gratitude à toi, ô Nyx.

Bruno récupère une lampe, Martin tend un rouleau d'affiches à Pétronille qui lui cède un pinceau. Sybille articule incantations et prières. Une fois les deux équipes autonomes, Mylène rapproche son poignet de celui de Pétronille.

— Je n'ai pas de montre, mais j'ai pris mon portable, souffle celle-ci.

— Sur silencieux, au moins ?

Pétronille acquiesce fébrilement. Les deux femmes synchronisent les chronomètres, puis le groupe se scinde, à la recherche des affiches collées un peu plus tôt par l'équipe du candidat Norbert Bascoup.

— Ralentis, gamin !

Oscar, qui ne roulait déjà pas bien vite sur son Solex, dont le guidon semble pointer vers le ciel tant le poids de La Molotov alourdit le porte-bagage, s'arrête à quelques mètres de l'utilitaire de Jeanne. Le véhicule est garé juste après le panneau annonçant l'entrée du village.

— Coupe le moteur, je descends.

Coiffée d'un casque à pointe, des lunettes en strass sur le nez, La Molotov empoigne fermement les épaules du jeune garçon qui se crispe le temps que sa passagère exécute sa manœuvre. Elle se laisse d'abord basculer vers la gauche, cherchant le sol d'une semelle exploratrice. Puis, une fois le pied bien à plat, elle pivote son bassin afin de glisser sa jambe droite sur le porte-bagage, jusqu'à se retrouver debout.

— Quand je pense que je réussissais le grand écart il n'y a pas si longtemps ! Va te garer derrière une haie et rejoins-moi dans la petite rue.

— Faudrait pas qu'on tombe sur mes parents, s'inquiète Oscar.

— Aie confiansssssse, crois en moaaaaaaaaa, chantonne La Molotov en tirant sur ses gants à l'aide de ses fausses dents.

— Si la voiture est ici, eux aussi.

— Je connais Mylène, elle a voulu agir vite. Ils ont quitté le Refuge il y a quasiment une heure. À mon avis, ils ne vont pas tarder à repartir. Mais si tu as la trouille… ajoute-t-elle avec une moue déçue.

— Non, j'ai pas peur ! proteste illico l'adolescent, qui va planquer le Solex.

— Oublie pas les bombes !

La Molotov réfrène un sourire goguenard derrière son cache-col. Ah, l'orgueil masculin, quel levier fantastique ! Elle range casque et lunettes dans son sac à dos, dont elle extrait deux frontales. Elle a d'abord imaginé opérer seule, mais à peine avait-elle chargé Oscar de lui acheter de la peinture en sortant du lycée que celui-ci a tenu à savoir ce qu'elle mijotait. Elle n'a eu qu'à lui faire jurer le secret pour qu'il se propose de la véhiculer sur le lieu du crime. Bien sûr, c'est un mineur et il ne réalise pas tout à fait la portée de l'acte qu'ils s'apprêtent à accomplir. Mais il n'est jamais trop tôt pour éveiller les consciences. Et puis c'est ça, la base de l'engagement ! *C'est autre chose que distribuer des pouces en l'air, le cul sur un édredon, en buvant du Cocapitaliste !*

Ils ont donc quitté le Refuge, profitant de ce que la maison était déserte, à l'exception de Marion endormie dans sa chambre. *En cas de problème, elle pourra toujours aller chercher Jeanne et Pierre, encore en train de se compter les rides dans la bergerie.* Tout le monde est sur le sentier de la guerre… Enfin, tout le monde, sauf Désirée, qui explore d'autres reliefs que ceux de Troulou. L'évocation des ébats de Romain avec la jeune femme occasionne une remontée acide à La Molotov. C'est sûr, le Belge est plus appétissant qu'une campagne électorale. Elle-même, on la sommerait de choisir entre les deux qu'elle n'hésiterait pas longtemps. *Mais personne ne m'a rien proposé.*

— Et maintenant ? demande Oscar en brandissant les sacoches amovibles de son Solex, d'où s'échappe un bruit métallique.

— On délivre notre message ! annonce La Molotov en lui tendant une lampe. Suis-moi, et en silence !

Vêtus de sombre, frontales allumées, ils filent à travers le village endormi, longeant les murs jusqu'à la place principale. Plaqués contre la maison de Pierre, ils s'assurent qu'on ne viendra pas les déranger. Sifflement soudain, battements d'ailes vigoureux : une chouette effraie a pris son envol. Oscar avale sa salive discrètement, tandis que La Molotov savoure chaque seconde de leur escapade. Si toute une vie nocturne bruisse et couine, aucune présence humaine n'est à signaler.

— La voie est libre, murmure-t-elle.

Elle arriverait presque à courir jusqu'à la mairie. Oscar ne la lâche pas d'une semelle, peu désireux de rester seul dans le noir, même s'il sait que le sentiment de protection procuré par la compagnie de La Molotov est irrationnel.

— Tu vois, ils sont déjà passés, marmonne celle-ci, poings sur les hanches, devant les affiches.

Au loin, un moteur démarre. Oscar soupire sans s'en rendre compte, alors qu'il découvre la photo de campagne. Ses parents ont l'air figés, mais ils présentent pas mal, pour des vieux. Ces derniers temps, son père le saoule un peu avec ses histoires de compost, mais leur relation est bonne dans l'ensemble, malgré les tempêtes hormonales qui agitent le garçon. Sa présence ici n'est pas due à une révolte adolescente, mais à une curiosité classique pour tout ce qui est interdit. Entre son petit lycée provincial et sa vie au Refuge, plus que paisible, Oscar manque de distractions depuis leur emménagement. Aussi, lorsqu'il a compris que La Molotov préparait un coup en secret, il a manœuvré habilement pour la convaincre qu'il lui serait indispensable.

— Allez, on va leur montrer à quoi ressemble vraiment un peuple qui s'exprime, proclame La Molotov en se tournant vers lui. Je veux le rouge et le noir.

Le garçon fouille dans une des sacoches et en sort deux bombes neuves, arborant chacune un autocollant promotionnel rose vif. La Molotov secoue vigoureusement la première et se poste à l'extrémité gauche de la mairie. Sans aucune hésitation, elle trace d'une écriture ferme des lettres hautes d'un bon mètre.

NI DIEU

Puis elle rend la bombe noire à son complice, avant de décapuchonner la rouge.

NI MAÎTRE.

— *The last one*, commande-t-elle.

Oscar, admiratif, lui tend la peinture dorée, qu'elle utilise pour dessiner un gigantesque *A* entouré d'un cercle.

— C'est pas parce qu'on veut tout brûler qu'on doit manquer de style, justifie-t-elle en rendant le matériel à son assistant. Alors, t'en penses quoi ? Ça a de la gueule, non ?

Elle recule pour mieux contempler son œuvre. À ses côtés, Oscar, emballé, opine du chef.

— On se replie avant de se faire gauler.

Le garçon la suit, la bombe de peinture dorée encore à la main. Excité par leur action, il se retourne une dernière fois vers les hautes lettres qui s'étalent sur toute la largeur de la façade, ridiculisant les modestes affiches. Le A resplendit sous la lumière jaune de sa frontale et l'inspire.

— Pars devant, je te rejoins ! souffle-t-il à La Molotov qui n'entend pas.

Il court jusqu'à la devanture vitrée d'Adult'Hair, sous l'enseigne léopard. À son tour, il inscrit *NI DIEU*, puis secoue de nouveau la bombe. Cette fois, alertée par le bruit, La Molotov marque le pas, fière de sa bonne influence. *C'est beau, quand même, de transmettre les traditions.* Quand Oscar la rejoint, ils échangent un sourire complice et un hug.

Chapitre 15

L'estafette se gare à l'angle de la place centrale. L'adjudant Philibert coupe le contact et se tourne vers le gendarme Moresco.

— Bon, récapitulons. Tu as reçu un appel de Norbert Bascoup signalant des dégradations sur son affichage électoral, c'est bien ça ?

— Absolument. Il accuse explicitement l'équipe adverse de sabotage intentionnel. L'autre liste est tenue par Mylène Manceau, notre vieille amie.

— Pourquoi n'a-t-il pas téléphoné directement à la gendarmerie ? insiste Philibert sans relever l'ironie de Moresco qui fait référence à une première affaire où Mylène et lui se sont confrontés.

— On se connaît, on va à la chasse. Et parfois, on pêche ensemble. Un peu comme la coiffeuse et toi, non ?

— Non, rectifie sèchement l'adjudant Philibert, la coiffeuse et moi nous ne pêchons pas ensemble.

— Si tu le dis. Je pensais plutôt qu'elle aussi avait choisi de t'appeler sans passer par le central.

— De son côté, elle accuse Norbert Bascoup et sa clique d'avoir délibérément dégradé la devanture de son salon. On va tâcher de démêler cet imbroglio.

Ils sortent du véhicule et tombent aussitôt sur les premières affiches. Mylène, tout schuss dans le sourire, campe au cœur d'une belle tentative d'harmonie en bleu et blanc sur fond vert.

— Écolo premier degré, juge Moresco. Et le slogan, pardon, mais c'est nul à…

— On a compris, le coupe Philibert.

— Elle a les sourcils un peu chargés ou c'est moi ? C'est pas la meilleure publicité pour son salon.

— C'est la foutue moustache de ton candidat qui apparaît en transparence.

Ils arpentent rapidement les rues adjacentes et constatent qu'en effet, toutes les affiches de Norbert Bascoup ont été recouvertes par celles de Mylène Manceau. L'adjudant Philibert ne peut retenir un sourire. Quel tempérament, pense-t-il, elle n'a pas été dans l'armée pour rien !

— Allons voir le salon, maintenant , se contente-t-il de dire en reprenant sa stature d'enquêteur.

Lorsqu'ils débouchent sur la place, ils reçoivent simultanément plusieurs informations. Au centre, les deux candidats se font face, prêts à en venir aux mains, si on s'en tient à leur langage corporel. Sur la façade de la mairie, s'étale un puissant NI DIEU NI MAÎTRE en écho à la vitrine du salon de Mylène, où on peut lire un NI DIEU NI M'HAIR en or qui arrache un éclat de rire à Moresco.

— Franchement, il y en a qui ont vraiment le sens de la formule, hoquette-t-il.

— Si tu veux conserver ton service trois-pièces, je t'engage à te reprendre, lui conseille Philibert. On nous regarde.

Devant l'entrée du salon de coiffure, Mylène et Norbert se sont interrompus et les fixent, les yeux luisants de rage. Militaires et candidats opèrent un mouvement en direction les uns des autres, comme un ballet orchestré de longue date.

— Je veux porter plainte, attaque Mylène en s'adressant à Philibert comme si son coéquipier n'existait pas.

— Non, c'est moi qui veux porter plainte, la contredit Norbert en pointant Moresco du doigt.

— La meilleure défense, c'est l'attaque, rugit Mylène. Assumez-vous et arrêtez de me suivre !

— Vous suivre ? Mais ne prenez pas vos désirs pour des réalités !

— Sagouin !

— Hystérique !

— Bonobo à rouflaquettes !

— Roule-par-terre à perruque !

— Oh ! s'effare Mylène, les yeux ronds. Vous avez entendu, messieurs, c'est une insulte sexiste ! Je veux que cela figure sur le procès-verbal.

— Les vôtres étaient pas mal non plus, dans le genre, remarque Moresco. Un point partout, la balle au centre.

— On va épargner des arbres avec la paperasserie, intervient l'adjudant, et nous focaliser sur les raisons de notre présence.

— Cette… personne a recouvert l'intégralité de mes affiches électorales avec les siennes ! Je vais devoir tout refaire et payer une seconde fois. Sans garantie qu'elle ne recommence pas. C'est il-lé-gal ! Je réclame des dommages et intérêts ! clame Norbert.

— On n'est pas encore au tribunal, parce que si on y était, c'est vous qui seriez sur le banc des accusés avec cette, cette… bégaie Mylène en désignant le tag sur sa vitrine.

— Épitaphe ? tente le gendarme sous le regard courroucé de son chef.

— Silence ou je vous embarque tous ! tonne Philibert en sortant un crayon et un carnet de sa poche intérieure. Je vais vous poser à chacun une question et je vous conseille de répondre correctement. Madame Manceau, comment se fait-il que vos affiches recouvrent systématiquement celles de M. Bascoup ?

— On ne se tutoie plus, Olivier ? le coupe-t-elle avec un peu trop de légèreté au goût de l'adjudant.

— Pas pendant le service. Une ou deux affiches, on pourrait évoquer une myopie galopante, mais toutes ?

— Oui, TOUTES ! s'insurge Norbert, au bord de la rupture.

— Et vous, monsieur Bascoup, poursuit-il en se tournant vivement vers le chasseur, comment justifiez-vous cette inscription explicite à la campagne électorale en cours, remettant en cause votre unique adversaire ?

— Oui, expliquez-vous, tiens ! le somme Mylène.

— Je n'y suis pour rien, déclare Norbert avec hauteur. Dis-leur, toi, Moresco.

— Pas pendant le service ! répète Philibert. Et c'est moi qui pose les questions.

Moresco hausse les sourcils en signe d'impuissance. Norbert maugrée dans sa moustache.

— Selon vous, madame Manceau, quand ces dégradations ont-elles eu lieu ?

— Après minuit, mais avant six heures. C'est Philou qui s'en est aperçu en ouvrant les volets.

— Et comment savez-vous que c'était après minuit, intervient Moresco, vous étiez dehors cette nuit ? Vous affichiez peut-être ?

— Pas du tout, répond-elle d'un air pincé, j'étais à la maison, j'avais du travail. Et quand j'ai fermé les volets, vers minuit, tout était normal. J'avais donné mes instructions, en amont, aux membres de l'équipe. Sans doute n'ont-ils pas fait attention qu'il y avait déjà des affiches. Peut-être qu'elles étaient trop ternes et qu'ils ne les ont pas vues.

— Dites plutôt qu'elles vous en ont bouché un coin, riposte Norbert. Mon slogan « En avant, comme avant », c'est quelque chose !

— Certes, convient Philibert, mais où étiez-vous entre minuit et six heures du matin, monsieur Bascoup ?

— J'étais au lit… chez moi.

— Et quelqu'un peut en témoigner ?

— Ah ah ah ! Ça m'étonnerait beaucoup, s'esclaffe Mylène.

— Je suis veuf, réplique Norbert en se drapant dans sa dignité avec une pointe de désapprobation.

— Donc, si je m'en tiens à vos déclarations, *ni l'un ni l'autre* n'êtes impliqué dans les actes de vandalisme qui ont eu lieu la nuit dernière, car *l'un comme l'autre* étiez chez vous. Et, alors que *l'un comme l'autre* êtes mutuellement en compétition pour le titre de maire, *ni l'un ni l'autre* n'avez commis un de ces actes qui visent pourtant cette course municipale.

— Bien résumé, chef, commente Moresco.

Mylène et Norbert se toisent et se taisent. Le ton de l'adjudant les incite à la prudence.

— Voilà comment je vois les choses, poursuit Philibert. Nous allons interroger tous les membres de vos deux équipes pour confronter leur version et la vôtre, nous allons relever quelques empreintes ici et là, demander une étude graphologique de l'inscription sur la vitrine de Mme Manceau, et Moresco va diligenter une enquête de voisinage. On ne sait jamais qui observe quoi au milieu de la nuit. Mais nous trouverons les coupables, soyez-en sûrs !

— Est-ce que je suis obligée de garder cette... chose sur ma vitrine ? s'indigne Mylène.

— Et mon affichage, quand pourrai-je l'effectuer ? s'inquiète Norbert. Chaque jour compte !

L'adjudant Philibert se redresse de toute sa stature en rangeant carnet et crayon dans sa poche intérieure. Il fait signe à Moresco qu'il est temps pour eux d'y aller. Puis, avec un bref, mais martial salut au képi, il se détourne sans répondre et se dirige vers l'estafette pour y donner ses ordres.

Sybille sirote son infusion en rêvant d'un beau paracétamol 1000 mg. Elle a déjà massé sa nuque avec de l'huile essentielle de menthe poivrée, a pris scrupuleusement le cours de 23mn45 intitulé « Yoga contre la migraine avec Marjorie », puis s'est allongée en priant la déesse Panacée de venir à son secours. En un flash, elle a reçu comme instruction de boire un grand verre de gingembre au citron, avant de se rappeler qu'elle n'en a plus dans ses placards.

« Donnez-moi des indications que je puisse suivre », s'est-elle plainte.

« Thym et romarin sont des valeurs sûres pour qui est trop plein », a répondu la déesse avec une netteté stupéfiante. Sybille l'a remerciée comme il se doit, non sans une certaine aigreur qui n'est pas seulement due à son estomac.

Bien sûr, en rentrant de l'affichage nocturne, elle aurait mieux fait d'éviter cette liqueur de mandarine pour laquelle elle éprouve une vive affection, surtout depuis le premier confinement. Elle en a une réserve au frais et n'oublie pas de la renouveler. D'ailleurs, n'a-t-elle pas passé une commande, tard dans la nuit ? Elle se revoit, un verre ballon près d'elle rempli d'un liquide orange éblouissant, pianotant sur son clavier avec une certaine frénésie au son des bols tibétains et des chants bouddhistes.

Sybille vide son mug XXL et se dirige vers son ordinateur resté en veille. Pas bon, ça, se dit-elle. D'habitude, elle l'éteint scrupuleusement, les ondes sont néfastes pour la santé et pour la note d'électricité. Une rapide inspection de son historique lui révèle l'étendue des dégâts. Elle a recommencé !

— Merde ! s'exclame-t-elle, au comble de ses compétences en vulgarité. Martin va me tuer.

Alors oui, cette virée nocturne a décuplé ses intuitions, si on y ajoute la mandarine et l'euphorie de son calumet de la paix, elle s'est retrouvée en transe sans même s'en apercevoir.

— Ce n'est pas ma faute, tente-t-elle de se défendre, je ne suis qu'un canal.

Elle a donc commandé, payé et fait livrer plusieurs choses. Tout lui revient en mémoire.

D'abord de belles boules de geisha pour La Molotov. Cette femme souffre de solitude affective et d'une libido contrariée, ce qui la rend vraiment insupportable alors qu'elle n'est qu'amour qui s'ignore. Sybille lui envie secrètement son corbeau, animal totem des grandes sorcières. Comme elle voudrait qu'il devienne aussi son ami. Ensemble ils auraient accès aux mondes parallèles et aux sciences les plus occultes. Mais le freux se contente de venir piller les graines de son jardin sans se laisser approcher, malgré plusieurs incantations à la sauge.

Ensuite, elle a choisi un élixir de bourgeons et de pierre d'émeraude pour Désirée dont elle a perçu la détresse lors de la photo de groupe chez Jeanne. Une peine de cœur, qui rappelle celle de Kiki. L'empreinte de leur douleur la poursuit toujours, mais cet achat devrait au moins permettre à la jeune infirmière de retrouver son équilibre et sa bonne humeur. Pour le corbeau, elle s'en remettra aux esprits de la nature, car elle n'a pas le droit d'intervenir.

Deux coussins relaxants fourrés aux noyaux de cerises pour Pierre et Jeanne, qui soulageront leurs cervicales et favoriseront leur intimité.

Un tarot de Marseille pour Pétronille et Bruno qui ont tant de décisions à prendre !

Un coffret mindset-louve afin d'activer la femme sauvage en Mylène et lui donner tous les atouts pour sa réussite entrepreneuriale. Sybille a cependant un gros doute sur son interprétation des signes, dans ce cas précis. La coiffeuse n'est-elle pas déjà suffisamment intimidante et ambitieuse ?

De la spiruline pour soutenir Philou qui lui est apparu plusieurs fois dans ses rêves, lui semblant au bout du rouleau, mais si réel qu'elle aurait voulu le toucher.

Enfin, un savon au fiel de bœuf pour Norbert Bascoup. Elle ne saurait expliquer pourquoi, il faut croire qu'elle était cuite à point – peut-être parce que cet homme est une véritable tache.

L'addition doit être astronomique, alors elle refuse de la calculer de peur d'avoir un malaise vagal. Et ce n'est pas la peine de confisquer sa carte bancaire, il lui suffit de penser à saint Antoine de Padoue pour que les codes lui reviennent en tête. C'est une malédiction mnémotechnique.

Mais que va dire Martin ? Elle lui avait juré qu'elle ne se laisserait plus aller à ses soirées solitaires où les esprits l'envahissent et prennent la direction des opérations, ne lui concédant aucune lucidité. « Tes lubies, lui a déjà dit son mari en serrant les dents, finiront par nous mettre sur la paille. » « Mes lubies, lui a-t-elle répondu en se drapant dans une fierté qu'elle était loin d'éprouver, ont aidé beaucoup de gens, tu en conviendras. »

Car elle vise juste et touche souvent ses destinataires au cœur. Il est rare que ses visions la trompent et que les signes soient mensongers. D'ailleurs, ils ne le sont jamais, c'est elle qui ne sait pas les interpréter, voilà tout.

Est-elle à découvert ? Leur affaire périclite après des confinements successifs, la hausse des prix et un contexte peu propice aux stages de méditation. Les a-t-elle mis dans la panade au moment où Martin tente de trouver une solution avec l'aide de Bruno ?

Au comble de l'agitation, sa tête menaçant d'imploser sous les lourdes pulsations de la migraine, Sybille entend une voiture se garer devant leur porte. À travers les voilages de sa fenêtre, elle reconnaît l'estafette de la gendarmerie.

Quoi ? Ils sont au courant, déjà ? Qui a porté plainte ? Comment ont-ils pu remonter jusqu'à elle en si peu de temps ? Et où est son calumet de la paix, est-il rangé à l'abri des regards indiscrets, au moins ? Sybille tourne sur elle-même, incapable de reprendre son sang-froid. Elle entend deux portières claquer l'une après l'autre, éprouvant deux chocs successifs qui l'amènent au bord de la panique. Elle pousse un cri et se jette à genoux :

— Ô Héméra, fille de Nyx, sors-moi de la nuit, guide-moi vers la lumière !

— Calme-toi !

— Héméra ? C'est toi ?

— Non, moi, c'est Martin, ton époux.

— Martin ? Mais où es-tu ?

— Derrière toi.

Sybille se retourne et oui, Martin est là, il s'encadre dans la porte et la regarde avec un mélange de sévérité et de consternation.

— Les gendarmes… chuchote-t-elle en se relevant. Ils viennent m'arrêter.

— En parlant d'arrêter, toi tu devrais vraiment mettre un frein à la mandarine, tu la supportes de plus en plus mal. Et la pipe, aussi, tant que tu y es. Depuis que tu ne donnes plus de cours de yoga et que tu ne pratiques plus le jeûne, tu déraille, Sybille.

— Non, Martin, ce sont les esprits qui…

— Si tu délires comme ça devant Philibert et Moresco, alors oui, il y a de fortes chances pour qu'ils t'embarquent.

— Mais que veulent-ils ?

— Nous allons vite le savoir. C'est en lien avec l'affichage de cette nuit, Mylène a téléphoné pendant que tu dormais, pour nous prévenir. Pas de panique. Tu vas leur ouvrir, moi je retourne dehors avec Bruno. Ressaisis-toi !

Avant que Sybille ait pu protester, Martin disparaît, la laissant seule.

On frappe à la porte.

« Je demande à être connectée à Maragux, mon guide spirituel, implore-t-elle silencieusement, je lui demande protection sur les quatre plans, je demande.... Je ne sais même plus ce qu'il faut demander, mais c'est urgent ! MARAGUX, AIDE-MOI ! »

Un calme immense lui tombe aussitôt dessus. Sybille redresse la tête, sort de la pièce et se dirige vers la porte d'entrée. Elle s'arrête, respire profondément, chasse ses démons dans une expiration puissante et, un sourire radieux accroché aux lèvres, elle ouvre enfin, tout en grâce :

— Messieurs, que puis-je pour vous ?

Chapitre 16

Bruno et Martin achèvent l'installation du dernier bac de compostage. Ils en profitent pour parler d'avenir en évoquant leur possible association professionnelle.

— Le boulot ne manque pas, s'enthousiasme Bruno, si on n'a pas peur d'aller le chercher. Provoquer les institutions, c'est long, c'est sinueux, mais elles sont déjà sensibilisées. En revanche, les entreprises sont encore dans la résistance, pour la plupart. Sans un intérêt direct pour leur fonctionnement, on a du mal à les convertir. Et plus elles sont importantes, plus elles sont réticentes.

— Et les particuliers ?

— En montant des groupes pour réduire les frais, c'est envisageable. Ton site serait un endroit idéal pour les accueillir en stage d'une journée, avec théorie le matin et pratique sur le terrain l'après-midi.

— Ça nous amènerait du monde et peut-être que Sybille pourrait caser des cours par la même occasion.

— En effet, il y a matière à penser et à construire. La mise en place de cette station est le premier pas. Il faut que tu expérimentes et que tu te formes, avant tout.

Martin aimerait pourtant éviter cette étape autant que possible. Tout ce qui est long et fastidieux n'est pas dans sa nature, il préfère la simplicité de la ligne droite. *Quand on veut, on peut, surtout si on délègue*, telle pourrait être sa devise, même si elle ne lui a pas tellement réussi jusque-là. Oui, il a raté pas mal d'affaires et Sybille le renfloue régulièrement, c'est vrai. Mais il n'a pas vraiment eu de bonnes opportunités. Ils ne s'en sortaient pas trop mal avec *Iris Center*. Son épouse parvenait à remplir les séjours, elle donnait ses cours et ses séances, sans trop de frais ni d'investissements dispendieux. Lui s'occupait de l'intendance… et puis vlam. Virus mondial. On ne va pas dire que c'est de sa faute, si ?

Sybille débouche à l'angle du bâtiment principal, escortée de Philibert et Moresco.

— Les voilà, souffle-t-il.

Il a prévenu Bruno, en revenant de la maison où il était allé chercher deux bouteilles de limonade, que les gendarmes venaient d'arriver et voudraient sans doute les interroger. Ils essuient leurs paumes sur leurs pantalons déjà tachés de terre. La sueur sous leurs bras dessine des auréoles sombres sur leurs tee-shirts. Brefs saluts réciproques entre les quatre hommes.

— Chéri, commence Sybille dont les sens sont saturés de testostérone, ces messieurs ont quelques questions à propos de l'affichage électoral.

— Pourquoi nous ? demande Martin.

— C'est lié aux dégradations qui ont eu lieu cette nuit ? intervient Bruno pour contrer l'agressivité latente de son comparse.

— Vous êtes bien informé, répond Moresco.

— C'est un petit village, les nouvelles vont vite, rappelle Bruno avec son sourire de négociateur.

— Plus vite que les représentants de l'ordre, on dirait, rétorque Philibert. Vous avez participé à l'affichage en faveur de la candidate Mylène Manceau, tous les trois, si mes renseignements sont exacts.

— En effet, confirme Martin. Mais nous n'avons rien fait d'illégal ?

— Vous avez quand même recouvert l'intégralité des affiches concurrentes, souligne Moresco.

— Ah bon ! s'exclame Sybille en mimant la stupéfaction. Mais comment est-ce possible ?

— On n'y voyait pas très clair, vous savez, reprend Bruno. L'éclairage municipal s'éteint à 23 heures.

— Justement, pourquoi attendre qu'il fasse noir ? demande Moresco avec un petit sourire entendu.

— Nous ne pouvions pas avant. C'est entièrement à cause de moi, ajoute Bruno d'un air contrit, j'étais en déplacement et il m'a fallu régler un tas de problèmes en rentrant. Désolé.

— Mais enfin, insiste Philibert, *toutes* les affiches de Norbert Bascoup, c'est de la myopie, à ce stade.

— Ou de l'aveuglement, complète Moresco.

— Je ne saurais vous dire, prétend Bruno en secouant la tête comme s'il n'en revenait pas. C'est terriblement ennuyeux, j'en conviens. Mais absolument fortuit. Nous aurons pensé aux mêmes endroits stratégiques que leurs équipes, voilà tout.

— Personnellement, je n'ai rien remarqué, croit bon d'intervenir Martin.

— Et vous, madame Quessoy, vous avez également des problèmes de vision ? attaque brusquement Moresco.

— Moi ? Pas du tout ! Au contraire, je suis assaillie de clarté. Là, par exemple, je vois que vous êtes grognon parce que vous ne pouvez plus suivre les entraînements de rugby à cause des restrictions sanitaires, et que vous craignez de prendre du poids. Je propose d'efficaces séances d'acupressions durant lesquelles je pourrais stimuler votre chakra…

— Chérie, la coupe Martin avec une certaine tension dans la voix. Ma femme est… hypersensible.

— Médium, plutôt, *chéri*.

Moresco lui jette un regard sombre. Les quelques kilos accumulés ces dernières semaines sont donc plus visibles qu'il ne voulait le croire. Ses mâchoires se contractent sous l'effet de la contrariété. Quand les entraînements vont-ils recommencer ? Il a beau courir et soulever de la fonte, l'aiguille de sa balance ne redescend pas.

— Mme Manceau était avec vous, je suppose ? s'enquiert Philibert d'un ton débonnaire.

— Oui ! dit Sybille.

— Non ! s'écrient Martin et Bruno.

— Ah, je note une contradiction, souligne Philibert.

Martin se fige, Bruno toussote.

— Son esprit était avec nous, son aura et sa belle énergie, poursuit Sybille en papillonnant nerveusement des cils. Elle est notre inspiratrice.

— Mais elle n'était pas disponible, tranche Bruno d'une voix ferme. Beaucoup à faire en vue de cette élection qui s'ajoute à ses nombreux engagements et ses multiples responsabilités. Comme vous le savez peut-être, elle préside le comité des fêtes en plus de gérer son salon.

— Oui, nous savons tout cela, merci, monsieur Vay. Au fait, votre femme va bien ?

— Très bien, monsieur Philibert, je vous remercie.

— Adjudant Philibert, si vous voulez bien. Nous l'interrogerons sans doute à un moment ou à un autre. Elle commence à en avoir l'habitude, c'est un peu la spécialité du Refuge et de ses occupants. Transmettez-lui mon souvenir.

— Je n'y manquerai pas, conclut Bruno plus sèchement qu'il ne l'aurait souhaité.

— Durant vos pérégrinations nocturnes, et malgré que vous n'y ayez rien vu à un mètre, auriez-vous remarqué quelque chose d'anormal, un véhicule, un rôdeur ?

— Absolument pas. Nous étions seuls, n'est-ce pas, Martin ? Enfin c'est ce qu'il nous a semblé.

Le mari de Sybille opine vigoureusement du chef.

— Madame Quessoy ?

— Je n'ai rien vu.

— Ce serait bien la première fois, si j'ai tout compris. Pourtant quelqu'un a vandalisé la vitrine du commerce de Mylène Manceau. Tant d'agitation dans un aussi petit village, au milieu de la nuit, qui plus est. Et personne ne sait rien ! C'est fascinant, quand même.

S'ensuit un moment de gêne seulement troublé par le zonzon des insectes. Sybille s'excuse, elle a un rendez-vous téléphonique de la plus haute importance. Martin et Bruno demandent s'ils peuvent reprendre leurs activités. Les deux gendarmes prennent congé et rejoignent leur estafette sans se presser.

— Moresco, tu en penses quoi ?

— Des embrouilles dignes du Capitaine Marleau.

— Tu regardes cette série, toi ?

— Ouais, j'aime bien parce que cette flic cloue toujours le bec aux suspects. Je ferais un bon Capitaine, tu ne crois pas ?

Philibert s'installe au volant et, en bouclant sa ceinture, se dit qu'il serait bien avisé de tenir à l'œil ce petit ambitieux. *Capitaine, et puis quoi encore !* Décidément, il ne peut avoir confiance en personne. Son adjoint a les dents qui rayent le parquet et tous les protagonistes de cette affaire lui mentent.

— Commence par faire un bon gendarme et on en reparle, répond-il en démarrant.

— On y va ? demande Pétronille, son sac sur l'épaule.

— Je suis prête !

Désirée quitte la table malgré son envie d'un second café. Elle est rentrée au Refuge après sa nuit avec Romain et ses premiers rendez-vous. Elle a donc proposé à Pétronille, qui bosse chez Pierre cet après-midi, de la déposer au village.

C'est Jeanne qui incite la jeune infirmière à s'offrir de vraies pauses, au lieu de déjeuner sur le pouce dans sa voiture. « La misère, elle sera toujours là après le dessert, tu peux me croire. On ne sauve personne quand on est au bord du gouffre. » D'abord la réflexion douce-amère de Jeanne l'a un peu déprimée, mais après quelques jours à suivre son conseil, elle admet qu'elle travaille plus efficacement en s'accordant des moments de plaisir et de repos. Mais pour l'heure, il faut reprendre le collier !

Pétronille masque tant bien que mal son impatience, elle brûle de se mettre en route. Très tôt, Mylène a téléphoné pour avertir la maisonnée des derniers avatars entre tags et gendarmes. Pétronille et Bruno paniquent à l'idée de se retrouver au cœur d'une enquête officielle, ce qui a beaucoup amusé La Molotov, lorsqu'elle s'est décidée à quitter sa chambre après une longue grasse matinée. Jeanne leur a assuré que si chacun gardait le secret, il n'y aurait aucune suite. *Vous êtes vraiment naïfs ! Cette histoire d'empreintes digitales est un coup de bluff de Philibert ! Restez calmes, bouclez-la et mangez.* Tous se sont exécutés, puis Bruno a filé chez les Martels pour son projet de lombricomposteur et La Molotov est retournée se coucher, tandis que Jeanne se rendait au jardin. Désirée dépose sa tasse dans le lave-vaisselle acheté par Pétronille et attrape ses clefs de voiture.

— En route !

La 308 rouge s'éloigne du Refuge, les deux femmes à son bord. Désirée allume son autoradio.

Come, come Mr. DJ, song pon de replay
Come, Mr. DJ, won't you turn the music up?
All the gyal pon the dancefloor wantin' some more what
Come, Mr. DJ, won't you turn the music up?

— C'est sympa, ça, c'est quoi ? demande Pétronille qui se surprend à taper du pied.

— Rihanna. Mais ça date un peu.

— Ahah ! Moi, sortie des années 80…

— C'est faux, tu fredonnes aussi du J Lo, tu es donc entrée dans le XXIe siècle, s'amuse Désirée.

— Je suis trop vieille pour finir en prison, marmonne Pétronille, que l'inquiétude n'a pas lâchée.

— Ça n'arrivera pas, tu as entendu Jeanne.

— Mais qu'est-ce qui nous a pris ?

— Ça n'est pas toi qui me parlais de ta boussole intérieure ? rétorque Désirée. Eh bien, elle t'a indiqué de contrer la candidature de Bascoup !

— Pff. J'aurais dû rester couchée au lieu d'aller jouer les vandales.

— Tu sais comment ce type m'appelait, quand j'étais gamine ?

Pétronille l'interroge du regard.

— La petite Noire, déclare froidement la jeune femme. Tous les enfants avaient droit à leur prénom, au pire à un *fils ou fille de Machin*. Mais moi j'étais *la petite Noire*.

— Quel con, décrète sa passagère, affligée.

— Et ça, c'était quand ses propos étaient susceptibles d'être répétés à mes parents, à Pierre, à Marie-Carmen ou à Jeanne, précise encore Désirée, amère. J'étais copine avec Alexandre Bascoup. Un jour, il m'a naïvement rapporté que son père me désignait autrement, chez eux.

Pétronille n'ose pas demander comment, mais suppose l'infamie. Norbert ne devait pas être ravi de voir sa virile descendance fricoter avec Désirée.

— En plus, Alex et moi, on est restés fâchés un moment, parce que j'étais furieuse qu'il ne m'ait pas défendue. Il avait 10 ans, comment aurait-il pu ?!

Désirée, les mains agrippées au volant, se remémore ces instants qui, parmi d'autres, l'ont dépouillée de son innocence.

— Aujourd'hui, c'est à Norbert qu'Alex ne parle plus et il me téléphone toujours régulièrement, ajoute-t-elle.

— Tant mieux, déclare Pétronille.

— Je ne sais pas si c'est tant mieux, ça doit être dur pour lui d'avoir un tel père. En tout cas, je ne vous ai pas accompagnés parce que être impliquée me compliquerait la tâche quand je vais chez les gens pour les soigner, mais j'approuve le sabotage.

— Je comprends.

— Devine à qui je rends visite, tout à l'heure ? reprend Désirée après un silence.

— Ne me dis pas que…

— Lui-même : Norbert Bascoup !

Pétronille réfléchit à ce que Désirée vient de lui confier. Jusqu'à présent, les opinions de Norbert lui paraissaient imbéciles tout en demeurant très abstraites, presque volatiles. Pourtant, elles possèdent une incidence concrète sur le monde. Ses opinions ont stigmatisé Désirée, sans même que ce type soit à la tête du village. Même si elle redoute les conséquences de leur affichage, elle ne le regrette plus. Et, mieux encore : pendant qu'ils sabotaient la campagne de Norbert, *la petite Noire* prenait du bon temps avec Romain ! *Qu'elle s'envoie en l'air et qu'elle soit la plus heureuse possible, voilà la meilleure des revanches !*

— C'était chouette, ta soirée ? demande-t-elle à brûle-pourpoint.

— Oui, c'était sympa, répond Désirée avec un léger sourire tout en ralentissant à l'entrée de Troulou.

— Garde un œil sur ta boussole, toi aussi, recommande Pétronille. Même si Romain est un gentil garçon. Parfois, c'est pas mal de rester seule, ça permet de se recentrer.

— Romain et moi ne sommes pas ensemble ! proteste Désirée.

— Je n'imaginais pas que vous étiez… ni que… Enfin, tu es assez grande pour savoir ce que tu fais, bien sûr !

Un silence embarrassé s'installe.

— J'aime bien sa compagnie, il apprécie la mienne, rien de plus, précise Désirée. Et puis, après le sale coup de Grégoire, je crois qu'il faut que je repense ma conception du couple. Et même de l'amour, si ça se trouve.

Elle lâche un énorme soupir.

— Tu as remarqué qu'on ne dit jamais *ne plus faire qu'une* ? Le masculin qui l'emporte sur le féminin, tout ça… Si ça t'intéresse, je peux te prêter quelques livres ! On est dressées à désirer la fusion, mais ça se termine toujours mal, cette histoire, s'enflamme Pétronille. Il faut veiller à ne pas s'oublier, parce que c'est difficile de se retrouver ensuite.

Désirée n'est pas loin de penser qu'elle est face à une propagande antiromantisme, mais elle n'a pas le temps de s'y pencher car Pétronille vient d'apercevoir l'inscription sur la devanture d'Adult'Hair.

— Oh, bon sang, c'est pas vrai !

— Quoi ?

Désirée se gare rapidement, sans comprendre le trouble de Pétronille devant ce jeu de mots bien trouvé.

— C'est plutôt marrant, chuchote l'infirmière.

Pétronille serre les lèvres. *Ni Dieu Ni m'Hair.* Cette façon de tracer les « i », comme s'il s'agissait d'une immense virgule, ces « n » qui semblent freiner des quatre fers et surtout, surtout, cet humour vaseux ! C'est son fils. Son innocent bébé. Mouillé jusqu'au cou dans une affaire suivie de près par la gendarmerie ! *Délinquance, redressement, casier judiciaire, avenir ruiné, incompétence parentale…* Le cerveau en ébullition, elle imagine le pire, épouvantée, avant d'être frappée par une évidence. *Ce slogan anarchiste, c'est signé La Molotov !*

— Je vais la défenestrer.

— Qui ça ? interroge Désirée, perplexe. Mylène ?

Cette question rappelle à Pétronille qu'elle aussi s'est engagée sur le chemin de l'illégalité la nuit dernière, et qu'elle aura du mal à réprimander Oscar après ça. *Ah tu parles d'une boussole, ça va être simple de garder le cap, tiens !*

— Non, rien, répond-elle, avant de se racler la gorge. Tu as des rendez-vous. On se retrouve ce soir ?

— OK, oui. Bon courage, alors, conclut l'infirmière, désarçonnée par cette réaction, mais renonçant à en connaître la raison.

Elle repart tandis que Pétronille ouvre le cabinet. À peine a-t-elle terminé de passer l'aspirateur qu'on se gare devant la porte. Elle reconnaît le véhicule d'Hélène et Hervé, dans lequel leurs enfants sont installés, la petite à l'avant dans un cosy et Baptiste à l'arrière. Perdue dans un survêtement trop grand, les cheveux retenus par une barrette en plastique, Hélène extrait un carton du coffre. Pétronille s'avance pour la saluer, mais ce qu'elle aperçoit dans les bras de la jeune mère la stoppe dans son élan.

— Mais elle a quoi, cette pauvre bête ? Son cou est tout tordu ! Vous l'avez trouvée sur la route ?

Hélène hausse les épaules, les joues rouges. Derrière elle, Mila se met à pleurer, incommodée par un rayon de soleil. Hélène se retourne, hésitante. Pétronille compatit tellement à l'épuisement visible de la jeune femme qu'elle la soulage de son fardeau sans réfléchir.

— Je vous la garde, mais n'espérez pas de miracle !

Zigzag, quelque peu secouée, ouvre un œil et pousse un cri semblable à un ballon de baudruche qui se dégonfle.

— Oh, pauvre poupoune, murmure Pétronille, chavirée.

Elle installe le carton sur une chaise et tâte délicatement le cou de l'oie, dont la respiration s'accélère. Dehors, la voiture redémarre.

— Tu as peur, je sais.

Attentive aux réactions de l'animal, Pétronille promène ses doigts le long des vertèbres martyrisées sous les chairs enflées. Pas de doute, on a essayé de lui tordre le cou sans y parvenir. Mais impossible de le redresser, elle risquerait d'achever la pauvre bête. Elle tente cependant de dénouer les tensions musculaires avec prudence.

— Une oie ? Elle a rendez-vous, au moins ?

Pétronille se retourne, confuse. Pierre vient de descendre de sa cuisine et l'observe d'un œil amusé.

— Hélène l'a déposée. Je regarde si je peux l'aider, mais ça dépasse mes compétences.

— Et les miennes !

— Elle tient bon, en tout cas.

— Elle tient le coup, même, ose Pierre, avant de lever la main en guise d'excuse.

— Ça vous embête si je la laisse ici, le temps de voir comment elle se remet ?

— Au cabinet ? Ce n'est pas très hygiénique et puis je ne suis pas vétérinaire, moi !

— Non, mais là-haut, par exemple. Dans votre cuisine ? Je la cale dans un petit coin, avec du papier journal, un peu d'eau. Je la ramènerais bien au Refuge, mais elle ne supporterait pas le trajet !

Zigzag laisse sa tête reposer sur le bord du carton, la langue dépassant légèrement du bec. Ses yeux bleus à demi fermés se fixent sur Pierre, semblant le supplier de lui venir en aide. À son tour, Pétronille l'implore du regard. Sous ce feu croisé, Pierre cède.

— D'accord, mais deux jours, maximum ! De toute façon, passé ce délai, si elle ne va pas mieux…

Le médecin ne termine pas sa phrase, dubitatif quant à l'espérance de vie de l'animal.

— Deux jours, pas plus ! promet Pétronille en emportant précautionneusement la rescapée à l'étage.

Chapitre 17

Devant la maison de Norbert Bascoup, Désirée rassemble tout son professionnalisme, l'espérant assez solide pour surmonter son appréhension et contrer l'hostilité qu'elle ressent à l'encontre de ce patient si particulier. Elle lève la main quand la porte s'ouvre sur le propriétaire des lieux.

« Ah, mais c'est la petite Noire ! » l'imagine-t-elle s'écrier. *Mais non, il n'oserait plus.* Désirée, qui a déjà constaté que les gens se permettent bien des choses, n'en est pas persuadée.

— Vous êtes l'infirmière ? demande Norbert d'un ton bourru.

— C'est ça. Mme Roussel. Désirée Roussel, précise-t-elle après une courte hésitation. Je viens pour la prise de sang.

— Désirée Roussel, je sais, oui. Je connais vos parents.

Il se souvient de son irritation quand il avait découvert que c'était elle, la grande amie d'Alexandre. Une Noire dans toute l'école et c'est avec elle que son môme voulait jouer ! Il n'a rien contre les Africains, mais bon !

Il s'efface pour la laisser entrer. Elle s'avance en prenant garde à l'imposante bedaine.

Toi non plus, tu n'as pas oublié, hein ?

Norbert referme la porte. Quelque part résonne le tic-tac métallique d'une petite horloge ou d'un réveil.

— On va aller dans la chambre, si ça vous embête pas. Je nettoie mes fusils dans la cuisine, il y en a partout, on n'aura pas la place.

— Pas de problème, répond Désirée, n'ayant aucune envie d'approcher, conjointement, ce type et des armes, démontées ou pas.

Norbert passe devant et la laisse le suivre jusqu'au fond du couloir où se trouve la chambre. Encadrant le lit recouvert d'une courtepointe bordeaux, deux tables de nuit. L'une supporte un tricot inachevé, ses deux aiguilles encore glissées dans les mailles. Sans doute à son épouse, songe Désirée, troublée par ce vestige qui ressemble à un hommage.

Le plus prochc chevet est encombré d'un étui à lunettes, d'une lampe à franges, d'une bougie et du portrait encadré de Monique Bascoup, tout sourire sous sa permanente. Désirée éprouve une surprise mêlée de compassion devant la photo de la mère d'Alexandre, décédée brutalement d'un AVC, quelques années auparavant. Elle n'avait pu se rendre à l'enterrement, à cause d'examens cruciaux, mais elle avait pris soin de consoler son ami dès que ses obligations le lui avaient permis. Elle avait retrouvé Alexandre effondré devant la même photo, qui trône toujours sur son bureau. Désirée se rappelle aussi qu'il lui avait confié, désabusé, que lors des funérailles son père lui avait demandé de pleurer plus discrètement. Elle avait éprouvé une immense colère envers Norbert. Pourtant, le père et le fils, qui ne se sont plus adressé la parole depuis, ont en commun leur peine et leur deuil solitaire. Et elle devine qu'Alexandre se sent aujourd'hui orphelin sans l'être véritablement. Une impression qu'elle ne peut que comprendre puisqu'elle la partage. *Peut-être que Norbert aussi se désole de cette brouille.*

— On va d'abord se débarrasser des tracasseries administratives, commence-t-elle d'une voix apaisante. Vous me donnez votre carte vitale, s'il vous plaît ?

— Vous êtes bien sur la liste de Manceau, non ? l'interroge Norbert, mielleux, tout en lui tendant le rectangle de plastique vert.

Et merde. La compassion recule, doublée par la méfiance.

— Merci. Oui, en effet, mais je ne suis pas en campagne, tente-t-elle, espérant esquiver ce qui s'annonce comme une attaque frontale.

— Si vous êtes sur la liste opposée, vous êtes quand même impliquée dans ce… dans la…

— Je n'ai pas participé à l'affichage, en tout cas.

Tandis que son terminal aspire les données de la puce électronique, Désirée affronte le regard soupçonneux qui semble vouloir pénétrer son esprit.

— Voici votre carte, vous avez une préférence pour le bras ? demande-t-elle pour ramener la conversation sur ce qui l'a conduite ici.

— Le gauche. Je suis droitier.

Il s'assied sur le lit qui proteste en grinçant. Elle reste debout et pose son matériel sur la table de chevet.

— Pas de symptômes à signaler ? Tout fonctionne bien ?

— Je vais très bien ! C'est pas la santé qui me pose problème ! gronde Norbert avec hargne.

— Parfait, contre Désirée en préparant les tubes de prélèvement.

Il s'agite, frustré de ne pas obtenir l'affrontement qu'il cherche à provoquer. Visage concentré, elle n'a d'yeux que pour la saignée du bras, autour duquel elle noue son garrot de caoutchouc.

— Je ne serre pas trop, ça va ?

— Oui, oui, allez-y !

Le sang s'écoule dans les tubes, rouge vif. Les gestes de l'infirmière sont doux, mais rapides.

— C'est fini. Tenez le coton, pendant que je colle le pansement.

Elle prononce ces mots plusieurs fois par jour, c'est presque un mantra. Elle guette tout de même son patient, s'assure qu'il ne tourne pas de l'œil. On ne sait jamais. Mais non, Norbert est solide. Il déroule la manche de sa chemise. Désirée se détourne pour glisser le matériel usagé dans sa poubelle portative, étiqueter les tubes, sous le regard malicieux de Monique.

— Quel beau sourire ! dit-elle doucement.

Un silence accueille son commentaire.

— Alexandre a le même portrait chez lui.

Norbert, qui s'apprêtait à se relever, s'immobilise.

— C'était la photo préférée de Monique, mais faut dire qu'on n'en a pas trouvé beaucoup d'autres, prononce-t-il enfin.

Ça aussi, Alexandre le lui avait confié après l'enterrement : toujours en cuisine, sa mère avait rarement le temps de poser en famille. Par bonheur, il avait dans son portable une collection de selfies avec elle.

— Elle est très réussie. C'est vous qui l'avez prise ?

— C'est Alexandre. Il aimait beaucoup sa mère.

— Oui, énormément.

Désirée contourne Norbert et saisit sa sacoche.

— Il… Il va bien ? demande-t-il en levant sur elle un visage anxieux.

Ah, quand même !

— Oui, il est heureux. Son travail, à la Philharmonie de Paris, lui plaît beaucoup ; il peut intervenir sur la programmation et ça le ravit !

— Ah, oui, oui, j'imagine, bien sûr, marmonne Norbert qui n'a aucune idée de ce que ça signifie.

L'harmonie, c'est en rapport avec la musique, évidemment. Son fils lui a toujours cassé les oreilles avec son solfège et ses concerts classiques. Et Monique pareil ! Elle lui infligeait France Musique les jours de pluie, elle n'écoutait que ça en cuisinant. *Franchement,* Les Grosses Têtes*, c'est quand même plus rigolo.* Mais c'est vrai que son fils n'a jamais été du genre « rigolo ». Un sentimental, un intello. *Enfin, au moins, il est heureux, lui.* Norbert s'ébroue mentalement, surprend Désirée qui le dévisage. Combien de temps est-il resté ainsi, sans dire un mot ? Suffisamment pour qu'elle affiche un air de pitié, et ça, Norbert n'en veut surtout pas. Il est le futur maire de Troulou, nom de Dieu !

— Je vous raccompagne, conclut-il brusquement.

Le lit émet de nouveau un couinement plaintif quand il se lève. Norbert retraverse le couloir d'un pas martial, le dos droit et les bras marquant la mesure.

— Bonne fin de journée, lance-t-il à Désirée en rentrant le ventre au maximum, pour un résultat imperceptible.

— À vous aussi, monsieur Bascoup, répond-elle d'un ton froid.

Jusqu'au bout, elle a espéré qu'il lui demande de transmettre un message à Alexandre. Son silence buté l'indigne. Comment peut-il couper les ponts avec son fils, adorable et brillant, parce qu'il n'est pas un rustre comme lui ?! *Foutu macho !* Elle aurait tellement aimé apprendre à son ami qu'il manque à son père ! Elle ne sait même pas si elle osera lui parler de cette visite.

Sa 308 laisse derrière elle une gerbe de graviers tant sa conduite est nerveuse. Dans l'habitacle, le flow sensuel de 50Cents résonne. Désirée n'entend rien des premières notes d'opéra qui s'élèvent depuis la maison de Norbert.

La Dame blanche déploie ses grandes ailes et s'élance en poussant un chuintement. Son masque clair en forme de cœur est percé de deux yeux noirs sphériques, impressionnants de fixité. Elle passe non loin de la tablée, devant les portes-fenêtres de la cuisine, et plonge sans qu'on la remarque sur un lérot insouciant qui émet un bref couinement de terreur. D'un coup de bec précis, elle lui rompt le cou et, presque sans ralentir, s'éloigne en direction du bois où elle niche au creux d'un arbre mort, dans un silence qu'aucun friselis n'est venu troubler. Seul Kiki, installé pour la nuit au sommet du chêne, a suivi la scène.

Jeanne est assise devant une infusion. La Molotov boude car elle voulait un digestif que tout le monde lui a refusé. Pierre a été rappelé au milieu du repas pour une urgence, il ne reviendra pas ce soir, et Désirée n'est pas rentrée dîner. Tendu, Bruno s'étire en faisant craquer ses vertèbres cervicales. Pétronille déboule sur la terrasse, elle vient de laisser ses enfants dans leurs chambres respectives, Oscar devant un jeu vidéo et Marion plongée dans son magazine *Salamandre Junior* auquel Jeanne l'a abonnée pour son anniversaire. Elle retrouve sa place à table, pose brièvement la main sur le bras de son mari et fusille La Molotov des yeux.

— Quoi ? demande celle-ci.

Pétronille prend une grande inspiration, cherche le regard de Bruno, puis celui de Jeanne, avant de se lancer.

— Madame Molotov, j'ai beaucoup d'estime pour vous, mais vous avez franchi la ligne rouge, cette fois-ci.

— Ouh, on a envie d'un petit duel ? répond l'autre en se redressant.

— Bruno et moi avons eu une discussion avec Oscar, au sujet d'un certain tag sur la vitrine de Mylène.

La Molotov se contente d'un sourire goguenard, attendant la suite.

— Ça vous amuse ? l'interroge Bruno d'une voix glaciale. Parce que nous, pas du tout. Que notre fils trempe dans une affaire de vandalisme…

— Une action politique ! Nous avons participé à l'affichage électoral, comme vous deux.

— … qui mobilise la gendarmerie…

— Bon sang ne saurait mentir.

— Brigitte, intervient Jeanne, laisse-les parler.

— Voilà que la donneuse de leçons s'en mêle, maintenant, c'est un tribunal ou quoi ? Non, parce que vous ne me tamponnerez pas à trois sans que je réagisse, rugit La Molotov. D'autant que les tampons, ça me connaît, hein ! J'en ai filé plus souvent qu'à mon tour, j'en ai attendu pas mal pour valider des dossiers, j'en ai falsifié quand c'était nécessaire et je m'en suis enfilé plus d'un, alors calmez-vous, c'est un conseil.

— Tu viens de me traiter de donneuse de leçons ?

— On va pouvoir en placer une, à la fin ? s'énerve Bruno. Vous commencez à me courir, Brigitte. Je vous ai supportée jusque-là, mais moi aussi, je peux l'ouvrir.

— Je vais vous bouffer tout cru.

— Vous vous taisez, point barre, renchérit Pétronille. Vous n'avez pas le droit d'entraîner Oscar dans vos trucs de dingue. Vous lui donnez un exemple lamentable, vous lui faites prendre des risques et vous l'exposez à de possibles démêlés avec la justice. Et nous, *ses parents*, nous ne sommes pas d'accord ! *Capisce ?* Comme vous aimez le dire.

— Foutez la paix à nos gosses, ajoute Bruno. Il n'y aura pas de second avertissement, on vous aura prévenue.

Un silence succède à leur échange. Jeanne esquisse un sourire entendu devant l'immobilité absolue de sa vieille amie. Bruno roule une boule de mie de pain d'un geste nerveux.

— Dans l'éternel combat du bien contre le mal, déclare La Molotov d'un ton étonnamment doux, ce dernier semble toujours disposer de moyens supplémentaires.

— Alors là, c'est parti ! commente Jeanne. Accrochez-vous, on va grimper dans le grand huit.

— Je suis née au début de la guerre, mes parents, juifs tous les deux, m'ont placée pour m'éviter la déportation. J'ai été maltraitée et pauvre au point que je me suis enfuie dès que possible. D'abord secrétaire, je me suis fait serrer de si près par deux ou trois braguettes que j'ai choisi de devenir stripteaseuse.

— Parce que tu préférais montrer ton cul en freelance qu'à un patron.

— Exactement, Jeanne.

Pétronille et Bruno sont à la fois gênés et furieux de la tournure que prend la conversation.

— Je crois qu'on attendait de toi des explications, voire des excuses et des promesses que tu ne recommencerais pas. Et là, tu veux nous apitoyer avec ton passé. Quel micmac !

— Je me suis battue toute ma vie contre le capitalisme, poursuit La Molotov, imperturbable, le patriarcat et l'hégémonie sous toutes ses formes. J'ai pris des coups et j'en ai rendu. Je ne suis pas une trouillarde, planquée derrière sa télé à me décerveler en écoutant les bobards du grand perruquier des Zouaves ! Il n'y a rien à attendre des promesses électorales et des politiques, vous ne l'avez donc pas compris ?! On est dans la merde, mes biquets, secouez-vous !

Elle se lève avec brusquerie, renversant sa chaise, et se drape dans le châle oriental qui lui couvre les épaules. Altière, elle dresse son menton en direction du couple qui la fixe, hypnotisé.

— J'ai voulu transmettre à Oscar ce qu'une existence de lutte m'a enseigné : on n'abandonne pas son destin entre les paluches des dominants, on ne plie pas l'échine devant l'arrogance d'une démocratie de bazar et on n'a jamais réussi la révolution en utilisant les outils de l'adversaire ou en lui demandant la permission de manifester. Ni Dieu ni maître, la liberté est mon fanion !

Contournant la table, elle se rapproche des parents tandis que Jeanne secoue la tête en la voyant exécuter son numéro.

— Tu sais que je suis d'accord sur le fond, Brigitte. Mais là, tout le monde a deviné que c'est toi qui as fait le coup.

— Sauf les deux turlupins à képi ! Ou alors, qu'ils le prouvent ! Si ça peut vous rassurer, je dirai que j'y suis allée seule. Mais vous privez votre fils de la fierté légitime de celui qui s'engage en résistance.

— C'est juste un tag, hasarde Pétronille qui commence à avoir envie de rire.

— *Juste un tag !?* C'est une prise de position, c'est de l'activisme, c'est son entrée en anarchie ! C'est aussi renversant que ton premier orgasme, Pétrolette. Avec cette virée nocturne, Oscar pouvait devenir un homme engagé, mais vous l'avez vite rabougri avec vos idées mise en plis et vos peurs de petits-bourges.

— Elle nous insulte, en plus ! s'insurge Bruno.

— La Mylène, elle a tellement de bijoux qu'elle en perd l'équilibre, ricane La Molotov. Tout à l'ego comme le Norbert ! On joue la pantalonnade des élections, vous ne connaissez pas la chanson, depuis le temps ? C'est comme les présidentielles, cette farce des gros navets !

— Tu n'as pas tort, admet Jeanne plus sobrement.

— Quel discours populiste, maugrée Bruno. Vous employez des mots trop grands pour vous.

— Vous n'avez pas le monopole de la jactance, mon cher. Les mots sont à tout le monde et c'est un argument de faussaire de vouloir les confisquer pour son seul usage. Les exploiteurs aiment bien traiter leurs adversaires de populistes, ils n'ont pas besoin de développer un raisonnement construit, de cette manière. Revenez me voir quand vous aurez une idée personnelle, si je suis encore en vie, parce que c'est pas demain la veille.

— Madame Molotov…

— Faut pas se dérober devant la colère, Milady, quelle que soit sa couleur : jaune, rouge, noire. Elle nous indique qu'on mérite mieux que ce qu'on nous réserve. Le jour où plus personne n'en éprouvera, il nous restera qu'à crever.

Les traits tendus, La Molotov jette un regard furibond à Bruno, puis elle s'éloigne en concluant par un « Bonsoir aux Maîtres-pisseurs » qui manque de mettre le feu aux poudres.

— Laissez, Bruno, tempère Jeanne. C'est La Molotov, elle n'a pas eu ce surnom dans une pochette surprise.

— Je déteste ces discours extrémistes. C'est elle, la donneuse de leçons.

— On l'est tous à nos heures, dit Pétronille.

— Bien vu, Milady. Et puis, pour chaque avancée significative de notre histoire, n'oubliez pas qu'il a fallu des extrémistes qui montent au front pour ouvrir la voie. Certains ont payé cher leurs prises de position. Désirée ne pourrait pas s'asseoir avec nous dans une société où la ségrégation raciale serait encore la norme. Mylène ne serait pas Mylène si la question du genre n'était pas posée. Et Marie-Carmen et moi n'aurions pas pu nous aimer librement sans le mouvement LGBT. Les extrémistes, les militants, les résistants, les lanceurs d'alerte, tous sont là pour déranger les lignes, pas pour passer les plats. Mais le jour où le système vous écrase et où vous avez besoin d'aide, vous êtes fameusement contents de les trouver, croyez-moi.

— Vous pensez qu'elle est fâchée ? demande Pétronille, chagrinée par cette idée.

— Elle est toujours un peu fâchée, sans doute parce qu'elle en a beaucoup bavé, la rassure Jeanne en suivant du regard la danse effrénée d'un petit paon de nuit prisonnier de la lumière. Et puis, elle est comme tout le monde, elle a aussi besoin qu'on l'aime.

Chapitre 18

Pierre, qui s'apprêtait à faire entrer son patient suivant, ravale son invitation en voyant Hélène pénétrer dans la salle d'attente, son fils Baptiste accroché à la poussette dans laquelle sa petite sœur secoue une girafe.

— Une minute et je suis à vous ! lance Pierre au quinquagénaire en train de ranger son portable dans sa poche.

Plus tôt dans la matinée, Pétronille, soucieuse de l'état de l'oie qu'elle imaginait déjà agonisante, est venue avec des chocolatines et a pu constater une amélioration spectaculaire. « Mais vous lui avez fait quelque chose, après mon massage ? » a-t-elle demandé à Pierre. *Comme si j'allais contrôler sa tension et lui prescrire des séances de kiné !* En réalité, Pierre s'est quand même levé deux fois durant la nuit, pour vérifier qu'elle respirait toujours. Pétronille a aussitôt prévenu Hélène qu'elle pouvait récupérer l'animal, vraisemblablement tiré d'affaire.

— Salut, Hélène. Salut, les petits bouts ! Ça va ? Je ne suis pas mécontent que tu la reprennes, déclare-t-il, je ne suis pas vétérinaire, tu sais.

Hélène rougit en se mordillant la lèvre.

— Attends-moi ici, je vais la chercher, propose Pierre, impatient de se débarrasser de l'encombrante convalescente.

Il fonce à l'étage. Entre les élections qui mettent le village en éruption et les nerfs à rude épreuve, La Molotov qui fait des siennes et sa retraite reportée *sine die* avec le désistement de Greg Est Un Con, Pierre a bien assez de chats à fouetter ! *Pauvres bêtes.* Hélas, une fois dans sa cuisine, c'est un carton vide qu'il découvre, ainsi qu'une fiente d'un splendide vert jaunâtre.

— Où tu te caches, toi ? grommelle-t-il.

Dans la salle à manger contiguë, une déjection encore humide brille derrière la grande table en bois sombre. Le voici sur la piste du caca d'oie, espérant que Zigzag ne s'est pas baladée dans toute la maison. Un cacardement retentissant l'aiguille en direction du salon : l'oie trône au milieu du canapé beige et darde sur lui ses yeux bleus, d'un air impérial qui serait impressionnant sans l'angle de son cou qui lui donne l'allure d'une théière.

— Désolée, ma petite, ton camouflage ne suffit pas, murmure Pierre en s'approchant.

Zigzag siffle et claque du bec. Pierre recule et soupire. Il n'a pas que ça à foutre ! Il doit enchaîner les consultations et a autant besoin d'une oie sur canapé que d'un panaris ! Résolu à en finir le plus rapidement possible, il file à la cuisine chercher le carton et attrape, dans la foulée, le plus grand de ses couvercles.

— À nous deux !

Zigzag l'observe avec calme, apparemment convaincue de sa supériorité. Dès qu'il l'approche, elle se dresse sur ses pattes et bat des ailes avec vigueur tout en sifflant férocement. Pierre repense à ses patients déments qu'il réussit parfois à apaiser en leur parlant. Mais que pourrait-il bien raconter à une oie ? Que personne ne va la farcir à Noël ?

— Allez, du nerf, s'encourage-t-il.

Brandissant son bouclier Tefal, il avance. L'oiseau, torticolis ou pas, assène de violents coups de bec sur le métal. Pierre tente de couvrir Zigzag avec le carton retourné, espérant la contraindre à l'immobilité. C'est mal connaître sa combativité, elle recule jusqu'à l'accoudoir, sur lequel elle se perche pour cacarder avec ardeur. Pierre bondit et c'est la victoire ! L'oie est prisonnière. Mais le triomphe est de courte durée, car elle déchiquette illico sa geôle. Par réflexe, il abat son bouclier sur le bec qui crève le carton. Un *bong !* sonore résonne dans le salon. Puis, le silence.

— Oh non...

Lentement, avec anxiété, il soulève l'emballage, craignant d'avoir réglé son compte à Zigzag. Mais celle-ci, recroquevillée sur elle-même, le toise avec mépris, sa huppe blanche ébouriffée.

— Oui, eh bien, désolé ! conclut Pierre en évitant tout de même de soutenir le regard bleu.

Il va chercher un plateau de bois clair et le pose à côté de l'oie. Au moment où il se décide à la saisir, en deux pas élégants, elle s'y installe. Son cou formant toujours cet angle déstabilisant, la tête pointée vers l'avant telle la proue d'un navire, elle semble attendre qu'on la transporte, sévère et ridicule. Pierre se dépêche de la redescendre, il la porte haut devant lui comme s'il allait la servir au déjeuner. Il est accueilli par trois paires d'yeux intriguées, puisque entre-temps, évidemment, le patient suivant est arrivé.

Il remarque alors qu'Hélène paraît avoir renoncé au style années 50 qu'elle affectionnait jusque-là et que seules ses lunettes rappellent désormais. Ses cheveux sont retenus par une pince en plastique et elle a enfilé un sweat-shirt taché de café. Bien sûr, c'est une jeune mère, la fatigue et les tâches répétitives, inhérentes aux soins d'un bébé, justifient certainement ce changement, mais il est tout de même radical.

Pierre tend son fardeau à Hélène, qui recule.

— Ah oui, pardon ! lui dit-il, s'avisant que l'oie, en plus des deux enfants, ce serait trop. Dis-moi, ça va, toi ?

Hélène semble troublée, elle se racle la gorge.

— Eh bien, commence-t-elle, je…

La porte s'ouvre sur Mylène qui entre dans la salle avec sa tête des mauvais jours, vêtue d'un tailleur mauve et chaussée de talons argentés.

— Désolé, souffle Pierre en adressant un clin d'œil à Hélène.

— C'est rien, marmonne-t-elle.

Puis elle se penche sur sa fille pour essuyer une trace de lait régurgité. Pierre voudrait insister, mais l'agitation au-dehors l'en empêche. Depuis ce matin, l'équipe électorale de Norbert Bascoup refait ostensiblement son affichage dans tout le village. Par la porte restée ouverte, Pierre voit qu'ils en sont à redécorer entièrement la place centrale avec leur « En avant comme avant ! ».

Zigzag jauge la nouvelle venue. Mylène avise l'angle droit du cou de l'oie. Un sourire triomphant illumine peu à peu son visage.

— Bonjour, Mylène, prononce Pierre d'un ton lugubre, saisissant que ce changement d'humeur n'annonce rien de bon pour la paix de Troulou.

— Zigzag, je présume ? demande-t-elle doucereusement, pour la forme.

Et elle est au courant, bien sûr, constate le médecin. Hélène acquiesce en silence, avant de récupérer la girafe que sa fille a jetée.

— Hélène repart avec. Tu venais pour quoi, déjà ? tente Pierre.

— Aucune importance, répond Mylène en empoignant le plateau. Je prends les choses en main. Hélène ne va jamais y arriver avec ses petits et toi, tu as du boulot.

Après un demi-tour impeccable, elle ressort du cabinet en brandissant l'oie dont le bec pointe droit devant. Mylène s'engage vigoureusement sur la place, ses yeux brillants d'une joie mauvaise.

Ah, tu as voulu m'en mettre plein la vue ! Eh bien, prépare-toi ! Opération Zigzag enclenchée !

À l'autre bout, on placarde à tour de bras, le verbe haut et le menton fier. Les panneaux municipaux débordent et il est impossible d'échapper à la moustache Fu Manchu du candidat. Celui-ci, en retrait, arbore l'expression farouche de l'homme qui répare une injustice après une longue bataille. Norbert, ce matin, c'est Dils et Dreyfus réunis. Au moins. De temps à autre, il lève une main apaisante en direction de ses partisans lorsqu'ils font mine de vouloir recouvrir les affiches de Mylène. Il secoue la tête de gauche à droite, magnanime, conscient qu'on le regarde, surtout depuis la terrasse d'Adult'Hair où sont attablés quelques buveurs d'eau chaude. Le coup d'éclat de son ennemie pourrait lui coûter pas mal de votes et il espère les récupérer en donnant des preuves de sa mesure. Lui, c'est un vrai bonhomme, il est rationnel, raisonnable, on peut avoir confiance ! Il va rassembler la population et mener son équipe jusqu'au sommet municipal !

Soudain, des cris déchirants retentissent, des cris qu'il reconnaît sans peine. *Zigzag ?! Tu es donc toujours vivante ?* Curieusement ému, il se retourne et ne peut qu'assister, impuissant, au naufrage de sa dignité. Mylène, tout sourire, tient à deux mains un plateau, sur lequel Zigzag cacarde à pleine voix et s'agite tant qu'elle manque de chuter. La coiffeuse, suivie par Hélène et ses enfants, s'accroupit avec grâce pour permettre à la petite oie de s'élancer vers l'élu de son cœur volatile. La bestiole se précipite sur ses pattes courtaudes, son cou anguleux ondulant de gauche à droite, ce qui provoque l'hilarité de tous les villageois présents. Norbert oscille entre le soulagement de voir son oie en pleine forme et l'envie de lui balancer un coup de pied pour repousser l'humiliation publique. Il y gagnerait aussitôt une réputation de tortionnaire. Il tente de reprendre sa posture initiale, tourné vers les panneaux d'affichage. Zigzag, éperdue de bonheur par ces retrouvailles inespérées, se fourre dans ses jambes, mordille le bas de son jean et frotte son cou anguleux contre ses mollets. Sans cesser de pousser des cris.

— Eh bien, on voudrait être aimé comme vous l'êtes, cher Norbert ! C'est une passion brûlante, ironise Mylène, qui se délecte du tableau.

— C'est sûr qu'elle est pas rancunière, ta Zigzag ! lance un colleur d'affiches.

Un éclat de rire accueille cette sortie. On quitte la terrasse d'Adult'Hair pour mieux profiter de la scène. Embarrassé, Norbert se déplace, agitant la pointe de ses santiags dans l'espoir de décourager son oie.

Tu lui as tourné la tête ! Elle est prête à se plier en deux pour toi ! Le bisou, le bisou ! C'est avec elle que tu aurais dû poser !

Norbert se passerait bien de toute cette attention sur lui et cette… foutue bestiole, qui s'installe carrément sur ses pieds, comme si elle lui couvait les orteils. Ce deuxième affichage devait retourner la situation à son avantage, mais une fois de plus, Manceau se met en travers de son chemin. *Une fois de trop.* Et tout ça à cause d'Hélène qui a ramené l'oie au village et n'a pas su tenir sa langue. *Les bonnes femmes !* La jeune mère reste en retrait, son visage figé contrastant avec les gloussements de ses enfants, que l'amusement général a conquis. Norbert lui lance un regard patibulaire. Les muscles de sa mâchoire forment deux boules tant il serre les dents. Sa fureur et sa rancune sont si visibles que le volume des rires diminue brusquement.

— Bon, oui, euh… on a terminé, se reprend un membre de l'équipe Bascoup.

— Occupez-vous bien de Zigzag surtout, pour changer ! ne peut s'empêcher d'ajouter Mylène qui jubile.

Tout sourire, elle rejoint les consommateurs du cybercafé, laissant derrière elle un Norbert hors de lui et une Hélène bien trop pâle.

Chapitre 19

Pierre s'adosse à sa Laguna. Il n'a aucune envie de retourner au cabinet, la pression est devenue intolérable.

— Mais où cela va-t-il s'arrêter ? murmure-t-il à Jeanne qui lui fait face. Nous n'arrivons plus à soigner les patients, il faut être sur tous les fronts et je m'inquiète pour la santé mentale de certains qui sont terriblement isolés. On nous a bien applaudis, comme si nous étions des singes, pour mieux nous matraquer ensuite.

— Tu es fatigué, Pierre, et si tu débrayais quelques jours ?

— Comment veux-tu ? Je ne peux même plus prendre ma retraite comme je l'avais prévu. On manque de professionnels absolument partout, je ne vais pas quitter le navire maintenant.

— Tu ne pourras t'occuper de personne si tu t'effondres, c'est arrivé à d'autres.

Il secoue la tête en regardant le sol.

— Je ne sais plus quoi penser de ce pass, finit-il par lâcher.

— Que c'est une belle saloperie, le genre d'option qui pourrait devenir définitive, comme la fin de nos libertés individuelles et de la libre circulation.

— On nous a affirmé le contraire.

— Les jolies promesses que voilà ! grimace-t-elle. Ça me rappelle quand certains villageois étaient venus demander qu'on vire tes grands-parents et tous les réfugiés espagnols logés chez nous. Le plus vieux avait dit : « C'est pas pour vous embêter, en plus on n'est pas racistes. » Là c'est pareil, la graine de notre avenir est semée.

— Tu exagères !

— Vraiment ? Pourtant on a respecté notre assignation à domicile, on a rempli nos bulletins de sortie, puis on s'est docilement soumis au couvre-feu, bien à distance et obéissants sous nos masques.

— Pour certains, le masque est leur seule protection. Comme mes patients immunodéprimés.

— Eh bien, qu'ils le mettent, je n'ai rien contre !

— Je suis surpris par ta réaction et ton manque d'empathie. C'est difficile pour eux, ils n'ont plus de vie sociale, à chaque rencontre, ils ont peur pour leur santé. Quand leur entourage prend des précautions, ça les soutient et ça les rassure.

— Vivre n'est pas rassurant, Pierre, on ne peut pas se protéger de tout. Et moi qui suis *vieille*, donc *à risque*, je ne veux pas que qui que ce soit restreigne sa liberté pour moi.

— Eh bien moi, je porte volontiers le masque pour protéger les plus fragiles ! Ce n'est pas parce qu'ils sont moins nombreux qu'on doit les négliger.

— Moi aussi je me soucie des autres, Pierre. Même si j'ai surtout envie de leur filer des baffes.

— Qu'est-ce qu'on devrait faire, selon toi ? Tu as l'air mieux renseignée que tout le monde.

— Regarder la réalité en face. On est dans un système autoritaire et on lui abandonne tous les jours un peu plus les rênes.

— Je ne crois pas être aveugle, ni idiot, merci. Mais je ne vois pas ce que je peux y faire pour le moment et je suis déjà bien occupé à parer au plus urgent !

— C'est Brigitte qui a raison, on n'a jamais rien obtenu en utilisant les outils du pouvoir ou en demandant poliment la permission de manifester.

Elle soupire en se mordant les lèvres, fatiguée de rabâcher les mêmes propos depuis si longtemps. Cette discussion tourne à la dispute, est-ce vraiment ce qu'ils veulent ?

— Mais peut-être que plus rien n'est possible, peut-être qu'on est trop nombreux et qu'il est trop tard, ajoute-t-elle devant le silence buté de Pierre.

— Je ne sais pas, lui dit-il, je n'ai pas assez de vitalité pour travailler autant et réfléchir plus loin que le lendemain.

— Je ne sais pas non plus, Pierre. Ces crises successives… Tout est si affreux, partout. J'ai l'impression que les temps les plus obscurs reviennent, ça me… ça m'écrase, souffle-t-elle. Parfois, j'ai besoin de ne plus y penser. Comme si ça n'existait pas.

Pierre voudrait la prendre dans ses bras, mais il est encore vexé. La fatigue les tient tous les deux.

— Tu m'as pourtant dit que tu n'aimais plus les gens, tente-t-il pour alléger la conversation.

— Je n'ai plus foi en eux, c'est le pire qui pouvait m'arriver, ajoute-t-elle, les yeux trop brillants. C'est le socle de toute ma vie qui s'est effondré sous moi. Ce pour quoi je me suis engagée et battue, ma raison de me lever chaque matin.

— Il y a des tas de gens vraiment formidables, plaide Pierre. Ne serait-ce qu'ici, au Refuge, à Troulou, partout.

— C'est ce qui me désespère le plus, ajoute-t-elle en lui effleurant la joue d'une main légère. Toutes ces existences sacrifiées, tous ces êtres merveilleux qui sont balayés comme de la poussière, sans que rien ne change. Tout ce dévouement inutile…. Je ne suis plus qu'une vieille bourrique.

— Les vieilles bourriques, ce sont celles que je préfère.

Jeanne laisse échapper un rire qui redonne de la vigueur à Pierre.

— Allez, file, lui intime-t-elle, ou je ne réponds plus de rien. Et nous ne reprendrons pas cette conversation plus tard, elle est nulle.

Elle appuie sa déclaration d'une tape sur le postérieur de Pierre. Puis elle le regarde monter dans sa voiture, démarrer en lui lançant un baiser et s'éloigner en direction du village.

Jeanne reste immobile un moment, une mèche échappée de son chignon balayant sa joue. Elle tripote le pendentif offert par Marie-Carmen et sourit en pensant à elle. « Carmencita mia, il ne t'a pas remplacée, tu le sais, n'est-ce pas ? » murmure-t-elle. *Un amor tan hermoso, Cariño*, croit-elle entendre dans le creux de son oreille, *no puede ser rechazado*. « Bien sûr que non, comment l'aurais-je pu ? »

— Tu parles seule ? Je dois m'inquiéter ? questionne La Molotov dans son dos.

Jeanne sursaute.

— Tu finiras par avoir ma peau, Brigitte.

— Ne me rends pas plus forte que je ne suis, répond celle-ci avec une tristesse inhabituelle. J'ai préparé du café, mais il est en train de refroidir. Je venais voir si c'était pas aussi le cas pour toi, des fois que tu serais tombée raide sur le gravier.

Jeanne passe un bras sous celui de son amie et s'avance avec elle en direction de la maison. La table a été débarrassée, ils n'étaient que tous les trois pour ce déjeuner rapide et deux tasses attendent qu'on les boive.

— Si on allait marcher ? propose Jeanne sans lâcher le bras de La Molotov. Il y a longtemps qu'on ne s'est pas retrouvées seules.

— C'est vrai. Il y a toujours du monde, ici. C'est bien, mais fatigant, par moments.

— Et pas propice aux confidences, ajoute Jeanne.

Elles font quelques pas dans le jardin et prennent le chemin de la bergerie sans se consulter. La Molotov porte une simple robe longue à fleurs, serrée à la taille, et Jeanne une de ses tenues quotidiennes, pantalon souple et tee-shirt. Le soleil est doux sur leurs nuques, les passereaux se chamaillent autour du point d'eau aménagé pour eux, dans une étourdissante odeur de chèvrefeuille. Les forsythias jettent de turbulentes taches jaunes, les lys d'Italie rivalisent avec la monnaie du pape, l'orchis pourpré parsème les prairies tandis que l'aubépine achève sa floraison. Jeanne soupire d'aise et fronce le nez pour capter les senteurs.

— Je m'inquiète pour Pierre, commence-t-elle. Je ne voudrais pas qu'il aille au-delà de ses forces. J'ai déjà donné avec Marie-Carmen. Cette douleur, je refuse de la traverser encore une fois. Lui si calme, si pondéré, il est vraiment affecté par la situation et le démantèlement de tout le système de santé. Tu t'en es rendu compte, non ?

— Tu sais bien que je ne parle que de moi, Jeanne, le reste ne m'intéresse pas du tout. Je suis profondément égoïste.

— Arrête. Cette histoire avec Pétronille, ça va se tasser. Tu pourrais aussi présenter des excuses, tu es un peu… soupe au lait, parfois.

La Molotov ne relève pas, elle se contente d'accorder son pas à celui de Jeanne en scrutant le bout de leurs chaussures comme si elle allait y lire l'avenir.

— Tu réalises, j'ai envisagé de me retirer dans la bergerie, de vendre la maison pour me retrouver seule et avoir la paix. Au lieu de quoi, je suis entourée de gens, les problèmes affluent et je suis retournée à l'hétérosexualité comme si ça allait être plus calme.

— Grave erreur, si tu voulais du calme, il fallait coucher avec un pangolin !

Jeanne éclate de rire.

— Que tu es bête. C'est plutôt qu'aimer n'est pas de tout repos.

— Ou alors c'est carrément mortuaire.

— Qu'est-ce qui t'arrive, Brigitte ?

Les deux femmes s'arrêtent au milieu du chemin forestier, cernées par les abeilles, les guêpes et les bourdons en activité. La Molotov semble si désemparée que Jeanne craint une mauvaise nouvelle.

— Tu es malade ? Dis-moi ?

— J'ai la maladie des vieilles folles qui ont encore du désir, j'ai parié qu'un morveux pouvait en pincer pour moi. J'ai pris mes rêves pour des réalités, quoi. Regarde-moi, je suis ridicule. Trois œillades et j'accouche d'une midinette. C'est bien la peine d'avoir encaissé tant de gnons et d'avoir arpenté le bitume pour me retrouver là. J'ai honte, tiens.

— Le petit Romain ?

— Ouais, lui-même. Dreadlocks. Depuis la fête où Bassem…

Elle chasse le souvenir d'un geste vif, avant de poursuivre :

— Bref, depuis cette fête de merde. On a dansé, il m'a fait des blagues, je m'y suis crue. Et puis, il a l'air tellement prêt à toutes les expériences, alors, pourquoi pas moi ?

— Vous avez… ?

— Même pas ! Je ne l'ai pas vu si souvent, les occasions de sortir ont été rares, ces derniers mois. Mais chaque fois, ma breloque palpite comme si j'avais encore 20 balais. Je me suis échauffée grave. Et voilà que…

— … Désirée est arrivée, complète Jeanne en lui souriant affectueusement.

— Mouais. Jeune et jolie, pas conne en plus. Une orpheline que son mec a larguée. Tout pour plaire à un homme, je suppose. Je fais moins rêver avec ma grande gueule et mes joues creuses. C'est dans l'ordre des choses, je devrais l'accepter. Mais chaque fois qu'elle passe la nuit avec lui, tu peux pas savoir comme j'ai mal. Tout le monde a quelqu'un dans cette baraque et moi, je suis seule avec mon Kiki. Et je trouve ça dur, Jeanne. De plus en plus.

La Molotov ébouriffe sa courte chevelure blanche à deux mains et termine en se frottant énergiquement le visage.

— Là, tu vois, on réussit pas le test de Bechdel-Wallace, ma poule, conclut-elle avec amertume.

— On peut pas toujours être au top, Brigitte. Une peine de cœur reste une peine de cœur et il n'y a pas d'âge légal pour en être dispensée. Vous en avez parlé, au moins, avec Romain ?

La Molotov fait signe que non. Tout son corps est tendu pour résister aux émotions qui l'assaillent. Elle ne peut pas s'effondrer, elle ne se relèverait pas.

— Écoute, il t'a un peu attisée, si je m'en tiens à ce que tu racontes. Ce n'est un mystère pour personne que tu es hautement inflammable et que tu ne crains pas grand-chose, donc il savait ce qu'il faisait, lui aussi. C'est un homme, pas un débutant. Peut-être qu'il n'a pas pris la mesure de l'impact que ça aurait sur toi, en revanche.

— Et si ça l'amusait de se foutre de moi ? S'ils en riaient, avec Désirée, dans mon dos ?

— Je n'y crois pas un instant. Ce n'est pas le genre de Désirée, d'une part, et Romain ne me semble pas être un petit con. Un peu givré, oui, à la marge, sans doute, mais il n'a pas un mauvais fond. Tu gamberges trop dans ton coin.

— Tu t'y prendrais comment à ma place ?

Jeanne se dit que ce moment est à graver dans le marbre, mais elle ne s'aventure pas à railler Brigitte, trop perturbée de la voir si mal en point.

— Je lui demanderais s'il compte terminer ce qu'il a commencé. Je lui rappellerais qu'on ne joue pas avec les sentiments et que, si tu as mal compris ses intentions, il faut qu'il te les explique mieux.

— J'aimerais tellement qu'il termine ce qu'il a commencé, soupire La Molotov.

— Alors tu sais ce qu'il te reste à faire. Et si la réponse n'est pas celle que tu espères, tu pourras au moins penser à autre chose.

Jeanne attend que La Molotov réfléchisse à sa proposition. Quand celle-ci relève les yeux, elle semble ragaillardie à l'idée de passer à l'action. Elle approuve d'un hochement de tête et, sans que rien le laisse prévoir, elle prend Jeanne dans ses bras pour la serrer contre elle.

— Toi, tu es une véritable amie, lui souffle-t-elle.

Chapitre 20

— Adult'Hair, bonjouououour ! Mylène à votre service.

Les tables sont installées sur la place, les parasols dépliés pour offrir de l'ombre aux consommateurs en ce tout début d'après-midi. La réouverture des bars et des restaurants datant de seulement huit jours, tout est pris d'assaut. Désirée et Romain boivent un expresso, un peu à l'écart. Ils adressent un signe à Sybille et Martin qui viennent d'arriver, mais ne les convient pas pour autant à se joindre à eux. Sybille esquisse un fin sourire en rejetant en arrière sa chevelure blond cendré. Martin constate que des fils blancs apparaissent sous le soleil et trouve qu'ils lui donnent encore plus de charme. Elle est belle, ma femme, se dit-il en prenant place en face d'elle, mais elle est agaçante, aussi.

— Tu veux un café ? lui propose-t-il.

— Non, je veux une pression.

Elle a une expression de défi, tandis qu'il se lève pour aller chercher leur commande. Elle a choisi de s'affirmer publiquement, au moins jusqu'au moment où elle ne se sentira plus en accord avec cette décision. « Ce qui est pris n'est plus à prendre », entend-elle dans sa tête. Elle est totalement connectée à Maragux, aujourd'hui. Comme elle est puissante lorsque son guide spirituel la soutient de cette façon ! Elle perçoit son environnement d'une manière tout à fait différente. Là, par exemple, elle devine que les deux trentenaires ont passé une nuit ardente et qu'ils seraient prêts à remettre le couvert si Désirée ne devait repartir en tournée dans quelques minutes. Des pensées vagabondes l'effleurent, une sorte de bruit de fond permanent, quand un frémissement s'empare brusquement d'elle.

— Il va y avoir de l'orage, dit-elle à Martin qui revient avec leurs boissons, et il ne tombera pas du ciel.

— Ce qui signifie ?

Il a l'habitude des augures de son épouse. Quand il l'a connue, il était plus que sceptique et, à plusieurs reprises, il a eu envie de s'enfuir, affolé à l'idée d'avoir rencontré une nana vraiment perchée. À l'époque, elle avait un poste de directrice du marketing dans un grand groupe de cosmétiques. Mais avec le temps, il a fini par convenir qu'elle était capable de prouesses incompréhensibles et que, si elle paraissait dingue parfois, elle visait souvent juste. Sybille se met à trembler.

— Oh, ça se rapproche, dit-elle un peu trop fort. Bientôt tout près de nous, mais aussi là où une femme pleure en secret.

— Évite de te donner en spectacle, s'il te plaît.

Les traits de Sybille se contractent, comme si elle allait fondre en larmes. Philou passe juste à côté d'eux et, sans les saluer, fonce vers Mylène qui balaie les cheveux de la dernière coupe effectuée en attendant sa prochaine cliente. Zigzag lui ayant laissé des traces de fientes sur son tailleur, elle s'est changée avant de revenir au salon. Elle porte une robe saharienne kaki, fermée par de gros boutons imitation bois et sanglée d'une large ceinture beige ajourée. Ses talons compensés sont assortis, une chaîne grain de café et de longues boucles d'oreilles en or complètent sa tenue. C'est un habit de guerrière. Si Olivier se repointe avec le désagréable petit Moresco, elle saura les recevoir. D'autant qu'elle a plus ou moins réussi à masquer les inscriptions sur sa devanture avec les affiches électorales qui lui restaient. Et la scène d'humiliation subie par Norbert ce matin la transporte encore de joie.

Aussi son visage s'éclaire-t-il d'un grand sourire quand elle voit apparaître Philou.

— Oh, chéri, tu tombes bien, j'ai besoin d'un conseil.

— En effet, oui, lui répond-il d'un ton rogue. De plusieurs, même.

— Plaît-il ? demande-t-elle en remarquant l'air furibond de son conjoint.

Elle se redresse ostensiblement, épaules en arrière, cou dégagé, menton relevé.

— Un véritable petit caporal, siffle-t-il avec l'intention manifeste de la blesser.

— Je peux savoir ce qui me vaut un tel comportement ? lâche-t-elle d'une voix remplie de glace pilée.

— Ta détestable conduite, *chérie*.

— Baisse d'un cran, Philippe, le prévient-elle entre ses dents, on n'est pas seuls.

— Philippe ? Oui, c'est moi, en effet. Et tu ferais bien de t'en souvenir.

— Mais comme tu peux le constater, je n'ai pas oublié.

— Ce que tu as oublié, c'est la notion de respect. Cette fois, tu es allée trop loin. Ce qui s'est passé ce matin est inqualifiable et ça va mal finir, c'est Philippe Bouscary qui te le dit. Très mal, même.

De l'extérieur, la voix de Romain leur parvient :

— Oufti, Mylène, ça va ? Philou ?

L'un et l'autre font signe que oui avec des sourires si peu naturels que Romain a un geste apaisant et se tourne vers Désirée pour signifier qu'il ne se mêlera pas de ce qui, manifestement, est un conflit conjugal.

— Tout va bien, Romain, pas de problème. Tu peux assurer le service maintenant ? lui demande Mylène.

Et sans attendre la réponse, elle entraîne Philou dans la réserve, à l'arrière du local, là où sont stockés les produits du salon et toutes les boissons.

— Ce qui va mal finir, reprend-elle comme si leur dispute n'avait pas subi d'interruption, c'est cette conversation.

— Tu ne vas pas m'embrouiller cette fois, Mylène. J'ai fait pas mal de choses pour toi, depuis qu'on se connaît, y compris intégrer l'équipe de Norbert afin de te rencarder. Et tu sais très bien ce qu'il m'en coûte.

Mylène pince les lèvres. Philou s'énerve rarement autant contre elle. Elle essaie d'évacuer la pointe d'inquiétude qui la gagne.

— En acceptant de te suivre sur ce terrain, je me suis montré déloyal envers moi-même, poursuit-il, implacable. Je n'aime pas ça et je déteste la tournure que prend cette campagne.

— Si Norbert est élu, alors là, oui, ça va mal finir, tente-t-elle de contrer.

— Et la fin justifie les moyens, c'est ça que tu es en train de suggérer ? Pardonne-nous de ne pas toujours être d'accord avec toi !

— Qui ça, nous ?

— Nous, les autres ! Ceux qui ont tort puisque Mylène Manceau détient la vérité devant les ploucs, les dégénérés et les imbéciles comme moi !

— Philou…

— Y a pas de Philou qui tienne. L'humiliation n'est pas une arme. Ou plutôt si, c'en est une, mais elle rend indigne celui ou *celle* qui s'en sert. Et cette indignité rejaillit autant sur moi que sur toi, Mylène.

Il semble vidé, tout à coup, comme si sa colère était retombée en le laissant désemparé.

— Je ne m'attendais pas à ça de ta part, ajoute-t-il plus bas.

Mylène n'est pas à l'aise, elle voudrait effacer les mots qu'ils ont prononcés de façon irréfléchie, l'un et l'autre. Et puis, devant la colère de Philou, elle doute du bien-fondé de son exploit matinal. Mais son orgueil est trop blessé pour qu'elle puisse faire le premier pas. Elle calcule à toute vitesse afin de trouver une issue réciproquement honorable. Deux coups brefs sont frappés à la porte et Romain passe la tête dans l'entrebâillement.

— Pardon, Mylène, mais ta cliente est arrivée.

— Je dois y aller, de toute façon, dit Philou en détournant son visage.

— On en reparlera ce soir, lui promet-elle en attrapant son bras.

— C'est ça, lâche-t-il en se dégageant. Je te laisse travailler.

Il ouvre la porte en grand, sort sans saluer Romain et se faufile entre les tables, où les clients se prélassent.

— Oh, Maragux, soupire Sybille en regardant la silhouette musclée s'éloigner d'un pas nerveux, l'horizon s'est obscurci si vite ! Et ce n'est que le début d'une terrible tempête.

Norbert roule à tout berzingue. Il ne cesse de maugréer. Son calvaire a duré jusqu'à ce que plusieurs de ses supporters aident Hélène à rapatrier l'oie récalcitrante dans sa voiture, avec ses deux enfants. Zigzag a continué ses démonstrations d'amour, protestant vigoureusement quand on l'a séparée de Norbert, qui a dû quitter les lieux plus tôt que prévu. Lui, Norbert, céder la place ! Dans son propre village ! Outré et déçu par les rires de ses colistiers, il a décliné leur invitation à déjeuner, prétextant du travail à effectuer en vue de fignoler son programme. Une fois chez lui, pas moyen d'avaler quoi que ce soit, à part un petit remontant et un ridicule sandwich au pâté. Presque rien, quoi. Vers 13 heures, toujours aussi furieux, il a décidé d'aller exprimer le fond de sa pensée à Hélène.

— D'habitude, elle sait rester à sa place ! Qu'est-ce qui lui a pris de laisser l'autre garce fourrer son nez n'importe où ?! fulmine-t-il au volant. Saloperie de Manceau !

Un utilitaire bleu arrive en sens inverse. Le conducteur le salue d'une main. Hervé. Il repart sans doute au travail après être rentré manger en famille. *Hélène doit être à sa vaisselle !*

— Je vais lui expliquer, moi ! Elle sera pas près de me refaire un coup pareil !

Norbert a décidé de récupérer Zigzag pour la ramener chez lui. Officiellement, c'est pour la claquemurer dans un enclos et qu'on lui lâche la grappe avec cette bestiole ! Il ne veut plus jamais qu'on lui en parle, c'est clair ? Officieusement, elle lui manque. Juste un peu ! Il n'est pas devenu complètement con, non plus, ça reste une volaille. Mais sa loyauté et sa fidélité à son égard l'émeuvent. Ce sont des qualités de plus en plus rares, il a pu le constater aujourd'hui même.

— Et ces imbéciles qui rigolaient, avec ce qu'ils me doivent !

Une centaine de mètres plus loin, sur sa droite, se trouve la maison où vivent Hervé, Hélène et leurs deux enfants. La bâtisse ancienne est posée au milieu d'un grand terrain, sur lequel poussent encore quelques arbres fruitiers. Norbert ralentit avant de tourner brusquement le volant, projetant derrière lui une gerbe de gravillons.

Dehors, Hélène étend du linge en plein soleil. Elle porte la main en visière au-dessus de ses lunettes, grimaçant pour tenter de distinguer l'identité de son visiteur. Norbert se gare, descend et claque violemment la portière. La jeune femme avale sa salive et abandonne aussitôt sa tâche pour le rejoindre. Dans l'ombre offerte par le pignon de la maison, au sein de l'enclos qui accueille aussi quelques poules et deux canards obèses, Zigzag lance un cri de joie.

— Hélène ! tonne Norbert, trop en colère pour attendre qu'elle soit près de lui.

Elle pose la panière sur la table placée sous l'auvent qui abrite la terrasse et trottine vers lui, un doigt sur la bouche. Puis elle désigne l'étage, où les volets fermés laissent supposer que les deux petits font la sieste.

— Qu'est-ce qui t'a pris, nom de Dieu ? lui demande-t-il, à peine moins fort. Confier Zigzag à Manceau, en pleine campagne électorale ! C'est du sabotage, à ce stade !

— Je n'avais pas prévu de croiser Mylène.

— Mais n'importe quoi ! Tu viens à Troulou, tu croises forcément Manceau, elle est toujours fourrée dans sa conciergerie ! Si je perds les élections, ce sera à cause de conneries dans ce genre !

Le candidat bafoué brandit un index accusateur sous le nez d'Hélène. Elle bat des paupières à plusieurs reprises et semble ne plus oser respirer.

— Je suis entouré d'une bande de bras cassés, soupire Norbert en se prenant la tête dans les mains.

— Je suis navrée, balbutie Hélène, le regard fuyant. Je croyais que...

— Tu croyais que, tu croyais que ! s'agace-t-il de nouveau. On ne te demande pas de croire, mais de ré-flé-chir. C'était couru d'avance qu'elle utiliserait cette bestiole contre moi ! Après ce qui s'est passé pour les affiches, en plus !

— Je n'ai rien raconté à propos de...

— Oui, enfin, t'as quand même eu le temps de lui dire que c'était mon oie ! T'étais pas obligée de lui dérouler le CV de Zigzag ! Mais j'imagine que t'as trouvé ça marrant, toi aussi, hein ! Hein !?

Hélène ne répond rien, se triturant les mains avec nervosité. Elle reste paralysée de stupéfaction, les joues rouges, inspirant de grandes goulées d'air par saccades incontrôlées.

— C'est toujours comme ça, avec les bonnes femmes ! Faut tout le temps que vous alliez bavasser à droite, à gauche ! s'excite Norbert. On peut pas compter sur vous.

— Je pensais que je pouvais, mais non, souffle la jeune mère.

— Ben non, tu pouvais pas, en effet ! J'aurais jamais dû te la confier, jamais !

— C'est vrai, acquiesce-t-elle, le regard vide. Pourtant je m'en sentais capable, ou alors je l'ai cru, je l'avais déjà fait...

— Fallait me le dire quand je t'ai proposé de la garder ! proteste-t-il, avec une odieuse mauvaise foi.

— Sur le coup, j'en avais envie, puis tout s'est enchaîné…

Elle fixe le sol, les épaules basses, l'air si abattue que Norbert s'en trouve décontenancé et un peu mal à l'aise. Mais il reste formel, la faute d'Hélène est trop grave pour être passée sous silence. Il devait lui mettre le nez dedans, qu'elle arrête ses conneries une bonne fois pour toutes.

— En tout cas, Zigzag va bien, c'est déjà ça, ajoute-t-il brusquement, mais sans crier cette fois. Je vais la ramener chez moi, ça évitera d'autres débordements. Franchement, Hélène, j'espérais mieux de toi !

Elle relève la tête comme si elle avait pris un coup, bouche ouverte, les pupilles agrandies, les yeux presque noirs. Mais Norbert ne lui prête plus attention et marche à grands pas vers l'oie qui s'agite à son approche.

— Moi aussi, murmure Hélène d'une voix étranglée. Et Hervé…

Elle hésite un instant, vacille avant de retourner sous l'auvent, oubliant la panière humide. Dans son enclos, Zigzag cacarde avec entrain, exécutant une série de petits sauts enthousiastes, ailes déployées, sous les mines effarées des canards. Quand Norbert revient, Hélène a disparu dans la maison, avalée par la gueule sombre de la porte grande ouverte.

Chapitre 21

À l'abri de la frondaison luisante du châtaignier, Kiki observe l'homme-qui-tue et la femme-triste. Chamaillerie, agressivité. *Qu'est-ce qui t'a pris, nom de Dieu ?* La femme tremble comme la feuille dans ses premiers frémissements – d'abord la brise, ensuite la tempête. Ses lunettes lancent un éclair au moment où le soleil se jette sur le verre. Des mèches s'échappent autour de son visage. La femme-triste est malade, Kiki connaît les signes : poils et œil ternes, gestes ralentis, brusques immobilités, gémissements. Il voit tout, jour après jour. Douleur.

Près des deux canards, aussi gras que des corbillats trop nourris, Elle pousse de longs cris de joie. Lui n'a pas réussi à la sortir, le loquet a résisté. Pas assez de temps, trop de mouvements autour d'eux. Et Elle ne l'a pas aidé, n'a pas répondu à ses appels, ni à ses offrandes. Elle qui n'est plus tout à fait Elle.

Lui reste à proximité du poulailler, à l'affût. Attendre. Pour ramener Elle au promontoire rocheux de la bergerie. Être en sécurité dans leur nid. La femme Brigitte ne laissera pas l'homme-qui-tue s'approcher avec ses chiens. Mais Elle ne veut pas quitter celui qui mutile les Autres, celui qui a brisé son cou, celui qui l'a abandonnée seule dans son sang, à la merci des grands rapaces. Elle ne se souvient pas. Lui et tous les siens gardent la mémoire des traces, des pièges et des épreuves, pour survivre parmi les humains. Elle a perdu ses forces, Elle a oublié son instinct au contact de l'homme-qui-tue, comme tous les apprivoisés : les chats repus de pâtée, les chiens serviles si loin du loup, les femelles dépouillées de leurs petits par les mains trompeuses, ces mains qui les ont nourries et qui les abattront sans qu'elles se révoltent.

« J'espérais mieux de toi ! » La femme-triste vacille, recule. À chaque pas, le freux s'attend à la voir tomber. L'homme-qui-tue est déjà sur l'oie. Le corbeau pousse un cri d'alerte. Comment protéger Elle qui court, qui saute, qui s'offre à l'ennemi, toute déployée ? Folle, folle, folle. Elle qui n'est plus tout à fait Elle.

Kiki suit chaque geste de l'homme qui charge Elle dans un carton et la monte à l'arrière de sa voiture. La portière claque, le moteur rugit, le véhicule démarre. « Kékékékéééééééékéééé. »

Kiki secoue la tête à plusieurs reprises. Il sait où va l'homme-qui tue, il peut y être en premier. Mais il ne peut pas obliger Elle à le suivre, ni les Autres à l'accepter. Lui n'a pas de place auprès d'Elle, pas de place dans la corbeautière des grands platanes. Seul.

Le freux frappe un coup sec et vif sur la branche, puis un second. « Kaaâhaa. » Seul.

Soudain, la silhouette de la femme-triste se découpe derrière la fenêtre de sa chambre, à l'étage. Front appuyé sur la vitre, elle le fixe. Choc, vertige. Ils se nouent l'un à l'autre par les pupilles, libérant une onde qui les relie, langage inarticulé devant la grande nudité qu'exige une rencontre.

Si seuls.

Sous la fougueuse pulsation des chairs, des tendons et des plumes, le freux se précipite dans le ciel implacable.

Hélène, que cet échange avec l'oiseau a pétrifiée, reste immobile. Elle repense à cette expression entendue à la radio, « les mères corbeaux », pour désigner certaines mamans allemandes. Elle ne sait plus pourquoi. Elle laisse son front contre la vitre encore fraîche. Elle se sent comme une enveloppe sèche, vidée de sa substance. Sous la paroi de son crâne, les mots de Norbert ricochent, tel un écho maléfique. *J'espérais mieux de toi !*

Elle aussi, elle espérait mieux. Pourtant, c'était bien parti. Elle a été une enfant facile, qui réussissait à l'école. Puis elle est tombée amoureuse, s'est mariée avec Hervé et c'est un homme bien. Elle a eu de la chance. Au début, ils ont bossé ensemble, mais les bénéfices de l'exploitation sont engloutis par les remboursements des prêts, alors elle a pris des heures de ménage chez Pierre. Elle ne l'avouerait pas, mais nettoyer la poussière, laver les sols, briquer les vitres, lui procure beaucoup de satisfaction, presque un sentiment de plénitude, et l'orgueil un peu vain du travail accompli.

Elle a honte de laisser Hervé s'épuiser seul. Hervé. Ses yeux verts, sa gentillesse, son rire si franc et son sens des responsabilités, puis son courage devant la masse inhumaine des corvées qu'il enchaîne chaque jour, pour elle et les petits. Désormais, toutes ces qualités la renvoient à sa propre ingratitude, puisqu'elle n'arrive plus à distinguer les bonheurs minuscules qui illuminent leur quotidien.

Ils n'ont plus fait l'amour depuis la naissance de Mila. Et tout est sa faute. Elle se refuse, il n'insiste pas. Mais elle le voit qui s'interroge, qui s'attriste. D'ailleurs, il ne vient plus si souvent vers elle. C'est l'homme le plus attentionné qu'elle connaisse. Avec son rire qu'on n'a pas entendu depuis longtemps. La dernière fois, elle s'en souvient, Baptiste a demandé si on rapportait bientôt Mila à la clinique. Hélène n'a pas trouvé ça drôle, Hervé si. Ensuite, il a rassuré le petit, avant de l'emmener sous le vieux hangar au sol cimenté, pédaler sur son tricycle. Hervé a su comment agir tandis qu'elle est restée muette. Il espérait mieux d'elle, sûrement.

La vitre tiédit. Dehors, le soleil est aveuglant. Les gelées semblent bien loin, mais cette année, les cerisiers ne donneront pas de fruits. Ces catastrophes se répètent à intervalles de plus en plus rapprochés. Il y aura d'autres gelées et sans doute des canicules. Les plants seront grillés par le froid ou par la chaleur. Dans les deux cas : secs, morts. Et c'est dans ce monde-là qu'elle a fait naître ses enfants.

Quand Baptiste était bébé, elle avait parfois ce fantasme dévorant de le remettre au creux de son ventre, de l'y garder pour toujours. Elle aurait voulu le couver jusqu'à la fin des temps, à l'abri, au chaud, baignant dans son amour infini… Mais il y a quelques semaines, elle l'a inscrit à l'école, où il ira en septembre. Pour son bien. Qu'il apprenne, qu'il grandisse, qu'il vieillisse et qu'il meure. Depuis Mila, c'est différent, une autre solution vient la tenter. Une solution radicale. Hélène repousse ces idées-là, de toutes ses forces, malgré le puissant attrait qu'elles exercent. Elle qui a donné la vie, comme on dit, a découvert qu'elle abritait aussi une violence obscure et glacée.

Brusquement, Hélène se recule et sort de la pièce comme on fuit. Elle envisage un instant d'ouvrir la porte de la seconde chambre pour regarder ses enfants. Mais au moment de tourner la poignée, l'angoisse empoigne ses viscères. Et s'ils se réveillaient ? S'il y avait des pleurs ? Des cris ? Hélène ne pense pas qu'elle le supporterait. Elle s'éloigne, les mains recroquevillées contre son plexus. On espérerait mieux, c'est sûr.

Elle descend l'escalier, pas trop vite pour éviter de tomber, qu'il n'y ait pas de bruit. Ils sont en sécurité derrière la porte fermée, dans leurs lits à barreaux. Ils dorment, silencieux, innocents. Elle les a changés avant la sieste, on ne peut pas espérer mieux, pour le coup.

Sans doute que si.

Hélène laisse échapper un sanglot, mais ravale les suivants. Elle ne va pas prendre le risque de s'écrouler, juste maintenant. Elle se verrouille, se retire en elle-même, encore plus loin.

Elle se rend au garage, immense, qui sert aussi d'atelier. Le sol est impeccable, balayé comme le reste de la maison. Elle cherche le rouleau bleu de ficelle agricole synthétique, fabriquée en Europe. L'emballage plastifié promet une forte résistance linéaire et aux nœuds. Jusqu'à 75 kilos. Hélène décroche le gros cutter métallique de son clou, sur le grand panneau de bois près des autres outils. Elle coupe. Elle a l'œil, pour ça.

Une fois sur la terrasse, elle grimpe sur la table et s'applique à nouer la ficelle comme Hervé le lui a appris, à la poutre centrale. Ses mains tremblent un peu lorsque ce geste convoque son mari, mais elle se concentre sur la ficelle bleue. C'est plus facile depuis que sa décision est prise. Elle se sent soulagée, enfin apaisée après ces mois de torture silencieuse.

Voilà. Elle redescend, quitte ses lunettes, pousse la table sur laquelle ils ont déjeuné ce midi – il faisait si beau.

La panière de linge glisse, menace de tomber puis reste en équilibre, tout au bord.

Elle positionne une chaise sous la boucle à l'ovale incertain, elle monte sans jeter de dernier regard. Il n'y a plus rien à espérer. Ses mains sont fermes quand elle passe le lien autour de son cou. Tête penchée en avant, elle resserre le nœud jusqu'à sentir le contact lisse du polypropylène contre sa peau. Elle plie les genoux pour vérifier la longueur, son cœur s'emballe au moment où la ficelle mord ses chairs. Alors elle donne un grand coup de pied qui la débarrasse de la chaise et de tous ses regrets.

Chapitre 22

Zigzag est assise aux pieds de Norbert, devant le fauteuil avachi qui trône dans la cuisine. Ses pattes sont sagement repliées sous son ventre blanc. Son cou figé dans un angle improbable lui confère une attitude d'écoute religieuse, renforcée par ses yeux dardés sur l'homme avec l'intensité qui s'empare des bêtes quand elles cherchent à communiquer. Muet, penché en avant, les avant-bras sur ses cuisses et les mains jointes dans une posture de suppliant, Norbert se laisse happer par les prunelles d'une fixité désarmante. Parle-moi, Norbert, entend-il dans sa tête, et il frémit en reconnaissant la voix de sa femme. Un tressaillement nerveux agite son œil droit à plusieurs reprises. Il ose à peine respirer. Dans le silence qui les entoure, le tic-tac du vieux réveil enfle jusqu'à devenir assourdissant.

Norbert !

— Monique ? balbutie-t-il avec l'envie féroce de se jeter un triple jaune derrière la cravate.

Qu'est-ce qui lui arrive ? Il a un pet au casque ou quoi ? C'est l'autre idiote qui lui a mis la tête à l'envers avec ses réponses incompréhensibles et ses yeux dingos. Mère de famille, épouse d'exploitant et incapable d'assumer la situation ! Elle est bien foutue de chialer et d'aller se plaindre à son mari. Et si ça bardait entre Hervé et lui ? Ils sont amis, certes, mais Norbert a engueulé sa femme, ça va pas passer crème, cette histoire-là. Hervé qui doit devenir son premier adjoint ! Sans parler de Manceau qui l'a ridiculisé au-delà de tout ce qu'il aurait pu imaginer. Ah, la *coiffeuse*, il lui filerait bien une bonne peignée, tiens. Il faudrait juste qu'il en apprenne un peu plus sur elle. Peut-être qu'il pourrait extorquer son vrai prénom à Philou ? Non, ça ne risque pas. Ces bonshommes sont trop loyaux envers leurs couples respectifs. Il est en train de paumer ses appuis l'un après l'autre et l'étape suivante, ce sera le fiasco monumental de ces élections. Soit il les gagne et il est dans la merde jusqu'à la quinzième génération, avec une opposition qui ne manquera pas d'attiser le souvenir de cette humiliation, toujours sur son dos comme une tique. Soit il va les perdre en beauté, alors que c'est son tour. SON PUTAIN DE TOUR !

— Saloperies de bonnes femmes de bordel de chiure à…

Pardon ? C'est à moi que tu parles, là ?

Norbert a l'impression de devenir fou. La voix de Monique résonne avec clarté au cœur du maelström de ses pensées et il lui semble… mais comment se l'avouer… il lui semble, oui, que ces mots transitent par l'oie elle-même, sans qu'il s'explique le phénomène.

— C'est impossible, zézaye-t-il.

C'est toi qui es impossible, mon pauvre ami.

Norbert voudrait se lever d'un bond, mais il a le cul vissé au fauteuil par une force d'inertie absolument terrassante. Et soif, avec ça ! Soif à crever. C'est sans doute la pire journée de sa vie.

J'aurais plutôt cru que c'était celle où tu m'as laissée mourir avec un paracétamol pour toute consolation.

— Monique.

Ou alors celle où notre fils est parti de la maison pour ne plus y revenir.

— Monique.

Tu te répètes, mon ami, c'est lassant, même si ça ne m'étonne pas. Tu n'as qu'un seul mot dans ta boîte à vocabulaire ?

Zigzag, d'une immobilité absolue, le toise avec une sévérité nouvelle. Il a l'impression de rétrécir, d'être un tout petit garçon qui va prendre une énorme taloche.

Ce serait tellement mérité, avec tout le mal que tu sèmes autour de toi. Les autres ne comptent pas beaucoup, Norbert, n'est-ce pas ? Tant que toi, tu es bien servi, c'est un peu la seule chose qui t'importe, on dirait. Ta pathétique et minuscule personne à rouflaquettes.

— C'est pas juste, tente-t-il.

Vraiment ? Regarde-moi bien : c'est juste, ça ? Et ce que tu as balancé à Hélène, tout à l'heure, c'était juste peut-être ?

— Tous les ans, j'allume une bougie pour ton anniversaire.

Ne m'oblige pas à te dire où tu peux te la carrer.

— Monique !

Quoi, ça te choque ? Tu me connais si mal. Le nombre de fois où je t'ai secrètement traité de tous les noms, où j'ai eu envie de te flanquer mon pot-au-feu bouillant dans la moustache. Je ne te parle même pas de ce que Thérèse pense de toi et de tes « affaires courantes » !

Norbert est abasourdi. Comment Monique pourrait-elle connaître Thérèse ?

Je sais tout, mon pauvre ami, tu ne peux pas m'échapper.

— Tu n'existes pas ! couine-t-il.

Avec le pied, il repousse le carton aussi loin que possible, terrifié à l'idée que Zigzag puisse s'exprimer à voix haute, se jeter sur lui et mettre ses menaces à exécution. Mais, contrairement à ses habitudes, elle reste dans la même posture, sans émettre le moindre son. Norbert arrive enfin à se redresser et à sortir de ce foutu fauteuil. Il titube jusqu'au buffet, en tire un verre qui manque de lui échapper et la bouteille de son apéritif préféré. Il se verse une généreuse rasade et l'enfile d'un trait sans y ajouter d'eau. Le feu envahit sa bouche, incendie son œsophage avant de foudroyer son estomac. Il tousse à plusieurs reprises, projetant une multitude de gouttelettes autour de lui. Le suivant est à peine plus raisonnable, une moitié de Ricard pour un tiers d'eau du robinet.

Il reste un long moment debout, tournant le dos à l'oie, bercé par le tic-tac familier et les aboiements de ses ariégeois, au-dehors. Dès la dernière gorgée, l'alcool commence à faire son effet. Il lâche un rot sonore qui le soulage d'un seul coup.

— Je sais pas trop ce qui se passe, mais c'est pas possible que tu sois là, Monique. Ou alors il faudrait croire aux fantômes, et c'est pas mon truc. Je suis sans doute… ce que tu dis, en effet. Pas agréable à entendre de la part de sa femme – eh oui, tu restes ma femme même si tu es morte depuis longtemps. Et pourtant, ça m'étonnerait que ça change, tu vois. Pas parce que je suis trop vieux. Ou trop con, j'ai bien compris le message, merci. Mais parce que je ne sais pas faire autrement et qu'il n'y a plus personne pour me guider.

Il attend une réponse qui ne vient pas.

— J'aime que les choses et les gens soient à leur place, je ne supporte pas qu'on me contredise ou qu'on se mette en travers de mon chemin. Ici, c'est mon territoire et je ne veux pas le partager. C'est comme ça. Ou tu es avec moi ou tu es contre moi. Et j'écoute pas ceux qui racontent que, la vie, c'est pas tout noir ou tout blanc. Je pense le contraire, la vie elle est bien tranchée, bien nette et c'est ma seule vérité. Tout le reste, c'est des complications inutiles et des histoires de…

Bonne femme ?

— Voilà. Et puis y a cette bestiole. Qu'est-ce qu'elle m'a fait, c'est un mystère. Je ne pourrais plus la tuer, c'est certain, ni la coller dans le poulailler avec les autres. Et chaque fois que je vais la regarder, je vais avoir peur qu'elle se mette à parler comme toi. Peut-être même que je vais l'espérer.

Ce n'est pas ma voix, Norbert.

— Ah bon ? Pourtant ça y ressemble furieusement. Et ça me chamboule de la retrouver, t'imagines pas. Enfin, puisque tu sais tout… Tu vas pas me faire avaler que c'est l'oie qui jacte comme toi. Non, impossible, j'ai mes limites et je les connais, c'est aussi ma force. Et j'ai besoin de toutes mes forces, en ce moment précis. Alors j'ai une question, tant que t'es là sans y être. Si c'est pas ta voix, Monique, ni celle de Zigzag, qui c'est qui me cause ?

Comme tout lui paraît dense, soudain. L'air voudrait l'empêcher de se retourner, mais il lutte et finit par y arriver. Seul le tic-tac poursuit son imperturbable mélodie. Dans le carton, Zigzag s'est endormie, la tête posée sur le rebord.

— C'est ma conscience ?! crie-t-il tout à coup. Hein, c'est ça que t'essaies de me faire croire ?

À ton avis ?

We can turn the world around
We can turn the earth's revolution
We have the power[1]

La Mini de Pétronille déverse la voix de Patti Smith jusque dans la cuisine du Refuge, où Jeanne et La Molotov se sont installées devant une montagne de petits pois et un panier d'asperges, frais cueillis du matin.

People have the power
People have the power

Pétronille et Marion hurlent les paroles en chœur, ce qui fait lever les yeux au ciel à La Molotov. Jeanne esquisse un sourire.

— Ah, revoilà nos pétroleuses et ton apprenti, ironise-t-elle sans cesser d'écosser.

— Humph, lui grogne-t-on pour toute réponse.

Les relations entre La Molotov et les parents d'Oscar restent tendues. Bruno, parti un peu plus tôt aux Martels visiter ses vers de compost, l'a sommée de s'abstenir de toute propagande à l'encontre de son fils, qualifié d'influençable. Il fait campagne pour l'abstention, maintenant,

1. Patti Smith, « People Have the Power ».

le prince du lombric ? a-t-elle rétorqué, avant de briser net une asperge égarée. Jeanne n'a pas jugé pertinent d'intervenir, estimant qu'il y avait déjà bien assez de monde impliqué dans cette histoire de graffitis.

— Salut, lance Oscar.

Sa mère et sa sœur sortent à peine de la voiture, les dernières notes de la chanson encore aux lèvres.

— Vous avez passé un agréable moment ? demande Jeanne d'un ton détaché.

— La pizza était bonne, mais le concert un peu moins, lâche l'adolescent avec un sourire dans la voix. Je monte, j'ai un devoir de maths à préparer.

— Tant que c'est pas la révolution, tu cours aucun risque, il paraît, marmonne Brigitte, récoltant un clin d'œil d'Oscar.

— Brigitte, soupire Jeanne.

— *Brigitte*, singe celle-ci.

L'entrée de Pétronille et Marion leur épargne un nouvel affrontement. La petite dépose sur la table une boîte arborant le sigle d'une pâtisserie renommée, ce qui détourne instantanément l'attention de La Molotov.

— J'ai rapporté quelques douceurs, déclare Pétronille en soulevant le couvercle.

C'est un geste pacificateur, personne ne s'y trompe. Ni Jeanne qui approuve d'un signe de tête, ni La Molotov à qui l'eau monte à la bouche devant la part de pompe à huile, ce gâteau typique du coin qu'elle apprécie tout particulièrement.

— Bien joué, Pétrolette, tu sais y faire, concède-t-elle en se servant. J'imagine donc que tu as ramené ton fils dans le droit chemin.

Pétronille, après s'être lavé les mains, s'installe aux côtés de Jeanne et commence à extraire les pois de leur étui végétal.

— Eh bien… nous avons discuté, en effet, admet-elle avec calme. Et j'ai découvert des changements que je n'avais pas remarqués jusqu'ici.

Jeanne lève un sourcil interrogateur. La Molotov mâche, les yeux mi-clos, toute à son plaisir gustatif.

— Oscar a un téléphone de vieux ! intervient Marion.

La petite est penchée sur les pâtisseries, sans pouvoir se résoudre à choisir. Sa mère acquiesce avec un mince sourire.

— Vous allez adorer, Jeanne, commence-t-elle. Il a revendu son smartphone derrière notre dos pour se procurer un modèle à touches sans accès Internet.

— Tiens donc !

— Mon fils ne veut pas être complice de l'exploitation d'enfants dans les mines de cobalt de la République démocratique du Congo ni de la pollution que cette industrie génère. Je cite. Et il m'a lourdement encouragée à le suivre sur cette voie.

— Un garçon intelligent.

— Il dit que les téléphones connectés rendent idiot, ajoute Marion.

— Eh bien ! s'exclame Jeanne avec une moue satisfaite.

— Ne vous réjouissez pas trop vite, tempère Pétronille. Il espère convaincre Bruno et ça nous réserve d'autres moments compliqués. Il paraît que recycler du caca de lombric n'a aucun sens si on continue de consommer des technologies mortifères et abêtissantes. Je cite toujours.

— J'adore ce môme, déclare sobrement La Molotov, émue.

— Je dois dire que son discours me semble cohérent, même s'il fait l'impasse sur de nombreux paramètres, avance Jeanne.

— Je sais. Il m'a donné envie de renoncer à mon portable, confesse Pétronille.

Les propos engagés d'Oscar l'ont davantage touchée qu'elle ne l'a laissé voir lors du déjeuner.

— Et puis ses arguments sur la baisse du niveau de concentration m'ont inquiétée pour Marion. J'ignore si c'est une bonne idée de lui en offrir un l'année prochaine.

Sa fille, qui vient de se décider pour une tartelette au citron, se redresse, indignée.

— Ah ben super ! L'héritier mâle a parlé et tout le monde doit suivre ! On va me priver de l'accès à la modernité ? Et mon libre arbitre ? Je croyais que tu étais féministe, je suis très déçue, maman ! lance-t-elle avec froideur, de la tartelette plein la bouche, avant de se réfugier au jardin.

— On en fera peut-être quelque chose, de cette gosse, murmure La Molotov, l'œil brillant.

— Pitié, pas déjà l'adolescence… gémit Pétronille.

Jeanne rit doucement, amusée par l'envolée de la petite.

— Ne t'inquiète pas, je lui prêterai un roman récent, *Coltan Song*[1], qui traite de ces sujets. Il y a du suspense, l'héroïne est une ado très convaincante, ça pourrait l'amener à reconsidérer sa position.

Pétronille acquiesce, soupçonnant Jeanne d'avoir déjà fait lire l'ouvrage en question à Oscar.

— Et je lui parlerai si Bruno et toi décidez de ne pas lui acheter ce foutu portable.

1. Collectif Blackbone, *Coltan Song*, Tome 1, Nathan, 2020.

Comme pour ponctuer la discussion, la sonnerie du téléphone fixe retentit et leur vrille les tympans. Pétronille se lève sans attendre.

— Je vous préviens, si elle n'en a pas, vous entendrez cette mélodie bien plus souvent !

— Cet engin retournera dans son placard et puis c'est tout. La moitié des appels, c'est pour me refourguer des trucs dont je me fous, l'autre moitié pour annoncer des mauvaises nouvelles ! Quand on devait se déplacer pour échanger, on disait moins de conneries.

— C'est mathématique, mais pas causal, remarque La Molotov d'un air docte en ignorant le regard agacé de sa vieille amie.

Pétronille s'éclipse et va décrocher au salon.

— Allô ?

— Ah, Pétronille ! C'est Pierre !

La voix tendue du médecin l'inquiète aussitôt, d'autant qu'il n'appelle jamais sur cette ligne, sachant combien Jeanne a le téléphone en horreur.

— Il y a un problème ?

— Je suis en voiture et je n'arrive pas à joindre Désirée. J'ai besoin que vous alliez au cabinet pour m'excuser auprès de mes patients.

Il laisse passer un temps, comme s'il cherchait à se reprendre :

— Je ne peux pas finir d'assurer mes rendez-vous, aujourd'hui, il faut tous les reporter, l'informe-t-il d'un ton sec inhabituel.

— Très bien, je pars dès que nous aurons terminé cette conversation, répond Pétronille en comprenant que l'heure est grave. Vous avez besoin d'autre chose, Pierre ?

Dans la cuisine, le silence a pris toute la place.

— Oui, prévenez aussi Jeanne que je rentrerai tard, je vais à l'hôpital pour une patiente, c'est…

Pétronille l'entend distinctement déglutir. Son cœur s'emballe. De qui s'agit-il ? Qu'est-il arrivé ?

— C'est Hélène, elle s'est pendue.

Pétronille porte la main à sa bouche, sentant un grand froid l'envahir. Lorsqu'elle se retourne, après avoir raccroché, elle découvre Jeanne et La Molotov, toutes deux en alerte à l'entrée du salon.

Chapitre 23

Désirée gare sa voiture sur la place où une foule s'est rassemblée devant Adult'Hair. Les gens guettent le ciel et commentent le remue-ménage qui secoue leur village. Romain et elle sortent du véhicule en claquant les portières. Romain file vers le salon, tandis que Désirée se dirige vers le cabinet médical.

Tu entends ? C'est pas un hélico ? Celui du Samu ! Tu vois où il va ? Ben, il vient par ici, dis donc. QUOI ! Qu'est-ce qui s'passe, bordel ? C'est du côté de chez les… VRAOUMVRAOUMVRAOUM. Y vont nous faire vêler la vache, ces glands, sont obligés de voler si bas ? Ben, c'est-à-dire qu'ils vont atterrir. J'appelle le médecin, il en saura plus.

La jeune femme se précipite dans la salle d'attente, l'hélicoptère continue de vrombir dans le lointain. « Pour une fois que je me suis arrêtée chez Romain avant la fin de ma tournée », se reproche-t-elle. Elle n'a pas reçu l'appel de Pierre, c'est zone blanche chez le Belge, et puis ils étaient en pleine conversation.

— Oui, madame, demain à la même heure, c'est noté. Non, je n'ai aucune nouvelle.

Pétronille raccroche, le téléphone se remet aussitôt à sonner.

— Cabinet du Dr Vallaron, Pétronille à votre écoute.

Elle adresse un signe à Désirée pour lui indiquer qu'elle est submergée. Désirée s'empare du bloc-notes : *Des nouvelles de Pierre ?* Signe de dénégation. *Et pour Hélène ?* Re-non. Les yeux de Pétronille s'emplissent de larmes. Désirée lui pose une main compatissante sur l'épaule.

— Mais qu'est-ce qu'il y a ? demande Mylène, qui surgit à moitié ébouriffée, signe d'un manque de maîtrise inhabituel.

— Non, pardon, mais je ne suis pas autorisée... poursuit Pétronille prise sous le feu de questions indiscrètes. Non, madame Brossou, désolée, le docteur n'est pas là, je ne peux pas vous le passer non plus.

Mylène interroge Désirée du regard.

— C'est Hélène, souffle l'infirmière, elle s'est suicidée.

— Quoi ? Mais c'est impossible, rétorque Mylène assommée, je l'ai vue ce matin, ici même ! Tu es sûre ?

— Pardon Mylène, les interrompt Pétronille, mais Désirée doit répondre sur la deuxième ligne, c'est pour la coordination du Samu.

Désirée s'enfuit à l'étage afin de pouvoir échanger avec son interlocuteur en toute discrétion, tandis que Pétronille enchaîne sur un autre coup de fil dans une ambiance apocalyptique. Mylène fourrage dans sa chevelure, la hérisse davantage et sort sur la place. Hélène ? Se suicider ? se dit-elle, hébétée. Mais qu'est-ce qui a bien pu lui traverser la tête ? Y aurait-il un rapport avec ce matin ? Est-ce qu'elle lui a dit quelque chose qui aurait pu... Ou alors, Norbert ? Ils sont amis, non ? Et les gosses ? LES GOSSES !

Elle rejoint Romain qui attend des nouvelles devant le salon de coiffure. Sur la terrasse, plusieurs habitants se sont réunis et discutent en petits groupes, dans l'espoir qu'on leur explique ce qui arrive.

— Alors ? demande Romain d'une voix forte.

Autour d'eux, tout le monde se tait.

— J'y crois pas, balbutie Mylène, c'est Hélène, la pauvre… elle s'est flinguée. Je te jure, Romain, je suis sous le choc.

Ooooohhhh !!!!! C'est pas Dieu possible des misères pareilles ! Hélène de Hervé ? C'est pas croyable, j'y étais, tout à l'heure, quand Mylène s'est embrouillée avec Norbert à cause de l'oie bizarre. Et tu penses qu'elle a fait du mal aux petits ? Qui ça, l'oie ? Mais enfin, ne sois pas stupide ! Si ça se trouve c'est pas elle qui s'est flinguée, les femmes c'est pas leur truc, je crois. C'est peut-être Hervé qui aura buté toute la famille. N'importe quoi ! Eh bien, ça arrive souvent, notamment chez les agriculteurs. Quand ils se suicident, certains refusent d'abandonner leurs proches, ils les embarquent dans la mort, pour pas les laisser seuls. T'as qu'à écrire des romans au lieu de balancer des horreurs. Toi, t'as jamais entendu parler du féminicide ? Et pourquoi Hervé il aurait voulu assassiner toute sa famille ? Hein ? Il avait peut-être ses raisons. Toi t'es vraiment, mais alors, tu es…

Romain a entraîné Mylène à l'intérieur du salon. Michel prend son téléphone, essaie de se caler contre la vitrine. Il voudrait s'éloigner davantage, mais il risque de perdre toute connexion. Il faut absolument qu'il appelle le futur maire !

— Allô, Norbert, c'est Michel. Je suis au village, j'avais rendez-vous chez Vallaron. Tu es au courant ?

Il prévient l'autre, quel lèche-cul, ce Michel ! Ah, je te jure, on serait bien dans la merde avec un maire et des adjoints pareils. D'autant que ça a bardé grave, ce matin, la coiffeuse a foutu un souk, tu la connais, elle a pas sa langue dans sa poche. C'est pas la seule, on dirait. En tout cas, Norbert, il était furax. Ils sont plutôt copains, non, Norbert et Hervé ? Oui, pourquoi tu demandes ça, qu'est-ce que tu insinues ? Moi ? Que dalle. Je dis juste que Norbert, il est souvent fourré chez eux, c'est tout. Et je m'interroge.

— Je ne sais pas comment t'annoncer ça, mais… Hélène est morte. Il paraît qu'elle s'est suicidée.

Tu vois le mal partout. C'est pas vrai, je suis lucide, plutôt, et attentif. Par exemple, je peux dire qu'Hélène, elle était assez gironde. Ah, vous n'allez pas parler d'elle au passé, ça me donne envie de chialer. Ben, c'est pourtant comme ça qu'on cause des gens quand y sont décédés, non ?

— Je te jure, Norbert, il y a l'hélico du Samu et tout et tout. C'est le bordel. Ben non, j'ai pas les détails, personne ne sait rien.

C'est vrai ça, on sait pas qui c'est qui l'a trouvée, cette pauvre Hélène… Oh, pourvu que ce soit pas son mari, il ne s'en remettra jamais. Mais qu'est-ce que tu dégoises, toi, t'es déjà tombée sur un macchabée ? Ne parle pas d'Hélène comme ça, je l'aime beaucoup. Tu « l'aimais » beaucoup. Arrête, je te dis. Et les enfants, si c'était eux qui… ? N'importe quoi, ils sont trop petits, ça peut pas être eux. Jésus Marie Joseph !

— Oui, d'accord, bien sûr. OK, j'essaie d'appeler Françoise. Ça va, Norbert ? T'as l'air…

Il a raison, le lèche-cul, Françoise, c'est leur voisine, elle a peut-être vu quelque chose. C'est ma sœur, Françoise, c'est moi qui l'appelle ! Mais on ne sait pas, peut-être qu'Hélène elle est allée se jeter dans l'étang ou se pendre dans la forêt. Elle aurait pas fait un geste aussi affreux devant ses petiots, elle les aimait trop. Mais arrêtez de parler d'elle au passé ! Il paraît que les femmes se suicident plutôt avec des cachets, et justement, elle sortait de chez le docteur ce matin. Si ça se trouve, il lui a prescrit des somnifères et hop, elle a tout pris en rentrant. Eh bien, si c'est ça, j'aimerais pas être à sa place, au docteur, il doit drôlement s'en vouloir ! C'est bien la peine de bosser pour lui depuis toutes ces années, elle est bien mal récompensée, Hélène. Il l'a remplacée un peu vite, non ? Et elle, ça devait la chagriner. Le Dr Vallaron est un homme extrêmement dévoué. Ouais, ben ton dévoué, il a l'air de préférer la nouvelle, là, comment elle s'appelle déjà ? Pétronille ? Oui, c'est ça, Pétronille. Une drôle de gonzesse, celle-là aussi. Toi tu n'aimes pas les gens de la ville, de toute façon. Des nids à emmerdes, si tu veux mon avis.

Après avoir raccroché, Norbert reste figé. Ses pensées tournent à toute vitesse et lui embrouillent le cerveau. Hélène ? Est-ce qu'il y est pour quelque chose ? Il a le souffle coupé, une peur effroyable lui tord le bide. *Hélène, qu'est-ce que t'as foutu ? Mais j'ai croisé Hervé, moi, en allant chez eux. J'AI CROISÉ HERVÉ !* Le souvenir le frappe de plein fouet.

— Bordel de merde, y se passe quoi, crie-t-il à voix haute, y m'arrive quoi, là ?

Le téléphone tremble dans sa main tandis qu'il cherche le contact de Moresco et appuie sur le sigle vert. Il imagine la tête d'Hélène, emportée par un coup de fusil et réprime un haut-le-cœur.

— Allô, Norbert ?

Moresco s'éloigne de quelques pas. Philibert est en train d'interroger Françoise qui est en larmes. Elle tient Mila dans ses bras et Baptiste est agrippé des deux poings à sa jupe, sa bouille ronde creusée d'une gravité nouvelle. Il écoute de toutes ses forces, se dit Philibert. Il fait signe à une jeune recrue de s'approcher.

— On va lui confier les petits un moment, Françoise, d'accord ?

— Oui, vous avez raison, acquiesce cette dernière, ils n'ont pas besoin d'entendre ça.

— C'est aussi mon avis, confirme Philibert, on ne sait pas ce qu'ils comprennent à cet âge. Beaucoup plus qu'on ne l'imagine.

— Écoute, Norbert, poursuit Moresco un ton plus bas, je ne peux pas te répondre, je suis en service et on est chez Françoise. Mais il ne s'agit en aucun cas d'un coup de fusil.

— J'étais à ma vaisselle quand j'ai entendu Hervé crier. Comme un fou, vraiment, j'en ai encore des frissons. D'abord : « Hélène, Hélène ! » Et puis après : « Françoise, au secours, aidez-moi, mon Dieu ! » J'ai couru, j'ai couru... je savais que c'était grave. Il était en train de la décrocher. Oh, je vous jure, je n'ai jamais rien vu d'aussi atroce.

— Norbert, je suis gendarme avant tout, chuchote Moresco, le visage fermé.

Philibert jette un coup d'œil perçant à son second.

— Continuez, Françoise, dit-il d'un ton encourageant.

— Je savais qu'elle n'allait pas bien, depuis un moment déjà. Depuis la naissance de la petite, ça ne tournait plus rond. Elle était devenue silencieuse, vraiment pas comme avant. Mais jamais je n'aurais pensé...

— Bien sûr que non, personne ne pouvait prévoir, ne vous en voulez pas.

Françoise se mouche bruyamment. Plus loin, la femme en uniforme se promène, elle tient Baptiste par la main tandis que le bébé somnole sur son épaule.

— C'est Vallaron qui a prodigué les premiers gestes, indique Moresco, et ensuite, on l'a chargée dans l'hélicoptère. Mais on n'a aucune nouvelle depuis, et Hervé est parti avec le médecin.

— Heureusement qu'Hervé avait oublié sa boîte à outils, reprend Françoise, c'est pour ça qu'il est revenu. Sinon, c'est moi qui l'aurais trouvée, plus tard. J'avais prévu d'aller boire le café avec elle, après la sieste des petits... Il parle avec Norbert Bascoup, Matthieu ?

— Je ne sais pas, pourquoi vous me demandez ça ? interroge Philibert.

— Parce que Norbert, il était avec Hélène, juste avant... juste avant qu'elle...

— Moresco ?

— Une minute, coupe le gendarme. Oui ?

— Tu es avec Norbert Bascoup, là ?

— Oui, répond Moresco, soudain très attentif.

— Alors raccroche. Immédiatement.

Françoise le regarde, muette, et Moresco décèle une sourde désapprobation dans sa manière de le dévisager.

— Norbert, je dois te laisser, dit-il en mettant fin à la communication.

Il range son portable dans la poche intérieure de son uniforme. Françoise esquisse une petite moue, avant de se tourner vers Philibert.

— Hervé a croisé Norbert en arrivant, il me l'a dit. Et moi, j'avais vu sa voiture se garer, mais pas repartir. J'ai pensé qu'il était là pour son oie, il a fait tout un raffut à ce propos. Je ne sais pas ce qu'il voulait à Hélène, mais après, elle a... Mon Dieu....

— Moresco, pourquoi Norbert Bascoup t'appelait ? demande Philibert d'un ton sec.

— Pour avoir des nouvelles, ce sont ses amis.

— Tu n'es pas une agence de renseignement, rétorque l'adjudant.

Une sonnerie s'élève, et c'est déjà la troisième fois depuis que l'interrogatoire a débuté.

— Pardon, dit Françoise, c'est Sylvette, ma sœur, il faut que je la prenne. Avec l'hélico qui s'est posé à côté de chez nous, elle doit s'inquiéter... Oui, Sylvette ?

Philibert se rapproche de Moresco.

— Depuis quand on donne des informations sur une enquête ?

— Je n'ai donné aucune information à Norbert.

— Ah non ? Pourtant tu es resté un sacré moment à lui parler. Si ça se trouve, Norbert Bascoup est mêlé à cette histoire, si ça se trouve, il avait une liaison avec la femme de son meilleur ami !

— Franchement, s'indigne Moresco, je les connais tous les trois, je n'y crois pas.

— En tout cas, tu ne peux pas écarter cette hypothèse et tu as un devoir de réserve si tu veux être à la hauteur de tes ambitions !

— C'est Hervé qui l'a dépendue, s'étrangle Françoise au téléphone. J'étais là, c'était vraiment horrible. Pardon, je n'arrête pas de pleurer, si tu l'avais vue, la pauvrette. Et lui, il était fou de douleur, il sanglotait en l'embrassant, j'en ai encore le cœur retourné.

— Ma chérie, s'apitoie Sylvette, je savais qu'il se passait quelque chose de terrible. Veux-tu que je vienne ? Je suis devant le salon de coiffure, j'en ai pour cinq minutes.

— Pas maintenant, il y a du monde partout. Et j'ai les petits, en plus. Hervé m'a demandé de les garder. Je n'allais pas dire non !

— Bien sûr ! Mais à quoi pensait cette pauvre Hélène, alors qu'elle a deux jeunes enfants ?

— Je n'en sais rien, elle n'a pas laissé de mot, ou on n'a rien trouvé. Il y a une chose de certaine, Norbert était chez eux juste avant qu'elle… que ça arrive.

— Norbert ? Mais qu'est-ce qu'il foutait avec Hélène, à cette heure-là ? Alors qu'Hervé n'y était pas ?

Ah, t'as entendu ce que vient de dire Sylvette ? Norbert était chez eux et le mari, lui, n'y était pas ! Oui, et ? Eh bien, on ne sait peut-être pas tout sur ce qu'ils fricotaient. Hélène ne « fricotait » pas, merci de ne pas lui manquer de respect. N'empêche que Norbert était seul avec elle pendant qu'Hervé était au boulot…

— Tu y crois, toi, qu'il était là pour récupérer son oie ? insiste Sylvette.

Si ça se trouve, il est venu pour rompre avec Hélène, ça l'aura choquée et elle se sera tuée dans la foulée. Un drame passionnel, donc. Voilà ! Et si ça se trouve, il y en a qui aiment drôlement faire leur intéressant, surtout quand ils ne le sont pas.

— Françoise, tu sais qu'il y a eu du grabuge, ce matin chez le docteur, entre Mylène et Norbert à cause de cette oie ? Et la pauvre Hélène était là. Oui, sûr et certain. C'est Michel qui vient de le raconter.

Mais alors, elle s'est tuée comment ? Un coup de fusil ! Pas du tout, elle s'est pendue. Dans les bois ? Ben non, elle était chez elle. Moi, c'est pas ce qu'on m'a dit, on m'a dit qu'elle avait pris les cachets prescrits par son docteur pour dormir. Si vous écoutez n'importe qui et n'importe quoi, aussi. Tout le monde a un truc à dégoiser, mais personne ne sait rien, si je comprends bien, c'est d'un chiant.

— Bon je te laisse, ma sœurette, on va prendre un verre à la terrasse du café, pour se remettre. On voulait avoir des nouvelles. Je passe tout à l'heure. Je t'embrasse fort.

C'est pas si difficile, tous les éléments sont sous nos yeux. Ah là, on confine au sublime, c'est le grand retour de Sherlock Holmes. Il peut faire une croix sur ses ambitions, l'ex-futur maire, on l'appelle pas « coup-bas » pour rien. Cela dit, Mylène a pas dû arranger les choses avec sa petite comédie autour de cette foutue volaille. Cette oie, elle est vouée à être plumée et farcie, point. Comme toutes les oies, non ? C'est super bon, une oie au four. On l'aurait bouffée, tout ça ne serait peut-être pas arrivé, voilà ce que j'en pense. Mais vous n'avez aucune tenue, pas de cœur, zéro humanité, rien ! On parle d'une femme qui s'est suicidée, qui laisse deux enfants et un mari et vous… vous… tout ce qui vous intéresse c'est de colporter des rumeurs, des ragots de merde ! Et de bâfrer une oie qui ne vous a rien fait. Mais pourquoi vous n'ouvrez pas des paris, tant que vous y êtes ! Alors c'est ça, Troulou ? Un tas de connards malfaisants, une bande de pipelettes pleines de fiel ? Personne ne se demande comment vont Hervé et les petits, comment on pourrait aider ?

— Oh, Maragux, soupire Sybille en terminant sa pression, ramène ce qui doit l'être du pays des ombres et donne-nous la clarté de fermer nos gueules une bonne fois pour toutes.

Chapitre 24

L'odeur de Jeanne l'apaise. Lové contre elle, il a enfoui son nez dans le cou de sa compagne qui le tient étroitement serré tout en lui caressant le dos. Ils sont restés quelques heures ainsi, dans le silence de la bergerie, après le retour de Pierre au milieu de la nuit. Épuisé, il s'est laissé nourrir d'une salade composée et de framboises au sucre. Il était incapable de parler, alors elle n'a posé aucune question, se contentant de l'aider à se déshabiller, lui massant les épaules et la plante des pieds avec de l'essence de lavande. Il a accepté ses gestes maternants avec reconnaissance, lui qui prodigue tant de soins mais en reçoit si peu. À plusieurs reprises, il a éprouvé une envie de pleurer déchirante. À chaque fois, comme si elle percevait d'infimes modifications dans la contracture de ses muscles ou des variations d'énergie subtiles, Jeanne l'a réconforté d'une caresse tendre, d'un baiser qui lui ont permis de croire que tout allait s'arranger.

La lumière matinale traverse maintenant les persiennes, le plafond et les murs sont zébrés d'ombres. Dehors, un merle s'époumone dans un luxe de trilles, l'eau en s'écoulant de la source mêle son chant d'indulgence à celui de l'éveil. Pierre souhaite rester là pour toujours, ne plus avoir à quitter l'abri de cette femme dont l'amour généreux le ramène à la sécurité affective de sa petite enfance. Il voudrait se fondre en elle et ne plus exister par lui-même. Se libérer de la fatigue d'être soi.

Ils n'ont pas vraiment dormi, tout au plus ont-ils somnolé par intervalles. Jeanne éprouve le besoin de s'étirer, de reprendre un peu de distance et le cours de ses activités. Il y a un temps pour récupérer ses forces et un autre pour repartir au combat, pense-t-elle. Sans qu'ils aient à se le dire, chacun sent que leur accord est en train de se dissoudre et qu'ils doivent quitter cet état de fusion. Après un bref baiser, Jeanne se lève pour préparer deux tasses de café instantané.

— Tu vas retourner à l'hôpital, ce matin ? demande-t-elle.

Elle est nue, sa chevelure blanche dénouée dans son dos. Pierre contemple son corps familier avec un élan de gratitude. Il est aimé, il a cette chance d'être auprès de cette femme-là, de pouvoir tendre le bras et la toucher quand il veut. D'être touché par elle. Il s'imprègne de cette réalité avec la compréhension qu'elle prendra fin, un jour, et qu'il faut en profiter intensément tant que c'est possible.

— Je vais d'abord au cabinet vérifier ce que Pétronille a prévu comme rendez-vous. J'ai quelques coups de fil à donner avant qu'elle me rejoigne et que Désirée démarre sa tournée.

— Et tu as envie d'être seul.

— Aussi.

La vieille casserole en fonte orange chauffe sur le petit réchaud installé dans le coin cuisine. Leurs mugs sont côte à côte, près d'une cuillère à café qu'ils se partageront pour diluer les granulés bruns. Jeanne respire en fermant les yeux, tout à la douceur de ce moment d'intimité où elle peut se tenir sans fard et sans défense.

— Je sais ce que tu crois, commence-t-elle, tu penses que tu es responsable de la situation parce que tu n'as pas fait suffisamment attention à Hélène quand tu l'as vue en consultation. Tu te dis que tu aurais dû comprendre ce qu'elle traversait et anticiper son passage à l'acte. Que tu n'es plus assez disponible, peut-être même plus assez compétent, pour être le médecin référent que tu es depuis… combien de temps, déjà ?

— Trop longtemps.

— Évidemment. Et le contexte actuel, on en parle ? Et ce qui existait auparavant ? Population vieillissante, jeunesse ultra-anxieuse, soignants exténués, ruralité abandonnée par une politique sanitaire à la dérive ? Rien que le carcan administratif et le système de primes qui vous est imposé a de quoi donner des envies de meurtre. Mais ça, tu n'en tiens pas compte, n'est-ce pas ?

— Ce ne sont pas des excuses à mes manquements.

— On est un juge sans pitié quand on se prend pour Dieu. Après les injections, les injonctions ! Nous vivons une époque formidable, comme dirait l'autre.

— Ne te moque pas de moi.

— Bien sûr que si, Pierre, rétorque-t-elle en éteignant le gaz. Tout nous démontre qu'il faut garder un solide sens de l'humour. Sinon, nous n'avons plus qu'à suivre l'exemple d'Hélène et tous aller nous pendre. Ce qui va poser un gros problème.

— Lequel ?

— On va manquer d'arbres.

Elle remplit les mugs, en remue le contenu pendant que Pierre se lève et vient la rejoindre.

— Il y a de La Molotov en toi, lui dit-il en attrapant sa tasse fumante.

— Brigitte déteint au lavage, c'est un de ses nombreux inconvénients.

— Je n'ai pas envie d'aller travailler.

— Je n'ai pas envie de t'avoir sur le dos.

— Tu n'as pas de cœur, mon amour.

— C'est pour compenser le tien qui est bien trop sensible et, pour cette raison même, si nécessaire. Combien de malades as-tu aidés ou carrément sauvés ? Combien éprouvent ce besoin crucial de croiser un être humain capable de les écouter, d'embrasser leur désarroi, quand partout on les renvoie vers des machines qui tournent en boucle dans leurs algorithmes ?

— Les cimetières sont remplis de gens indispensables…

— Oh là là, Clemenceau, sors de ce corps ! Tu veux me fâcher ou quoi ? Tu connais mon aversion pour les chefs d'État et c'est pas l'actuel qui va m'adoucir le tempérament. Ne cite pas n'importe qui, tu te gâches.

Elle souffle bruyamment sur son café en lui faisant les gros yeux, comme à un enfant. Pierre lui sourit.

— J'ai quand même envie d'arrêter tout ça, insiste-t-il.

— C'est une chose qui arrivera en son temps, sois-en sûr. Mais pas de cette manière, ni pour cette raison. Tu es médecin, Pierre, c'est dans ton ADN. Un genre de Capitaine, et les Capitaines de ta trempe ne quittent jamais leur satané navire, surtout quand il coule. Parce que là, nous sommes sur le *Titanic*, on va pas se mentir. Donc moi, je vais repiquer mes salades pour faire face au renversement climatique pendant que toi, tu vas sortir ton stéthoscope pour ausculter la société.

— Rien que ça ?

— Oui. Et les moutons seront bien gardés.

Pierre hoche la tête, puis vide son mug.

— Je vais aller me doucher, donc.

— C'est plus hygiénique, en effet.

Deux coups secs sur la porte les font sursauter. La voix de La Molotov résonne à l'extérieur :

— Je peux entrer ? demande-t-elle avec une certaine impatience.

— Non, tu ne peux pas. Attends une minute, lui répond Jeanne en enfilant son peignoir.

— Couvrez vos fesses, Pierre, ça va la rendre malade si j'en profite.

Jeanne s'assure que Pierre est effectivement habillé avant d'ouvrir. La Molotov, en kimono de soie rouge, jette un regard circulaire, note le lit défait, les deux mugs, les restes du repas de la veille. Une espèce de tristesse s'empare d'elle, l'envie irrépressible de pousser un soupir sans fin. Pourquoi ne lui a-t-il pas été donné de vivre un amour qui dure, ce lien unique qu'on tresse parfois avec un autre ? Alors que Jeanne aura eu deux fois cette chance ? Tant de jalousies l'animent depuis quelque temps, elle s'en veut et ne se reconnaît pas. Elle a encore guetté tard, la veille au soir, pour constater que Désirée ne rentrait pas. Rien que de très normal, c'est bien connu que la mort appelle le sexe. À sa place, elle serait restée avec Romain, elle aussi.

— Je voulais savoir si vous pouviez m'emmener à Troulou, ce matin, Pierre ?

— Bien sûr, Brigitte, le temps de me préparer. J'allais prendre une douche.

— Ah, tant mieux. Je vais m'habiller, moi aussi, dans ce cas.

Elle s'apprête à repartir dans l'autre sens, se ravise.

— Merci, bougonne-t-elle.

— Tu as un truc sur le feu, de si bonne heure ? l'interroge Jeanne.

— Ouais, je vais attiser l'attiseur pour voir ce qu'il a dans le bide. C'est le moment.

— C'est parfait. Il vaut mieux boire le verre qui est plein et cracher dans celui qui est vide.

— Je te prépare un autre expresso ?

Attablés sur la terrasse d'Adult'Hair, Romain et Désirée prennent un petit déjeuner, alors que Troulou se réveille. Peu à peu, les volets s'ouvrent, on sort les chiens et on rentre les chats, on échange quelques mots à la fenêtre.

— Non, merci, répond-elle en soupirant, je suis assez tendue comme ça. Je m'inquiète pour Pierre et on va encore me questionner à propos d'Hélène toute la journée. Ça va être long !

— Reviens chez moi ce soir, ça t'évitera un peu de route, suggère Romain, avant de mordre dans une épaisse tartine de confiture d'abricots.

— C'est-à-dire qu'il faut que je dorme, quand même, s'amuse Désirée, dont les cernes foncés révèlent l'épuisement.

Elle attrape son verre de jus d'orange,

— On peut se donner une baise et dormir, aussi !

Désirée s'étrangle et repose sa boisson.

— Quoi ?! s'exclame-t-elle.

Romain sourit en coin, pas mécontent de la confusion qu'il a provoquée.

— Se donner une baise. Comme ça !

La saisissant par les épaules, il lui claque une bise sur la joue, assortie d'un clin d'œil.

— C'est comme ça qu'on dit chez nous.

— Ah oui, une baise et au lit, quoi ! rit Désirée. Je te remercie, mais je préfère rentrer au Refuge.

Sa réponse semble formulée avec aisance et décontraction. En réalité, elle provient d'une délibération intime laborieuse. Désirée se méfie de ses automatismes : même si elle est très heureuse de l'étrange complicité amicale et sexuelle qui s'est développée entre eux, elle craint de se mettre à vouloir plus, ou autre chose. Elle a été dressée à désirer la fusion, Pétronille a raison. En ce moment, elle découvre la liberté qu'offre une relation sans promesses ni obligations. Désirée en a conclu qu'elle ne voulait pas prendre l'habitude de se précipiter auprès de Romain en cas de turbulences, elle préfère se débrouiller autrement. Et elle a envie de passer du temps au Refuge. De plus, elle en profitera pour lancer une lessive, ce que le logement sommaire de Romain ne permet pas, lui-même utilisant la buanderie du salon de coiffure.

— Comme tu veux.

La Laguna grise du médecin fait son apparition sur la place du village. Aussitôt, Mylène jaillit de sa maison pour le rejoindre, adressant au passage un signe de la main à Désirée et Romain. Pierre coupe le moteur et descend de son véhicule pour ouvrir la portière à La Molotov. Celle-ci s'extrait du fauteuil passager avec une vivacité étonnante, compte tenu de sa robe fourreau bleu nuit qui, si elle souligne sa silhouette osseuse, entrave considérablement ses mouvements. Arborant une pochette de velours chatoyant, les lèvres peintes en rouge, La Molotov salue la coiffeuse avant de s'éloigner d'une démarche altière quoique légèrement claudicante.

— Je vais voir Pierre avant de démarrer ma tournée, se décide Désirée en quittant la table. Passe une bonne journée.

— Ouais, toi aussi ! répond Romain d'un air nonchalant.

Ils ne cherchent pas à s'embrasser, mais échangent un sourire sincère et chaleureux. Il cale le reste de sa tartine dans sa bouche et commence à débarrasser tandis que La Molotov et Désirée se croisent. « Bonjour, on a du nouveau ? – Non, rien. » La jeune femme a parfois l'impression que la vieille anarchiste lui en veut, même si Jeanne l'a assurée du contraire.

La Molotov avance vers Adult'Hair, dont la vitrine ne porte plus aucune trace du vandalisme pailleté. Son exploit d'il y a quelques jours lui paraît si lointain. Elle a adoré ce moment, durant lequel elle n'a ressenti qu'excitation et contentement. Alors que ce matin, elle a le cœur qui s'emballe, les mains moites et elle tremble comme une pucelle. Qu'on en finisse ! De toute façon, elle ne supporte plus ses pensées qui la ramènent en permanence à Romain ni ses nuits entrecoupées de rêves si intenses que chaque réveil est une atroce désillusion. Elle pénètre dans le café comme on se jette dans le vide.

— Ah tiens, Brigitte ! T'es matinale, à c't'heure ! s'exclame le jeune homme avant de lâcher un sifflement admiratif. Pis sapée comme jamais !

Lui porte un tee-shirt informe dont le tissu usé révèle chaque relief de ses muscles fins. La Molotov a subitement chaud. *Bon Dieu, mais ce gamin me rend idiote ! Plutôt crever que de me mettre à bafouiller !* La bouche sèche, elle tape deux fois sur le comptoir, fronçant les sourcils pour mieux dissimuler le trouble qui la submerge.

— Café, thé ? Un ballon de rouge ? propose Romain, perplexe.

— Un verre d'eau, coasse-t-elle. Dehors.

Puis elle tourne les talons et ressort aussi sec. *De l'air !* Elle s'installe en terrasse, mais Romain, inquiet de ce mutisme inhabituel, s'assoit avec elle sans lui laisser le temps de respirer.

— C'est quoi l'truc ? la questionne-t-il d'une voix préoccupée. Je te connais, Brigitte, et là, ça va pas.

Crois-tu si bien me connaître ? Elle vide son verre d'un trait.

— Tu te souviens, de la soirée aligot, l'année dernière, sur cette place ?

— Oui, je me rappelle. On avait bien rigolé, dit Romain, un soupçon de doute dans la voix.

— Voilà, on avait bien rigolé, répète La Molotov, avec une grimace. C'est toi qui choisissais la musique et moi… moi…

— Toi, tu dansais sur les tables, complète-t-il, inquiet de cette introduction laborieuse.

Elle plonge alors son regard dans le sien, entre résignation et supplique. Elle voudrait qu'il lise dans ses pensées pour ne pas devoir prononcer les mots qui, elle le devine, vont achever ses espoirs comme on abat une bête malade. Pour lui épargner des souffrances. Par pitié. *Je suis vraiment une drama queen.*

— Je suis encore fraîche, mais j'ai pas mal roulé ma bosse. Déroulé du câble, même, ne peut-elle s'empêcher de préciser.

Cette fois aussi, elle s'abrite derrière la provocation pour masquer sa vulnérabilité. Mais Romain ne sourit pas. Il l'écoute attentivement, sérieux pour une fois. *Se pourrait-il qu'il soit… Non, arrête de supposer et d'espérer. Allez hop !*

— T'as rarement raté une occasion de me faire du gringue pour amuser la galerie, se lance-t-elle. Je ne suis pas une buse, mais c'est pas parce que je suis vieille qu'il faut jouer avec mes nerfs. Alors maintenant, soit tu emballes, soit tu éteins.

La Molotov n'a pu se résoudre à parler de désirs ou, pire, de sentiments. *Voilà, c'est fait. Putain, j'aurais jamais dû écouter Jeanne ! Je vais gerber.*

— Ben merde, Brigitte, dit enfin Romain. Je pensais que tu plaisantais aussi, promis ! Je me doutais pas du tout !

C'est qu'il serait presque indigné. La Molotov hausse les épaules, incapable d'émettre un son tant sa gorge est serrée. Romain se gratte le crâne, ennuyé. Il envisage furtivement de lui offrir ses excuses et un verre de gnôle pour faire passer la pilule, avant de changer de sujet. Mais la peine de sa camarade de soirée le touche. Et sa conscience lui souffle de ne pas *jouer avec les pieds* de La Molotov, elle mérite mieux de sa part. S'il est honnête, il doit admettre qu'il a déjà surpris un regard ému, une fois ou deux. Trois, peut-être. Il n'a pas cherché à en savoir plus puisqu'elle riait autant que lui. Surtout, il a préféré penser qu'elle allait gérer ça toute seule. Mais La Molotov n'est pas de celles qui taisent une vérité sous prétexte qu'elle est gênante et ça, c'est quelque chose que Romain admire. Soudain, il se sent penaud. Il n'a pas envie d'être le genre d'homme qui piétine le cœur des filles, même octogénaires. Alors il attrape la main noueuse.

— Merci d'être venue me parler, Brigitte, déclare-t-il solennellement. J'aurais dû prêter davantage attention à toi. Je t'aime bien, mais pas plus, je préfère être franc.

La Molotov baisse la tête, tente de s'extraire de l'emprise trop douce et trop chaude de Romain.

— Après, en bonne amitié, je peux te rouler une pelle si t'as envie, ajoute-t-il.

Événement exceptionnel, La Molotov en reste muette de stupéfaction. En elle, tourbillonne une tornade d'émotions contradictoires. Mais bien vite, elle se reprend. Les occasions se font trop rares pour s'en priver.

— Va pour la pelle !

Romain s'approche sans lui lâcher la main. Sa bouche recouvre les lèvres décolorées sous le rouge. La Molotov garde les yeux ouverts pendant que leurs langues se rencontrent, timides d'abord, puis langoureuses. Ses doigts serrent la paume de Romain lorsqu'il ralentit le mouvement, vient une dernière fois chercher la pointe de sa langue avec la sienne, comme pour lui dire adieu. La Molotov lui mordille la lèvre inférieure, puis se recule, les joues empourprées.

— Toujours amis ? demande Romain, qui toussote pour se donner une contenance.

— Bien sûr, affirme-t-elle d'un ton léger.

Quand il pénètre dans le café, la bouche barbouillée de magenta, en heurtant le chambranle au passage, elle essuie une larme furtive et ouvre sa pochette pour rectifier son maquillage, alors que les talons de Mylène martèlent le sol pavé de la place.

Chapitre 25

« Vous êtes bien sur la messagerie du 06… »

Norbert raccroche. C'est sa dixième tentative de joindre Hervé. D'habitude, il lui répond toujours ou le rappelle dans la demi-heure. Norbert tourne en rond, la moustache hirsute à force d'avoir été triturée. Sur un coin du buffet, le tricot abandonné pend misérablement, lesté d'une pelote d'où sortent deux aiguilles numéro 5.

Depuis le pas de la porte, Zigzag observe Norbert marcher de long en large. Sa tête pivote en allers-retours réguliers, comme ceux d'une spectatrice à Roland-Garros.

— C'est pas normal, c'est pas normal, psalmodie-t-il. Est-ce qu'il se doute que je lui ai passé un savon ? Forcément, comme il m'a croisé en retournant chez lui, il imagine que je suis responsable ! J'ai quand même pas été si dur avec…

Norbert s'interrompt net sous le feu glacé du regard bleu. L'oie semble réfléchir. Ou le juger. Oui, c'est ça, elle le juge, comme hier, quand ils sont revenus de chez Hélène !

— Bon, j'ai peut-être pas été très diplomate, c'est possible, mais j'avais mes raisons ! Et de toute façon, Hélène a admis qu'elle avait fait une connerie ! ajoute-t-il en désespoir de cause.

L'oie recule sa tête, cligne très vite des yeux, comme outrée.

— Avoue que c'est la pire campagne électorale qu'on ait vue ! J'aurais jamais cru qu'elle tournerait de cette manière ! Les gens d'ici me connaissent, ça aurait dû être une formalité, ces municipales, gémit-il en reprenant son va-et-vient. Même Moresco m'a quasiment raccroché au nez ! Après tout ce que j'ai fait pour lui. Il m'a dit juste qu'il y avait pas eu de coup de fusil. Et inutile d'appeler Françoise… Elle va me balancer que c'est de ma faute, sûrement ! Avec elle, les bonshommes ont toujours tort. Hein, je peux pas téléphoner à Françoise ?

L'oie ne réagit pas. Norbert se sent pris au piège. Il s'assied sur son fauteuil, se relève aussitôt. Il étouffe, l'angoisse le submerge à mesure que les heures s'écoulent.

— Mais dis quelque chose, à la fin ! explose-t-il, à bout de nerfs. T'avais un avis sur tout, hier, et là, c'est silence radio ! Je fais quoi, nom de Dieu ?!

Si tu ne peux pas joindre Hervé, que tu ne veux pas entendre Françoise et sachant que Moresco ne te dira rien de plus, qui te reste-t-il ?

— Le docteur ? tente-t-il, un soupçon d'espoir dans la voix.

L'oie renverse la tête en arrière, comme Monique quand elle levait les yeux au ciel, les rares fois où elle lui manifestait son désaccord. Norbert recule vers la cheminée sans s'en rendre compte. Il a un peu froid, d'un seul coup.

— Ouais, je vais aller voir Vallaron. Je me sens patraque d'ailleurs et puis je demanderai des nouvelles d'Hélène et Hervé. Après tout, ça se fait, quand on a des amis dans le souci !

Fuyant la désapprobation du volatile, il attrape son blouson de cuir, sa pochette dans laquelle il conserve ses papiers et son chéquier, enfile ses santiags. Zigzag suit attentivement les préparatifs et se dirige d'un pas chaloupé au bout du couloir, contre la porte d'entrée. Norbert hésite un instant, il la pousse délicatement dehors, puis marche à grandes enjambées vers son C15. Au dernier moment, avant de s'installer, il se retourne.

— Je reviens. À tout à l'heure.

Tout au long du trajet, ses pensées l'assaillent sans répit. Alors qu'il débouche sur la place du village, il prend le temps de balayer les lieux d'un large coup d'œil. En terrasse d'Adult'Hair, il aperçoit la vieille dingo du Refuge, dans une robe d'un mauvais goût sidérant, qui scrute l'intérieur du café.

Cinglée, va.

En revanche, aucune trace de Manceau. Norbert pousse un soupir. Il tourne à gauche après la maison du médecin et se gare dans une petite rue adjacente, bloquant à moitié le portail des Roussel. Mais à cette heure-ci, tout le monde est au boulot, se justifie-t-il. Ou dans la salle d'attente du Dr Vallaron, visiblement, puisque chaque chaise est occupée quand il y pénètre. Norbert salue dignement, avant d'attraper un vieux numéro de *La France agricole* dans lequel il feint de s'absorber, adossé au mur d'un air nonchalant. En tournant les pages, il n'oublie pas de tousser.

Quand Pierre ouvre sa porte, la présence de Norbert l'étonne d'abord, puis les cernes mauves et la moustache en berne l'alertent.

Sur cinq patients, quatre ont été reprogrammés par Pétronille. Et tous le dévisagent en silence, attendant un signal de sa part – le nom de l'élu. S'il fait entrer Norbert en priorité, vu le contexte inflammable, une éruption serait inévitable. Pierre choisit donc la voie de la sagesse et de l'équité.

— Je peux vous recevoir, Norbert, mais uniquement après mes rendez-vous. Je vous inscris sur mon agenda, ajoute-t-il, espérant que ce sera suffisant pour qu'il reste. Allez, madame Vidal, à nous !

Mme Vidal se lève sans un regard pour l'assemblée. Norbert en profite pour investir la chaise vide et se replonger dans sa lecture. Lorsque c'est enfin son tour, il en est rendu à mémoriser la recette de courge farcie au risotto d'un *Femme actuelle* hors d'âge délesté de sa couverture.

Les deux hommes se saluent brièvement.

— Qu'est-ce qui vous amène ? demande le médecin d'une voix attentive.

— J'ai peut-être bien une angine et comme vous m'avez dit de pas laisser traîner…

— Vous avez raison, en effet. Asseyez-vous, je vais vous examiner.

Chacun joue son rôle, Norbert ouvre la bouche, Pierre prend sa tension. « Respirez, expirez, aaaah. Pas d'angine, juste une irritation, sans doute. Je vais vous prescrire des compléments. » Lorsque Pierre regagne son bureau, Norbert se lance.

— Et… Hélène et Hervé, vous avez des nouvelles ? Je veux dire… On est amis, vous savez, alors je m'inquiète beaucoup.

Il s'arrête, de peur de paraître pressant, ou pire, coupable. Pierre soupire depuis sa chaise à roulettes.

— Ils ne vont pas très bien, Norbert. Je suis autorisé à dire qu'actuellement, Hélène est dans le coma. Hervé est à ses côtés. On attend.

— Oh, nom de Dieu !

Norbert reboutonne sa chemise de travers, lundi avec mardi, comme aurait remarqué la Nanienne. *Elle n'est pas morte. Pourvu qu'elle se réveille normale. Si elle se réveille.*

— Elle va se réveiller, hein ?

Pierre tape sur le clavier de son ordinateur.

— C'est ce que nous espérons tous. C'est possible, oui.

— Mais pas sûr ?

— Je reçois des nouvelles toutes les heures, son état est stable.

Norbert frémit d'entendre ces mots, qu'on prononce après un attentat ou un accident, aux infos. Stable, c'est mieux que critique. Mais est-ce que c'est rassurant, un coma stable ?

— Elle peut rester comme ça ? Qu'est-ce qu'elle a fait ? Qu'est-ce qui lui est arrivé ?

Le médecin lève alors ses yeux fatigués sur lui. *Il va me répondre que c'est à cause de moi.*

— Hélène a tenté de se pendre, mais heureusement Hervé l'a découverte assez tôt. Il faut garder espoir.

Pierre lance l'impression de l'ordonnance et tend la main.

— Votre carte vitale, s'il vous plaît, Norbert.

— Ah oui, bien sûr, bien sûr, évidemment. Où je l'ai mise ?

Norbert palpe son pantalon, avise sa pochette restée par terre. Pierre note chaque détail en silence : la chemise de traviole, la moustache asymétrique, l'air désorienté de cet homme d'habitude si sûr de lui. Les mots d'Hervé résonnent encore à son oreille. *J'ai croisé Norbert en retournant chez moi, il était là juste avant.*

— Voilà.

— Merci. Sinon, à part ce mal de gorge, pas d'autre souci ? Manque de sommeil, perte d'appétit ? questionne le médecin, l'attention braquée sur son patient.

— Un peu d'insomnie, c'est tout. Je dois pas être le seul ! se défend Norbert.

— Oh ça non ! Et puis, quand on a des sujets de tracasseries, le corps réagit autant que l'esprit.

Pierre se recule, introduit la carte vitale dans le terminal et relit longuement l'ordonnance. Norbert ouvre la bouche, hésite. Il le sait, le Dr Vallaron est un homme droit, même s'il roule sûrement pour l'autre équipe. Quand Monique est morte, c'est devant lui que Norbert a pleuré. Juste une fois. Pierre n'a pas tenu de grands discours, mais il a fait durer la consultation pour lui laisser le temps de se ressaisir. Cependant, il est aussi le médecin de toute la famille d'Hervé et le patron d'Hélène. *Tu crois qu'il prendra le parti de qui, là ? Le tien ou celui d'une femme qui a tenté de se suicider, une mère de deux enfants ?* Norbert serre les lèvres.

— Tant que l'appétit va, tout va ! lance-t-il soudain d'un ton volontaire.

Pierre hoche la tête en lui rendant l'ordonnance et sa carte vitale. Norbert paie en liquide.

— N'hésitez pas à revenir me consulter en cas de besoin.

— Merci, docteur. Et… dites à Hervé que je pense bien à eux, ajoute-t-il très vite, comme pressé par le temps.

— Je n'y manquerai pas.

La Molotov est concentrée sur son poudrier pour tenter de contenir ses larmes en se redessinant la bouche. Dire qu'elle est obligée d'attendre la fin des consultations de Pierre pour rentrer, aucun endroit où pelleter sa misère, bordel ! Une situation qui la résume : monter à l'assaut sans prévoir de repli, Heureusement que les autres tables se sont vidées.

Elle n'entend pas Mylène qui atomise pourtant le calme matinal. La coiffeuse s'engouffre dans sa boutique. Elle s'arrête un long moment pour observer le désarroi de sa vieille ennemie à travers la vitrine. Elle a vu la scène entre Romain et elle. Et c'est comme si une lucarne s'ouvrait brutalement sur ses propres souvenirs. Les moqueries et les insultes, la fois où elle avait révélé à un gars de sa classe, trop développé des pectoraux pour être honnête, qu'elle en pinçait pour lui. Il lui avait fallu prendre son courage à deux mains, se préparer des jours entiers avant de se lancer pour s'entendre répondre qu'il ne faisait pas dans la tapette. Le soir même, tout le lycée était au courant. Elle était en terminale, elle avait voulu se flinguer, après ça. On avait dû la changer d'établissement. C'était la première fois qu'elle osait dire à un garçon qu'elle l'aimait. Elle n'était pas encore la superbe Mylène, elle portait les stigmates d'une identité dans laquelle elle ne se reconnaissait pas et qu'elle subissait sans trouver d'issue.

Mylène se dirige vers le bar, le contourne et tire une bouteille de gnôle de sa réserve personnelle.

— Romain, avant de partir, fais-moi deux cafés serrés dans deux grandes tasses, dit-elle en posant le flacon sur le comptoir. Et si possible, sors par l'arrière en t'en allant, d'accord ?

Dreadlocks esquisse une grimace et hoche la tête en activant la machine à expresso. Mylène hésite brièvement, tentée par le démon du mauvais tour, puis ajoute :

— Tu devrais peut-être en profiter pour enlever ce rouge à lèvres. On a eu assez d'émotions et de scandale depuis hier. On va se mettre sur pause.

Le jeune homme essuie sa bouche d'un revers de main, constate la trace de fard gras sur sa peau et jette un OK en disparaissant dans la réserve. Les cafés terminent de couler, Mylène verse la gnôle avec sa générosité coutumière et s'empare des deux tasses.

Elle en pose une sur la table et s'installe à côté de La Molotov, face à la place. Sans la regarder, Mylène souffle sur son café et, scrutant un point aussi lointain que fictif, elle claque de la langue en goûtant le breuvage.

— Moi aussi j'aime bien me brûler un peu, on se sent plus vivante, après. Celle-là, c'est de la bonne, elle te ragaillardit la femelle en un rien de temps.

— Ah ouais ? On fête un truc ?

— Disons que c'est un pot de départ. Et puis ça rince les miasmes, on n'est jamais trop prudentes.

— D'une pierre deux coups, si je suis bien ton raisonnement.

— T'as tout compris, rigole Mylène. Santé !

Elles lèvent leurs tasses conjointement, s'adressent un sourire de connivence et boivent une gorgée à l'unisson.

— C'est vrai qu'elle est bonne, reconnaît La Molotov.

— C'est un matin à tirer le rideau et à prendre une cuite, je crois bien.

— Ah, mais t'es joueuse, on dirait. Je t'aurais mal jugée ?

— C'est possible, ce serait pas la première fois.

— Tu le mérites ou tu l'as pas volé ?

— Mme Molotov qui donne dans la nuance ! Voyez-vous ça.

— Faut croire que j'ai baissé la garde. La gnôle, sans doute.

— La pelle, surtout.

— Et le râteau, marmonne La Molotov en aparté.

Mylène contemple ses ongles laqués, ses mains impeccables. Elle pense à tout ce tralala nécessaire au quotidien pour être elle, la grande, la fabuleuse Mylène. À tout ce qu'il faut édifier, jour après jour, pour affronter le monde. Un putain de boulot à plein temps, mais pas question de sortir sans armure.

La Molotov se demande comment elle va pouvoir reprendre le cours habituel de sa vie, elle a l'impression qu'un ressort est cassé, qu'il lui sera même impossible de dévisser son cul de la chaise pour rentrer chez elle. A-t-elle seulement un endroit qui soit vraiment *chez elle* ? Ne se retrouve-t-on pas au Refuge précisément parce qu'on est sans repaire ?

— Je suis allée voir Pierre au cabinet médical. Il paraît que Norbert sortait de chez Hélène, hier. Ce fils de bourrin n'y est certainement pas pour rien.

— Moi, quand j'ai quelqu'un dans le pif, déclare La Molotov, j'aime bien manier la clef à molette. Mais bon, c'est pas toujours une bonne idée. Dans le fond, je trouve que c'est plutôt mal organisé, tout ça.

Elle englobe l'espace autour d'elle d'un large mouvement circulaire et renverse sa tasse vide. Mylène se lève, disparaît une minute pour revenir avec la gnôle qu'elle leur sert sans la dissimuler sous aucun café, cette fois.

— Norbert n'a pas supporté que je l'affiche devant tout le monde avec son oie, dit-elle en reposant la bouteille par terre, entre elles deux.

— Personne n'aime ça, être humilié. C'est bien pour cette raison qu'on y a recours, non ? Pour cacher son impuissance. On fout l'autre à terre et il ferme sa gueule. Et voilà, les gaules sont pliées, on peut passer à autre chose. Mais il y a les… dégâts collatéraux.

La Molotov s'enfile une bonne rasade. Elle se sent beaucoup plus détendue, tout à coup.

— Je ne pensais pas me servir d'Hélène, elle était là, c'est tout, se justifie Mylène. Je voulais juste donner une leçon à Norbert. Lui montrer qu'il a une adversaire avec laquelle il faut compter.

— Moi, je voulais piquer Romain à Désirée. C'est pas très noble, cette petite n'y est pour rien si j'ai que du vinaigre pour attraper les mouches. On est comme tout le monde, on a voulu se faire passer en priorité sans s'occuper des conséquences. Et maintenant, on se pose en victimes, ça évite la culpabilité.

— Sans doute, approuve Mylène. Pourtant, j'ai du mal à me sentir concernée. Et même, ça me gonfle.

Un couple s'approche de la terrasse, dans l'intention de s'y installer. Elle leur désigne la pancarte qu'elle a tournée tout à l'heure, en allant chercher la bouteille.

— C'est fermé pour le moment, désolée.

Sa tasse semble avoir une fuite tant elle se vide rapidement.

— Tu crois que j'y suis pour quelque chose ? demande-t-elle soudain.

— De quoi ? interroge La Molotov, les joues écarlates. Un bail que j'avais pas petit-déjeuné à la gnôle, moi ! Ça me rappelle les parties de pêche avec mon jules, celui qu'avait toujours une mandale en réserve pour moi.

— Et si Norbert s'en était pris à Hélène, à cause de notre altercation ? Si c'était moi qui avais tout déclenché ? Jamais je n'aurais imaginé... On se connaît à peine, avec Hélène. Comment aurais-je pu deviner ?

Cette perspective la dégrise instantanément, tandis que La Molotov dérive avec une certaine insouciance et se ressert sans attendre qu'on l'y invite.

— Est-ce que je ne pense qu'à moi, poursuit Mylène en pleine introspection, à mes intérêts ? Philou m'a dit que l'humiliation rendait indigne, que c'était l'arme la plus déloyale. Il m'a même traitée de petit caporal. Il ne veut pas discuter pour le moment, il prétend qu'il a besoin d'air...

Elle parle davantage pour elle-même, maintenant, que pour son interlocutrice qui tangue en essayant d'avaler sa dernière goutte d'alcool.

— Mais je fais plein de trucs pour les autres, pourtant. Je pense à eux, je m'en occupe, il faut bien que quelqu'un les guide.

— Tout à la baguette, riposte La Molotov en louchant sur la tasse de Mylène.

Dans un élan mal contrôlé, elle se dresse et heurte sa chaise contre la vitrine. Elle exécute un salut militaire approximatif, vide prestement la gnôle de sa comparse et se lance dans un chant[1] tonitruant que Mylène, atterrée, reconnaît aussitôt malgré la voix de fausset :

La Mylèèèène nous appelle
Sachons vaincre ou sachons périr
Un Troulois doit viiivre pour elle
Pour elle un Troulois doit mourir.

---

1. Le Chant du départ.

Chapitre 26

Jeanne retourne le colis entre ses mains. Pourtant, elle n'a rien commandé, elle en est certaine. Alors qui lui adresse ce paquet ? Il n'y a aucune indication d'expéditeur, cela provient directement d'une boutique en ligne. Tandis qu'elle bataille avec le carton, elle entend une voiture se garer. « Mais il y a toujours quelqu'un pour venir me briser les ovaires, c'est la procession de Saint-Cucufa, ici ! » s'exclame-t-elle avec agacement en arrachant l'emballage. Alors qu'elle exhume ce qui semble être des coussins relaxants bourrés aux noyaux de cerises, Philou fait son apparition dans l'encadrement de la porte-fenêtre.

— Salut, Jeanne, je te dérange ?

— Pas du tout, Philou, entre donc. J'ai reçu… ce truc, et je n'ai aucune idée de qui a pu me l'envoyer. Je n'imagine pas Pierre acheter ce genre de conneries. Sans compter qu'il y a un colis pour Brigitte, un pour Désirée et un autre pour Pétrolette et son composteur de mari.

— On en a eu un chacun, ce matin, nous aussi.

— Ah bon ? Mais c'est une pandémie, bordel ! Ou alors nous avons affaire à un corbeau et c'est pas notre Kiki. Tu as eu droit à quoi ?

— De la spiruline.

Jeanne réprime un sourire.

— Ça ne pourra pas te nuire, un petit soutien.

— Mylène a reçu un coffret pour *faire sortir la Louve en elle*, je n'ai rien compris, ça semblait débile au possible. Elle n'a pas apprécié et a tout de suite accusé Norbert et son équipe.

— Norbert, quand il voit un euro, il le fait prisonnier. Alors on oublie, ça ne peut pas être lui. En revanche, que s'est-il passé entre ta femme et Brigitte, ce matin ?

— Aucune idée, pourquoi ?

— Brigitte était ronde comme une queue de pelle quand Pierre l'a ramenée. Elle beuglait à tue-tête une vieille rengaine militaire où Mylène avait la première place. Une horreur ! Là, elle cuve. On va morfler à son réveil, en principe elle a la gueule de bois mauvaise.

— On ne se parle pas trop, Mylène et moi, depuis son accrochage avec Norbert. Je lui avais dit que ça finirait mal, cette histoire. Et comme j'ai vu juste, c'est la double peine.

— Tu penses qu'il y a un lien entre cette altercation et le geste d'Hélène ?

— Elle était aux premières loges quand Mylène a ridiculisé Norbert. Alors les rumeurs partent dans tous les sens. Les gens m'appellent, ils accusent Norbert de trucs aberrants, ils se plaignent des esclandres de Mylène, il y en a même qui regrettent la mainmise des Pujol. Au moins, on savait où on allait, m'a-t-on dit. J'ai éteint mon portable, je n'en peux plus, conclut-il en se laissant tomber sur une chaise.

Jeanne prend place en face de lui. Elle repousse les deux coussins et les morceaux d'emballage pour libérer l'espace entre eux. Elle se revoit en train d'inciter Philou à prendre cette mission d'agent double. L'aurait-elle jeté dans la gueule du loup ? Et dans celle de la louve, par la même occasion ?

Philou fourrage dans sa chevelure, manifestement préoccupé.

— C'est toujours la même rengaine, chercher le coupable, commence-t-elle. Ce besoin maladif de tout foutre sur le dos de quelqu'un pour ne pas se sentir concerné directement. Norbert, c'est qu'un homme, pas un mauvais génie, il ne saurait être partout à la fois. D'autant qu'il est un peu bas du plafond.

Philou lui jette un regard par en dessous. Il m'écoute, mais pas au point de se dérider, juge-t-elle, avant de reprendre.

— Quant à Mylène, elle a un bon fond. C'est le dosage qui merde, trop de nitroglycérine.

— Je l'ai ouvertement confrontée et désapprouvée. C'était sans doute la première fois. Et maintenant, j'ai peur d'être allé trop loin, j'ai peur de la perdre.

— Pardon, Philou, mais il faut te détendre. Mylène, elle te colle au cul pire qu'un papier tue-mouches. Mylène sans toi, c'est comme si on enlevait son bâton à une majorette.

— Jeanne ! s'offusque-t-il, tout en ne pouvant réfréner un rire.

— Ah, enfin, tu te marres un peu, c'était l'idée. Non mais, plus sérieusement, vous n'allez pas laisser la politique se fourrer entre vous, j'espère ! Il n'y a pas de sujet de dispute plus con à part le fric.

— Il y a un paquet de gens qui ne veulent plus entendre parler ni de Norbert ni de Mylène. Il y en a même qui m'ont prévenu qu'ils allaient voter pour moi. Mais je ne suis *absolument* pas d'accord, je ne *veux* pas être le maire !

— On ne va pas t'y obliger.

— Si je me retrouve coincé en plein conseil municipal et que tout le monde s'accorde pour me désigner, comment je m'en dépatouille ? Tu sais que c'est le plus âgé qui préside, juste après les résultats, lors de la première réunion du conseil. Et c'est là qu'on choisit le maire. Si le scrutin m'est favorable et si une majorité d'élus se sont entendus en amont sur le dos des têtes de liste, ils vont me clouer au pied du mur.

— Non, au pilori.

— Pardon ?

— Te mettre au pied du mur ou te clouer au pilori, les deux, ce serait trop pour un seul homme. Donc, on pourrait plus ou moins te contraindre à choper le pompon du Mickey ?

— En tout cas, ça me foutrait dans une situation impossible. Les gens de la commune m'en voudraient de ne pas accepter, Mylène m'en voudrait d'avoir été choisi à sa place, Norbert m'en voudrait...

— Non, il te haïrait, plutôt. Il est si rancunier.

Une porte claque à l'étage. Jeanne et Philou relèvent la tête en même temps.

— Aïe, tous aux abris, La Molotov est en pleine retombée de gnôle matinale, commente Jeanne en se levant pour mettre de l'eau à chauffer. On va lui perfuser le foie au romarin, peut-être qu'on limitera les dégâts. Écoute, Philou, posons-nous pour causer stratégie.

Les pas résonnent dans l'escalier, puis se dirigent vers les toilettes. Le loquet couine quand La Molotov s'enferme. Les minutes s'écoulent, le frémissement de l'eau se transforme en glouglou bouillonnant. Jeanne met les brins odorants à infuser.

— On ne devrait pas aller voir si elle va bien ?

— Il y a dix mètres de couloir entre le trône et la porte. Le temps qu'elle arrive, qu'elle se désape et qu'elle revienne, on pourrait torcher une partie de Monopoly. Elle a voulu jouer les affranchies de la picole ? Qu'elle assume, maintenant ! Je vais pas lui mettre des couches.

— Vous croyez que je vous entends pas ?! gueule La Molotov du fin fond des toilettes.

— Ramène ta fraise, ma poule, il y a un cadeau pour toi, répond Jeanne sur la même tonalité, en remplissant un bol de tisane.

Elle le place sur la table, à côté d'un petit paquet postal et se rassied en attendant.

— J'ai hâte de voir ce qu'il y a dedans, murmure-t-elle à Philou. Et après, on trouve une solution. Car, s'il n'y a pas de solution, c'est qu'il n'y a pas de problème ! Philosophie de Shadocks avec laquelle je suis assez d'accord, mon cher. Crois-en mon expérience.

Elle se penche et lui tapote la main au moment où La Molotov entre dans la cuisine.

— Tu as la mine fripée d'un vieux cake au citron. Bois ta tisane, ça va te requinquer.

— T'as pas un rail de coke, plutôt ?

— Elle plaisante, Philou. Brigitte n'a jamais supporté la drogue. Elle perd le contrôle avec un ibuprofène codéiné.

Après avoir lampé la moitié de son bol, La Molotov s'empare du paquet, observe son nom dessus comme si elle ne l'avait jamais vu auparavant et déchire le papier sans ménagement. Quand elle ouvre le coffret, elle saisit le cordon blanc qui en dépasse et soulève une paire de boules de geisha rose fluorescent.

— Si je mets la main sur la couille molle qui m'envoie ces boules Quies, je sais très exactement où je vais les lui fourrer, rage-t-elle d'une voix éraillée en lançant un regard suspicieux à Jeanne.

— Périnée flottant ou grosse solitude ? rétorque celle-ci en levant l'index. Tu vois, Philou, deux problèmes, une solution. On va trouver la sortie de secours !

Sybille et Martin se font face, attablés dans cette cuisine trop grande depuis qu'ils y vivent seuls à plein temps, leurs séjours de jeûne méditatif n'attirant plus grand monde. Dehors, la nuit ne tombe pas encore, pourtant le chant des oiseaux se fait plus discret.

Sybille a calculé les thèmes astraux de Philou et Mylène. Tous deux sont incroyablement compatibles, mais ce qui leur garantit une sensualité hors du commun entraîne aussi une combativité qu'ils peuvent retourner l'un contre l'autre. Avec un soupir préoccupé, elle boit au goulot une rasade de kéfir. Elle jette un œil à Martin, il fixe toujours sa tablette d'un air inquiet, sûrement en train d'éplucher les médias ou les réseaux sociaux. Chaque fois, il en reste hébété, doutant de chacun et soupçonnant tout le monde. Cette période incertaine et mouvante le déstabilise davantage qu'elle, plus familière avec les phénomènes inexpliqués. Et le trouble semé par la campagne électorale n'arrange rien ! Heureusement, Jeanne et Philou ont pris les choses en main pour tenter d'endiguer le mécontentement général provoqué par le conflit ouvert entre les deux candidats. Bruno leur a téléphoné tout à l'heure pour les avertir de ce qui se tramait et leur demander de contacter certains colistiers de Bascoup afin d'organiser une rencontre publique. En amont, Philou avait préparé le terrain auprès de l'équipe adverse et des coups de fil se sont échangés jusqu'à aboutir à une entente dépassant les espérances initiales. Sybille se rengorge en secret : elle est persuadée que ses calculs astrologiques ont déjà aidé à ramener le calme à Troulou, ce village si prompt à monter en mayonnaise n'importe quel événement. Peut-être aussi que ses petits cadeaux anonymes y sont pour quelque chose. Elle n'a pas réussi à retrouver la trace de tous ses envois, mais ceux qu'elle a identifiés étaient assez pertinents.

— Mais comment tu as pu… murmure soudain Martin, qui se prend la tête dans les mains d'un geste accablé.

Aussitôt, elle se raidit, sourcils froncés. En quoi a-t-elle encore mécontenté son mari ? Elle a lu la brochure du coffret destiné à Mylène, il ne faudrait pas trop la provoquer pour qu'elle montre les dents.

— On était d'accord pour faire attention en attendant de pouvoir rouvrir le centre ou, au moins, de trouver d'autres sources de revenus, rappelle-t-il d'un ton plaintif. Et tu as dépensé plus de quatre cents euros sur différents sites de vente en ligne !

— Ah ! Ça ! s'exclame-t-elle, avec une pointe de gêne. Oui, alors en effet, il est possible que je me sois un peu laissée emporter dernièrement, mais je t'assure que nous récolterons les fruits de cette initiative de manière détournée.

Martin la fixe en silence, stupéfié par son aplomb.

— Sybille, je t'aime et je sais que tu es capable de… fulgurances étonnantes. Cependant, nos relevés bancaires indiquent de quels sites il s'agit et on est loin du bâtonnet d'encens, tout de même !

D'un geste rageur, il lui met sous le nez l'écran de sa tablette, où s'affiche une publicité pour un godemiché d'un calibre impressionnant et des menottes recouvertes de fourrure synthétique. Sybille rougit violemment.

— Je ne te connaîtrais pas si bien, j'en viendrais à imaginer que tu as une double vie, confie-t-il.

— C'était pour Mme Molotov, explique-t-elle. Des… Quelque chose pour ramener de l'énergie dans son yoni.

— Le yoni de La…

Martin ferme les yeux, puis respire profondément pour garder son calme.

— J'ai choisi ce site pour faire des économies, se justifie-t-elle, dans une tentative illusoire de défendre son cas. Parce que le plus efficace aurait été un œuf de jade et c'est bien plus coûteux, tu peux me croire !

— Oh, mais je te crois.

— Et je peux tout expliquer pour les autres…

— Sybille !

Elle s'interrompt dans un haut-le-corps de surprise.

— Oui ?

— Il faut que tu arrêtes ces achats compulsifs en ligne, déclare Martin, très sérieux. Tu vas nous mettre sur la paille. Je te le demande solennellement.

— C'était pour nourrir l'harmonie collective, argumente-t-elle, davantage pour lutter contre sa culpabilité que pour se défendre.

— Je sais. Mais rends-toi utile autrement, grâce à tes compétences en astrologie, comme aujourd'hui !

Honteuse, elle acquiesce en silence. Martin a raison, même si ses intentions étaient pures, elle a sauté dans le piège du consumérisme matérialiste au lieu de croire en sa propre lumière. Quelle erreur ! Alors qu'on commence à lui accorder une certaine crédibilité au village, lui semble-t-il. Trouverait-elle enfin sa place en ce monde ?

Les deux équipes ont accepté ses conseils pour fixer la date du débat public. Elle l'a vu : samedi, à midi, la conjonction astrale sera grandement favorable à la résolution des conflits et à l'amélioration de la communication. Lorsqu'elle en a fait part au téléphone à Philou, celui-ci l'a écoutée sans discuter. « Ça tombe bien que ce soit justement le moment idéal pour réunir le plus de monde possible », a-t-il ajouté, d'une voix soulagée.

Sybille elle-même ressent déjà les effets bénéfiques de Mercure rétrograde. Soudain, elle tend la main par-dessus la table pour caresser celle de Martin.

— Je te présente mes excuses, déclare-t-elle avec sincérité. Je vais rester loin de ces sites commerciaux et me tourner vers d'autres voies pour enrichir notre belle communauté.

Comme pour ponctuer sa promesse, la notification d'arrivée d'un mail retentit sur son ordinateur portable. Martin ouvre aussi sa messagerie. Tous deux découvrent ensemble l'appel envoyé sur la liste de diffusion des informations trouloises.

Objet : Débat citoyen pour sortir de la crise des municipales
@Liste_Trouloise_dinformations

« Chères Trouloises, chers Troulois,

Nous, colistiers des deux candidats aux élections municipales de notre village, avons entendu votre déception et vos inquiétudes quant à la teneur de cette campagne. Depuis la démission des Pujol, Troulou est un navire sans capitaine, aux prises avec un gros grain.
Ce qui est fait est fait, mais sachez que nous-mêmes n'approuvons pas toutes les décisions qui ont été prises, individuellement ou en équipe, ce qui est bien la preuve qu'on peut tomber d'accord sur l'essentiel : la qualité des échanges et le respect mutuel.
Nous nous sommes donc constitués en Collectif des Colistiers, afin de proposer un grand débat citoyen : que vous votiez ou non, que vous souhaitiez être élu·e ou pas, que vous soyez soutien ou opposant·e, votre opinion nous importe !
Réunissons-nous sur la place centrale ce samedi 29 mai, à midi, afin de trouver ensemble comment sortir par le haut de cette crise indigne de notre beau village.
Les discussions seront suivies d'un apéritif convivial.

Démocratiquement vôtre,
Le CoCo »

Chapitre 27

La place du village est en pleine effervescence. Romain, aidé par deux comparses, s'active pour disposer les bancs du comité des fêtes. Mylène a dû accepter de les prêter, sans obtenir d'explications en échange pour autant. Elle se mord les lèvres en observant le jeune homme installer une sorte d'arène où les sièges forment un demi-cercle tourné vers une estrade. Deux enceintes sont déjà branchées et des essais micro sont en cours.

Mylène est à la peine, murmure-t-elle. Jeudi soir, Philou est rentré assez tard. Encore fatiguée de ses libations avec La Molotov, elle l'attendait en sirotant une eau pétillante. Il n'avait pas répondu à ses SMS et elle commençait à trouver le temps long. Elle a entendu la porte d'entrée s'ouvrir puis se refermer. Philou n'a pas suspendu sa veste à la patère, il n'a pas jeté ses clefs dans le vide-poche prévu à cet effet. Au lieu des bruits familiers de leur quotidien, rôdait un énorme silence.

Une bande de gamins galope entre les bancs, sur les pavés usés aux joints pâles. Deux vieilles s'avancent, chacune un siège pliant à la main, et tentent de s'incruster au ras de l'estrade. Avec sa gentillesse coutumière et de grandes blagues pour gagner par le rire, Romain arrive à négocier une reculade au niveau du premier rang, ce qui le contraint tout de même à déplacer une partie de son agencement. Les vieilles pouffent entre leurs dernières dents et branlent du chef à qui mieux mieux.

Mylène a laissé passer un moment, assise au bord du canapé, tentant de saisir ce qui la mettait en alerte et pourquoi rien ne semblait habituel. Quand Philou est apparu dans le salon, il avait sa veste en jean sur le dos et ses clefs à la main. Son attitude grave l'a tout de suite inquiétée.

— Tu ressors ? lui a-t-elle demandé.

Devant son absence de réaction, elle s'est levée lentement, son cœur battait vite soudain, et sa gorge s'est asséchée.

— Philou ? Tu m'expliques ?

Mylène consulte son portable pour la millième fois. Depuis deux jours, plus personne de son équipe ne répond à ses messages. Elle-même se sent si mal qu'elle n'a pas le courage de pousser jusqu'au Refuge pour obtenir des éclaircissements, pas davantage celui de se rendre au cabinet médical. Car à part Romain, qui a juré sur ses aïeux n'être au courant de rien, ni Désirée ni Pétronille ne sont venues boire un café comme ça leur arrivait jusque-là.

Philou s'est empêtré dans des justifications confuses d'où il est ressorti qu'il avait *besoin de prendre l'air* et qu'il *allait partir quelques jours*. Non, *qu'il partait*, plus exactement, tout de suite et sans attendre. Il a soigneusement évité de la toucher, le regard buté. Elle a lutté afin de dissimuler son affolement, estomaquée par cette décision qui la privait de force pour répondre. Elle s'est rassise, a écouté ses pas dans leur chambre à l'étage, les tiroirs qui couinaient, le bruit de la fermeture Éclair du grand sac de sport où il avait sans doute jeté quelques affaires.

Les pétarades d'un moteur percent la cacophonie extérieure. Seule en selle, La Molotov débouche au coin de la rue, sur l'antique solex d'Oscar. Son casque à pointe est totalement ubuesque et ses lunettes en strass jurent comme des charretières sous la lumière vive de cette fin de matinée. Tout le monde se retourne sur son passage. Imperturbable, elle arrive au pied de l'installation et se gare derrière les enceintes. Après quelques contorsions pour descendre sans fêler son bassin contre le porte-bagage, La Molotov se campe fièrement sur ses deux jambes – pantalon noir, blouson assorti et écharpe rouge sang. Elle ôte son casque, le glisse dans l'une des sacoches et retire les lunettes de son nez. Puis elle ébouriffe sa courte chevelure blanche afin de lui redonner du volume et se dirige droit sur Romain auquel elle claque deux bises monumentales. Le Belge hausse les sourcils quand elle lui adresse quelques mots, avant d'éclater de rire. Mylène recule à l'abri du salon. En voilà au moins deux qui se sont rabibochés, pense-t-elle.

Elle revoit le sourire sans joie de Philou au moment où il est redescendu. Il lui a dit de ne pas s'en faire. Elle a répondu qu'on savait tous de quoi il retournait – non ? – quand, dans une relation, il y en a un qui demande un break. Il a hésité, son corps envoyait des messages contradictoires. Elle a eu l'impression de manquer d'air. Il a marmonné qu'il le fallait et, l'instant d'après, il était parti. Elle a enfin crié : « Philou ! » Mais le claquement de la porte a couvert sa voix.

— Putain, y a pas la queue d'un rat dans cette gargote ! tonne La Molotov en pénétrant dans la partie bar. Où est la taulière ?

Mylène plaque un sourire rouge carmin sur ses lèvres et rejoint sa nouvelle copine.

— Ah, tu es là, je me demandais si tu cuvais encore, rétorque-t-elle avec un entrain qu'elle espère crédible.

— J'avais sans doute récupéré bien avant toi, c'est pas une foutue gnôle qui aura raison de moi, même si elle était corsée, la traîtresse. Bon, c'est quoi le programme, aujourd'hui ?

Troublée, Mylène met une seconde à comprendre.

— Café ? propose-t-elle.

— Une bacholle dans ce cas, pas une tasse de mémère.

Tout en glissant un bol sous le percolateur, Mylène cherche comment extorquer des renseignements à sa visiteuse.

— Du coup, qu'est-ce qui t'amène dans le coin ? tente-t-elle.

— T'as pas reçu ta convocation, Mylène ? Pourtant, tout le monde y a eu droit. Je viens voir les CoCo. Rien qu'avec le nom, je me marre.

— Et… tu ne sais rien de ce qui se trame ?

— Ah, mais je suis un petit-suisse, moi.

Et devant l'expression ébahie de Mylène, elle complète :

— Neutre. Silencieuse comme Néfertiti au tombeau. En dehors de toute bataille électorale.

Mylène pousse le bol plein sur le comptoir et pose le sucre avec une petite cuillère juste à côté.

— Philou est parti, lâche-t-elle.

— Les hommes ! crache La Molotov. Il reviendra, ma poule, crois-en mon expérience.

— C'est pas ça qui va me rassurer, vois-tu.

— On a un problème, avec les hommes, commence La Molotov après une minute de réflexion. Trop charismatiques et audacieuses pour eux. Intelligentes, avec ça.

— Mais pas modestes, en tout cas.

— Bof. Sont-ils humbles, les lascars ? Écoute, dès que ce merdier aura fini d'occuper toutes tes facultés mentales, j'ai un grand projet à partager avec toi. Un projet que nous devrions monter ensemble.

La Molotov papillonne exagérément des paupières pour montrer que l'affaire est sérieuse. Mais Mylène est à moitié attentive. Sur la place, les gens se pressent de plus en plus nombreux. Elle vient de voir Norbert, il va falloir qu'elle sorte, elle aussi. Pour la première fois, affronter les habitants lui paraît insurmontable. Philou n'est pas à ses côtés. Et depuis deux jours, où elle a beaucoup pleuré dans le secret de leur chambre, Mylène en a conclu que rien n'avait de sens dans sa vie si Philou n'y était pas. Sans son homme, elle n'a plus l'énergie de tenir son salon ni l'envie d'en découdre ou de se justifier devant une population qui lui est devenue hostile. Sans l'amour de Philou, Mylène découvre qu'elle a perdu sa cape d'invincibilité.

— Je ne vais pas y arriver seule, murmure-t-elle d'un ton effrayé qui la bouleverse.

La Molotov détaille les lèvres rouges qui tremblent, les yeux trop brillants, le désarroi évident de Mylène. Elle aussi a connu cette peur, elle aussi s'est sentie privée de soutien. Et pas plus tard que jeudi, d'ailleurs, où Mylène l'a sortie d'un mauvais pas. Alors elle vide son bol et se lève.

— T'es pas seule, ma grande, puisqu'on y va ensemble. Pourquoi tu crois que je suis là ?

EN ARRIÈRE COMME NAGUÈRE !

C'est le slogan que scande un panneau tenu par un groupe de jeunes parents. Norbert passe à côté d'eux en baissant la tête. Trois jours qu'il essaie de joindre Hervé sans y parvenir. Il n'ose plus lui laisser de messages. Il a revêtu son plus beau jean, celui qui dissimule la maigreur de ses jambes, ses santiags et un gilet ajusté à fines rayures bleues sur un tee-shirt blanc. Il s'est peigné avec soin, la chevelure ramenée en arrière, la Fu Manchu altière. Mais son slogan détourné de la sorte lui fiche un coup.

Lorsqu'il a reçu le mail des CoCo, il a d'abord cru à une blague. Michel lui a confirmé que tout le monde s'y rendait. Comment Michel était-il au courant, lui qui n'est pourtant pas une lumière ? Norbert n'a pas cherché plus loin, surtout quand l'autre crétin lui a demandé, avec moult atermoiements, si c'était vrai qu'il avait eu une liaison avec Hélène et qu'il venait de la larguer. D'habitude, c'est plutôt Norbert qui mène la rumeur, il n'est pas accoutumé à en être la victime. Il espère qu'Hervé ne croit pas toutes ces conneries, qu'ils vont pouvoir s'expliquer entre hommes. Et ce serait mieux qu'il ne le retrouve pas à cette réunion, tant qu'ils ne se sont pas parlé en tête à tête.

Les bancs se sont remplis, certains habitants ont apporté leurs propres sièges, pour compléter. D'autres restent debout. Au premier rang, comme c'est leur habitude, il y a les deux cousines. Toujours ensemble, à tel point qu'on ne les distingue plus l'une de l'autre. Elles se sont installées sur leurs pliants, crasseux à force de servir par tous les temps, et elles ricanent en exhibant leurs gencives. On devrait enlever le droit de vote à partir d'un certain âge, se dit Norbert sans mesurer à quel point il est illogique. Il adresse quelques saluts, ici et là. Ne s'attarde pas pour vérifier si on les lui rend. Il croit reconnaître Françoise, mais ne s'aventure pas à s'approcher d'elle.

Devant le salon de coiffure, Manceau est là, accompagnée de la sorcière du Refuge, celle qui trimballe parfois un corbeau sur son épaule. Cette saleté de corbeau qui venait titiller son oie et sur lequel il a tiré un coup de fusil. Mais qu'est-ce qu'il pouvait vouloir à Zigzag ? En tout cas, c'est fini, on ne le voit plus. Peut-être bien qu'il l'a buté, finalement.

Norbert a laissé Zigzag dans son carton, à l'intérieur de la maison. Elle s'est acclimatée et hormis ses déjections qu'il doit nettoyer plusieurs fois par jour, elle est d'une agréable compagnie. Elle lui parle encore, par moments, mais il en a pris son parti. Ce n'est pas si déplaisant d'avoir de nouveau quelqu'un à qui causer, sauf quand elle lui fait la morale.

C'est lui, le gars qui se présente ? Oui, vous ne le connaissiez pas ? Ben non, je suis pas trop curieux de la vie des autres, mais c'est vrai alors ce qu'on dit ? Chut, il écoute et c'est une sale bête.

Il s'en fout, de ce qu'on pense de lui, voilà. Il se le répète en boucle : je m'en fous, je m'en fous.

Les participants, pour la plupart, ont ramené de la nourriture dans des paniers ou des cagettes. Il y a une table prévue où on dressera l'apéritif, tout à l'heure. Chacun paiera son écot ; qui une salade composée, qui de la charcutaille, qui des tartes et des gâteaux maison. On ne manque jamais de quoi bouffer à Troulou.

Manceau et lui se défient brièvement du regard, Norbert est assez loin pour lâcher l'affaire sans se sentir humilié. N'empêche, son slogan à elle, personne ne s'en est emparé pour le détourner. Il ne sait pas comment l'interpréter : est-ce la preuve qu'il a une formule plus inspirante ou que la coiffeuse a un meilleur crédit auprès des électeurs ? Le prénom d'Hélène lui traverse l'esprit, comme c'est de plus en plus souvent le cas. Il revoit son air égaré, tandis qu'il lui criait dessus pour des broutilles qui lui avaient semblé très importantes à ce moment-là. Alors qu'elles n'étaient rien, comparé à ce qui l'attend aujourd'hui. Il serre les dents. Il lui en coûte d'être là. Il regrette sa tranquillité passée, quand il s'occupait de ses affaires. Quand Hélène et Hervé étaient ses amis et que rien d'irréparable n'avait été commis pour précipiter une telle débâcle.

Un homme monte sur l'estrade, il s'empare du micro. Norbert ne sait pas s'il doit s'asseoir avec les autres ou s'il vaut mieux qu'il reste en retrait. Au cas où il faudrait qu'il dégage en vitesse. C'est la première fois qu'il se sent aussi seul dans une réunion publique.

— Bonjour à toutes et à tous, se lance Bruno, merci d'être venus en nombre ! On ne va pas tarder à commencer.

Ah ouais, passequ'on a soif !

— On a prévu de quoi vous rafraîchir, ne vous inquiétez pas !

C'est qui celui-ci ? Le mari de la nouvelle secrétaire du docteur.

— Alors, pour celles et ceux qui ne me connaissent pas, je m'appelle Bruno Vay. Ma femme Pétronille et moi, nous habitons au Refuge avec nos deux enfants, Oscar et Marion. Coucou, les enfants, je vous vois, ne faites pas n'importe quoi. Nous attendons quelques retardataires, dont Jeanne, qu'on ne présente plus.

Y vient jamais au village, non ? Ben non, c'est du Bordelais. Ouh là là, miséricorde, et pourquoi c'est lui qui parle, alors ? Aucune idée.

— Je vais vous demander un peu de patience, termine Bruno avec la sensation d'être pris au piège sur un ring, le temps que tout le monde nous ait rejoints et nous pourrons ouvrir le cercle de parole.

Il quitte l'estrade pour se diriger vers Sybille et Martin, tous deux à l'écart. Sybille est en pleine incantation, en tâchant de rester discrète comme on le lui a suggéré :

— Grandiose est ta présence, Maragux ! Associe les forces de la nature pour équilibrer les énergies qui traversent ce lieu. Favorise l'échange et la concorde entre les êtres de cette assemblée. Donne-nous l'esprit des mots dans l'harmonie, repousse les malentendus et les rabat-joie.

Puis elle jette une pincée de sel gemme aux quatre points cardinaux et se met à exécuter une petite danse en psalmodiant : « Tous ensemble, tous ensemble, Hey ! Hey ! Tous ensemble, tous ensemble, Hey ! Hey ! Tous… »

— Bon, ça va peut-être aller, là, s'agace Bruno à l'idée que l'attention du public puisse converger sur eux.

— Il ne faut en aucun cas interrompre un rituel de cette manière, chuchote Martin en roulant de gros yeux.

« … Hey ! Hey ! Tous ensemble… »

Pour la première fois, Bruno regrette que La Molotov ne soit pas dans leur équipe. Elle se serait certainement portée volontaire pour filer un coup de gourdin à Sybille.

Il ne l'aurait pas approuvée de manière officielle, mais se serait secrètement senti soulagé.

Sybille le fixe avec un grand sourire ironique. Elle lui prend la main, en lisse la paume.

— Voilà, dit-elle en y déposant une pincée de sel rose d'Himalaya. Cela permet de résoudre les troubles émotionnels et relationnels, cher Bruno. Au nom du père, du fils et des simples d'esprit !

Chapitre 28

Les derniers arrivants débarquent au petit trot, on commence à se serrer sur les bancs.

Je me mets à côté de vous ! Ah non, je veux rester au bord, et pouvoir filer au petit coin.

Mylène, assise du bout des fesses au premier rang, doit se décaler pour laisser Françoise s'installer entre elle et La Molotov qui tient à conserver sa place au bord pour cause de vessie délicate. La candidate observe avec stupeur son équipe électorale discuter avec celle de son adversaire. C'est un lâchage complet. Malgré sa robe blanche à pois rouges, personne à part La Molotov ne semble la remarquer. On la snobe. On l'exclut. Une blessure ancienne, jamais totalement refermée, la brûle avec vivacité. S'ils ne veulent plus d'elle, elle fera sans eux ! Mais cette pensée bravache ne peut rien contre la douleur lancinante qu'elle éprouve.

— Viens près de moi ! glapit Françoise à Pétronille.

Mylène se pousse encore et soudain, elle aperçoit Philou au bout de la place, accompagné de Jeanne. Tous deux scrutent la foule, avant de se tourner l'un vers l'autre pour un bref conciliabule.

« Pardon, excusez-moi. »

Enfin, Philou la voit ! Le cœur de Mylène s'affole tandis qu'elle lui lance un faible sourire. Va-t-il agir comme si elle était transparente ? Comme s'il ne la connaissait pas ? Mais si le vigneron fuit son regard, il lui adresse un léger signe de la main. Presque rien. Alors c'est ça ? Il aura suffi d'un désaccord stratégique pour qu'il s'éloigne d'elle ? Mylène tente d'attiser sa rage pour contraindre au reflux la violente angoisse d'abandon qui la submerge.

« Ah vous êtes là ? Je vais vous tenir compagnie. »

Sa voisine de gauche se rapproche encore, Mylène fait glisser sa robe printanière sur le bois usé, réfléchissant à toute allure sur le sens du geste que lui a concédé Philou. Elle aurait voulu qu'il la rejoigne, qu'il lui explique de quoi il retourne aujourd'hui ! Elle ignore toujours qui est derrière cette étrange réunion publique. Est-ce Norbert ? Non, lui aussi paraissait ostracisé par sa propre équipe. Mylène se sent davantage perdue à chaque seconde. Soudain, sur sa droite, elle entend un toussotement embarrassé et tourne la tête. Le face-à-face avec Norbert et sa moustache soigneusement peignée ne dure qu'une demi-seconde, mais cela suffit pour les statufier l'un et l'autre, épaules crispées et lèvres pincées.

Norbert avait fini par s'asseoir à l'extrême droite du premier rang, incité d'un geste par Michel, qui avait disparu juste après. Il a pu constater que tous ses colistiers, qui l'ignorent avec affectation, paraissent s'entendre comme cul et chemise avec l'équipe Manceau. Norbert ne sait plus quoi penser : Hervé a-t-il exprimé des doutes quant à sa culpabilité ? S'agit-il d'une forme de bannissement relationnel ? Tout à l'heure, il a même cru être la cible d'un bizutage, quand l'illuminée des Martels s'est quasiment assise sur ses genoux ! Il s'est décalé in extremis, échappant cette fois au ridicule. D'autres ensuite se sont installés et, fessier après fessier, il a perdu du terrain jusqu'à se retrouver tout contre Manceau. Mais d'ailleurs… est-ce que… D'un bref coup d'œil, Norbert vérifie le soupçon qui vient de le traverser. *Oui, c'est ça ! Ah, les saligauds !* Sur chacun des bancs, les colistiers des deux camps se sont assis les uns près des autres, repoussant les candidats au centre, au point qu'ils semblent former un duo de presse-livres sur une étagère de brocanteur. Raide comme la justice quand elle manque de budget, Norbert tente de rester de glace, malgré sa nuque qui brûle sous les regards des villageois installés derrière eux.

La place fourmille de monde. Bruno se dirige calmement vers l'estrade. C'est alors que, sur la gauche, monte un chant sonore et à peine faux.

Y en a pas un sur cent et pourtant ils existent
Et s'il faut commencer par les coups de pied au cul
Faudrait pas oublier que ça descend dans la rue
Les anarchistes

La Molotov termine son couplet d'une voix rauque, au milieu de quelques ricanements. De maigres applaudissements retentissent et Romain lève discrètement un pouce approbateur, debout entre les enceintes. Mylène reste silencieuse, une angoisse sourde au creux du ventre. Elle a remarqué la présence de Sybille à côté de Norbert. Désirée pianote sur son portable, jambes croisées. Martin est là aussi, mais elle ne voit plus Jeanne ni Philou, qui ont certainement choisi de prendre place à l'arrière. Tout le monde semble connaître le motif de ce rassemblement. À part Norbert, qui roule des yeux anxieux, les bras croisés sur son abdomen proéminent. Mais il est hors de question qu'elle partage avec lui son inquiétude ! La campagne n'est pas terminée que ce village est déjà trop petit pour eux deux, se répète la candidate. Irritée par cette proximité contrainte, elle tente de s'éloigner de son adversaire, mais elle est impitoyablement repoussée contre lui par le corps compact de Françoise.

— S'il vous plaît ! intervient Bruno d'une voix claire. Nous allons commencer ! On m'entend, au fond ?

Le brouhaha convivial s'atténue. *Chut ! Range les gâteaux !* Au centre, Mylène et Norbert n'en mènent pas large.

Bruno, en manches de chemise, hoche la tête et reprend la parole, calme et décidé.

— Bien. Vous le savez si vous avez reçu notre mail, nous sommes ici à l'initiative du CoCo : le Collectif des Colistiers des deux listes concourant pour la mairie de Troulou.

Atterrée, Mylène peine à assimiler l'information.

— Être mis à l'amende par des cocos, ça doit piquer, hein, Norbert ! lance La Molotov.

Le candidat interpellé reste de marbre, avalant furieusement sa salive.

— Cette réunion publique, où tout le monde a droit à la parole, est née du constat d'échec de la campagne électorale, poursuit Bruno, imperturbable.

C'était lamentable ! Aucune dignité, aucun programme ! Une guerre d'ego, voilà ce qu'on a eu !

— Nous sommes d'accord avec vous et c'est pourquoi nous avons décidé de provoquer ce débat afin de trouver ensemble comment sortir de cette crise. Et si notre initiative fonctionne, nous pourrions répéter le principe pour gérer Troulou de manière participative ! Ce qui éviterait certaines dérives auxquelles nous avons pu, hélas, assister récemment.

Ouais ! Ça ne pourrait pas être pire, de toute façon ! J'ai toujours pas réussi à décoller vos saloperies d'affiches de mon mur ! Merci bien la déco ! Mais on vote pas pour Philou, alors ? On a même pensé à déménager, nous. Comme les Pujol ? Quand on voit le résultat... Oui, ben les Pujol, en attendant, ils ont pas mis Troulou à feu et à sang. Sans compter cette pauvre Hélène ! On va en parler, de ça ?! C'est honteux de l'avoir poussée à bout, juste pour servir ses intérêts !

Ce dernier cri réduit l'assemblée au silence. Plus personne ne bouge. Bruno se croirait soudain face à des statues de cire. Mais l'atmosphère chargée d'électricité n'est pas celle d'un musée. Non, il s'agit plutôt de celle d'un tribunal avant un verdict que personne n'est en mesure de prévoir. Dépassé par la situation, il cherche Pétronille des yeux. Elle lui fait discrètement signe de patienter.

Mylène se mord la joue, oppressée par l'angoisse. Comment s'exprimer pour orienter l'accusation vers Norbert, à l'origine du geste épouvantable d'Hélène, sans risquer de retourner la foule contre elle ? Et surtout sans raviver la rancune de Philou ?

À ce moment, sur sa droite, son voisin se lève, le visage défait. Sa décision est prise : ce sera son ultime tentative pour que les choses redeviennent comme avant.

— J'assume pleinement la responsabilité de cette situation, déclare-t-il avec gravité, et j'en tire les conclusions, en me retirant de la vie politique...

— Il est possédé par Jospin ! Sybille, faut l'exorciser ! se marre La Molotov, recueillant des protestations murmurées.

Les oreilles bourdonnantes, Mylène bondit à son tour, furieuse d'avoir été coiffée au poteau.

— Moi aussi, je me retire ! glapit-elle en se tournant vers la foule assise sur les bancs. J'y pense depuis plusieurs jours, bien avant que mon adversaire l'envisage !

Et allez ! Voilà l'autre qui essaie de plumer l'oie sans la faire crier !

Cette pique ébranle Mylène. Mais elle n'a pas le temps de chercher une riposte, car des quolibets et des sifflets retentissent de toute part. Norbert et elle sont à découvert, cernés par une population mécontente et qui compte bien s'exprimer.

— Doucement, gardons notre calme, implore Bruno, sans succès.

Norbert, déconfit, constate la faillite de toutes ses espérances électorales et plus encore. Lui, l'enfant du pays et l'homme de la situation, hué par les siens ! Jamais, y compris dans ses cauchemars, il n'a imaginé pareille catastrophe. Résigné, la mine coupable, il semble se ratatiner sur lui-même et finit par se rasseoir, humilié.

Mylène, aux abois, puise dans ses réserves de combativité et de résilience pour tenter de se sortir de l'impasse. Elle étend les bras devant la foule en colère, prend une large inspiration :

— Je vous ai compris ! tonne-t-elle. J'admets que cette campagne a dérapé !

Les cris se taisent, les sifflets s'espacent. On l'écoute ! Galvanisée, elle poursuit, d'une voix qu'elle espère apaisante.

— Nous n'avons pas réussi à donner le meilleur de nous-mêmes, comme vous le méritiez toutes et tous. Je le regrette, même si l'autocritique ne saurait suffire face au drame qui affecte certains des nôtres…

Elle hésite, mais le poids de sa faute personnelle est si écrasant qu'elle ne peut que la repousser avec force pour la déposer sur les épaules d'un autre coupable. N'est-ce pas d'abord lui que la foule a sifflé ? Elle est debout, il s'est effondré, cela le désigne, certainement.

— Voici venu le temps des aveux, annonce-t-elle, la voix altérée par son propre culot. Il y a ici quelqu'un qui a l'obligation morale d'assumer sa triste responsabilité dans ce drame. Car enfin, nous savons qui a rendu visite à…

— Mylène ! lance Jeanne en se dressant au cœur de la foule.

La coiffeuse reste saisie par l'expression de sa vieille amie, dont la désapprobation est évidente. Les murmures reprennent, semblables à une pluie qui annoncerait un violent orage. Bruno tapote son micro pour réclamer le silence, renonçant à user de la voix.

— Mylène, répète Jeanne plus doucement en prenant appui sur l'épaule de Philou afin de se hisser sur le banc. Pour l'instant, tout ce que nous pouvons faire pour Hélène, pour Hervé et leurs enfants, c'est ramener le calme et la paix.

C'est vrai, ça, ils vont avoir besoin de tranquillité. On va pas non plus dresser une potence sur la place. Ou on les fusille, comme pour l'Odieux et la Terrible, c'est moins de travail. Comme qui ? Les Ceaușescu. Les quoi ? J'aimerais quand même bien savoir qui l'a conduite à se suicider… Parce que c'est pas Hervé qui l'a… Mais pas du tout !

Jeanne soupire. Ces histoires de sagesse populaire, on ignore d'où ça sort, mais probablement pas de Troulou. On leur propose la paix, ils s'excitent sur des ragots. Ah ça, pour siffler, il y a du monde, mais pour imaginer des solutions, pas un volontaire ! C'est sûr que c'est plus facile de tailler un costard en trois mots que de développer un programme de cohabitation.

Y a pas de fumée sans feu : Norbert est allé voir Hélène avant… N'importe quoi ! Justement, c'est lui qui l'a sauvée ! À moi, on m'a dit qu'elle était morte ce matin. J'étais là quand il y a eu l'histoire avec l'oie ! C'est Mylène qui a tout déclenché ! Mais rien du tout !

Au premier rang, Mylène s'est rassise, accablée. Désormais, elle est seule avec Norbert sur les bancs désertés par leurs colistiers. Eux sont en pleine discussion autour de Bruno qui a coupé son micro. L'équipe de Norbert hausse le ton. Ses membres sont déchirés entre leur inquiétude pour Hélène que tous apprécient, et leur loyauté vis-à-vis de Norbert dont ils connaissent les emportements. L'abattement évident de leur candidat les met mal à l'aise. L'équipe de Mylène, atrocement embarrassée par sa dernière prise de parole, jure que personne ici ne souhaite un procès populaire. Seule Sybille, étrangement sereine, observe une réserve souriante.

Françoise, t'as eu des nouvelles, toi ?! Non, j'ai parlé à personne depuis que les petits sont chez les parents d'Hervé. On vote plus, alors ? Mais tu crois que c'est ça, le problème ?! Quand je pense qu'on me dit que l'anarchie, c'est le bordel… Je vois pas trop la différence.

Dans le vacarme général, Désirée, un peu à l'écart, sursaute quand son portable se met à sonner. C'est Pierre.

Elle décroche, mais le brouhaha l'empêche d'entendre. « … pas le temps… » Elle s'éloigne de quelques pas, la voix de médecin lui parvient à peine. « … Hélène a… » Elle craint que Pierre, visiblement pressé, ne mette fin à son appel. Elle hésite, se tourne vers Bruno, puis cherche Jeanne des yeux. Tout le monde est plongé dans de vives conversations. « … Allô ! Allô !… » Elle n'a pas le choix. Avec un soupir, elle grimpe sur l'estrade et attrape le micro qu'elle rallume dans un larsen strident.

— Taisez-vous !

L'impératif a claqué. Désirée doit affronter les regards interloqués ou indignés qui la dévisagent. Heureusement, Pierre est toujours au bout du fil.

— C'est le Dr Vallaron ! dit-elle en agitant son téléphone. On a des nouvelles d'Hélène !

Chapitre 29

Après avoir raccroché, Pierre reste un moment dans le couloir. Une odeur de soupe concurrence le désinfectant. Deux aides-soignantes finissent de servir les plateaux-repas sur un énorme chariot qui grince à chaque tour de roue ; une infirmière tente de rassurer un vieil homme qui appelle sa mère en pleurant ; une gamine joue avec un ballon bleu, adossée à la porte d'une chambre. Pierre se frotte énergiquement le crâne pour chasser la fatigue, il a envie d'un café mais y renonce car il faudrait qu'il descende deux étages pour trouver le distributeur. Au lieu de quoi, il retourne sur ses pas, jusqu'à la chambre 532.

Hélène repose sur le lit médicalisé, le cou zébré d'un fin sillon sous les maxillaires inférieurs, le visage encore gonflé et parsemé de petites taches rouges. Les stores ont été baissés pour tempérer la pièce. Pierre reprend place sur la chaise qui se trouve près du chevet. La jeune femme s'est assoupie durant son absence. Les tranquillisants l'assomment, lui permettant de moins souffrir du larynx et de la morsure qu'elle s'est infligée à la langue – sans compter le regard halluciné de son mari. Pierre sait d'expérience que cet homme n'oubliera pas ce qu'il a vu en revenant chez lui à l'improviste, que ces images d'une violence inouïe resteront à jamais gravées dans son esprit. Il espère que le couple s'en sortira, que leur amour est assez solide pour traverser cette épreuve. Il pense beaucoup aux enfants. À la question sans réponse qui tourne en boucle dans ces cas-là : Pourquoi ?

Les doigts fins d'Hélène grattent le drap. Pierre saisit sa main entre les siennes et lui sourit avec chaleur lorsqu'elle ouvre les yeux.

— Où est Hervé ? demande-t-elle.

Sa voix est rauque, le débit lent et haché à cause de la blessure dans sa bouche et de la trachée tuméfiée.

— Il est allé se reposer et puis... il voulait voir Baptiste et Mila.

Pierre prononce les deux prénoms de manière intentionnelle. Il cherche à noter la réaction d'Hélène et à l'amener au dialogue, si elle y consent. À plusieurs reprises durant les dernières heures de semi-conscience, elle a tenu des propos inquiétants concernant son bébé. Elle souffle avec effort.

— Il m'en veut.

— Il a eu peur, il est encore sous le choc.

— J'avais juste envie... que ça s'arrête, murmure-t-elle non sans difficulté.

— Quoi donc, Hélène ? Qu'est-ce qu'il y a de si terrible ?

Ses yeux s'emplissent de larmes. Pierre l'aide à se moucher, essuie les joues trempées, lui donne un peu d'eau en veillant à ce qu'elle l'avale correctement. Le calme de la chambre contraste avec l'agitation du couloir, le cliquetis des couverts jetés dans les bacs, le rire d'une femme dans la pièce à côté, créant un espace de douceur inattendu.

— Je te demande pardon, poursuit Pierre quand Hélène semble s'être apaisée. Je n'ai pas été assez attentif, je n'ai pas pris soin de toi comme je l'aurais dû.

Elle le regarde avec étonnement et tente de l'interrompre.

— Non, laisse-moi finir et après, si tu le veux, si tu le peux, tu me diras ce qu'il en est pour toi. Nous nous connaissons depuis longtemps, Hélène. Tu es efficace, loyale, dévouée. Joyeuse, à ta façon discrète. Je ne pouvais rêver une meilleure aide pour des tâches qui ne sont pas toujours très agréables, n'est-ce pas ? Nous avons reçu quelques vedettes au cabinet, avec certaines nous avons des souvenirs épiques, comme la fois où Ginette m'a gratifié d'une déclaration vraiment gênante. Heureusement que tu étais là pour me sauver la mise.

Ils se sourient à l'évocation de cette tentative de séduction si intrusive qu'elle avait obligé Pierre à se réfugier dans la cuisine auprès de son assistante. Hélène hoche imperceptiblement la tête en signe d'assentiment.

— Un lien d'amitié s'est forgé entre nous qui dépasse nos rôles respectifs de médecin et d'employée. Pour toutes ces raisons, j'aurais dû m'apercevoir que tu allais mal. J'aurais dû, je ne sais pas… être plus présent. Peut-être que tu serais arrivée à te confier. Peut-être que j'aurais pu éviter tout ça.

Hélène entrelace ses doigts aux siens.

— Mais je suis heureux de pouvoir te présenter mes excuses. Dans le cas contraire…

Il ne termine pas sa phrase, trop ému. Hélène accentue sa pression.

— C'est dur de… parler, Pierre.

— Ça soulage, quand on y arrive.

— Ou alors, ça transforme les cauchemars en réalité.

Un silence succède à leur échange. Pierre est tiraillé entre sa culpabilité envahissante et un sentiment d'urgence, comme s'il n'y avait qu'un fil ténu pour garder le contact avec la jeune mère.

— J'ai si honte. Si peur, murmure-t-elle.

— Mon amie, je t'en prie, laisse-moi t'aider.

Hélène soupire et acquiesce.

Durant l'heure qui suit, avec des phrases amputées, des mots qu'il lui faut expulser dans la douleur, Hélène livre les pensées qui l'ont tourmentée dès qu'elle a su être enceinte de Mila. « On la voulait, pourtant. » Rien de tel ne s'était manifesté pour Baptiste. Non seulement elle s'est sentie submergée par les nombreuses tâches qui lui incombaient, le sommeil volé entre deux enfants, les inquiétudes d'Hervé quant à leur avenir, mais elle a commencé à se voir faire du mal à la petite. Surtout quand celle-ci dormait, qu'elle était sans défense. Hélène doit s'y prendre à plusieurs reprises pour évoquer ces images très nettes. Soit elle étouffait son bébé sous un oreiller, soit elle la balançait par la fenêtre. Elle raconte des moments précis, leur accumulation. Que c'est vite devenu horrible, la peur de rester seule avec Mila et de céder à une pulsion. Qu'elle appelait souvent sa voisine Françoise à cause de ça. « Des fois, je hurlais, je me tapais dessus. » Et puis, le silence entre Hervé et elle – impossible de se laisser approcher, impossible de lui révéler le combat qu'elle menait chaque jour contre elle-même. Comment dire au père qu'on voudrait tuer son nouveau-né, comment dire au mari qu'on voudrait se supprimer ? Qui pourrait encore l'aimer après ça ? Et ses enfants, comment allaient-ils s'en sortir avec une mère comme elle ? « Mes pauvres petits... »

Les sanglots secs, déchirants, qui parsèment la confession d'Hélène, exigent une grande attention de la part de Pierre. Être là tout entier, sans jugement et sans être emporté par l'émotion. Plus il reste solide, plus elle peut s'appuyer sur lui. Il entend : « C'était préférable d'en finir, non ? » Et juste après : « Je suis dangereuse. » Et encore : « Je ne vaux rien, Hervé et les enfants méritent mieux que ça. » Et enfin, elle se tait, épuisée.

Pierre n'a pas lâché la main d'Hélène durant toute la traversée. Il n'a pas détourné son regard amical, il n'a eu qu'un sourire de pure tendresse aux moments les plus difficiles. Maintenant, il faut qu'il trouve les mots qui permettront à Hélène de franchir l'étape suivante. La peur tente de l'envahir. Il s'en remet à Jeanne – « C'est ce qui arrive quand on se prend pour Dieu. » Non, il n'est pas tout-puissant, elle a raison, mais il est familier de la souffrance, il passe sa vie à essayer de la soulager. Ce n'est pas maintenant qu'il doit renoncer. Il va d'abord dire à Hélène qu'elle n'est plus isolée, désormais, pour affronter cette réalité, et qu'elle n'est pas non plus la seule mère à la vivre. Pendant qu'il lui décrit avec précision ce qu'est la phobie d'impulsion, ce syndrome bien identifié mais qu'on évoque encore peu, elle le regarde sans ciller. Il lui explique que les bouleversements de la grossesse en font une période favorable à son surgissement, car le système de défense du psychisme est amoindri. Il lui affirme qu'il y a des raisons profondes à ces créations du mental, qu'il est possible de s'en libérer avec de l'aide.

— Un psychiatre ?

— Un cadre thérapeutique, en tout cas. Mais d'abord, je souhaite te dire une chose essentielle sur la bonne mère qui est en toi.

Hélène paraît suspendue aux paroles de Pierre. Dans ses yeux, il y a une lueur d'espoir, Pierre s'y accroche.

— Tu fais passer tes enfants avant tout et c'est précisément pourquoi tu as choisi de t'en prendre à toi plutôt qu'à eux. Ce n'était pas ta seule option et ce n'était pas la meilleure, on est d'accord sur ce point. Mais cet acte témoigne de ton amour pour eux. C'est une vérité sur laquelle tu peux t'appuyer sans crainte quand tu te demandes quelle sorte de mère tu es.

Hélène ferme les yeux. Pierre et elle se tiennent toujours la main, comme deux naufragés qui redouteraient de se perdre, tandis qu'elle se laisse emporter par le sommeil, leurs souffles se mêlant dans le clair-obscur.

Bon, allez, à demain ! Délicieux, ce gâteau aux noix. Tu voudras de l'aide pour empiler les bancs, Romain ? Je reboirais bien un coup, moi.

La majeure partie de la foule a quitté les lieux. Bruno et Pétronille sont retournés au Refuge avec les enfants. Sur la place, il reste la plupart des colistiers des deux bords et quelques accros aux potins, dont les deux vieilles au premier rang qui font passer les cacahuètes avec du jus de pomme. Mylène juge le moment opportun pour aller chercher du ravitaillement dans les stocks d'Adult'Hair. Quand elle revient, une bouteille de Ricard coincée sous l'aisselle et une brassée de bières dans les mains, elle est accueillie par des *Ah !* réjouis qui lui font l'effet d'une réhabilitation. Elle a conscience d'avoir encore perdu pied durant la réunion, lorsque Norbert l'a devancée pour se retirer de la course électorale, avec une certaine dignité, elle doit bien l'admettre, même si c'est à contrecœur. Heureusement que Jeanne est intervenue, lui évitant de prononcer des mots irréparables. D'ailleurs, celle-ci, à l'écart, un mince sourire aux lèvres, lui lance un clin d'œil, puis tourne les talons en direction de sa vieille estafette.

Maintenant que le calme est revenu dans ce village à la personnalité aussi émouvante qu'exaspérante, Jeanne peut filer. Elle tient à être présente quand Pierre rentrera, car elle pressent que le chemin sera encore long avant qu'Hélène se remette et que lui-même puisse se pardonner de n'avoir rien vu. Les nouvelles qu'il a transmises ont eu pour effet immédiat de faire retomber la tension. « Hélène s'est réveillée, elle est hors de danger. Ça va aller mieux, désormais. » Désirée, qui n'était pourtant que la messagère, a même récolté quelques applaudissements spontanés, tant le soulagement était immense.

Mylène remplit les verres, pensive. Oui, c'était la meilleure manière de conclure cette réunion, qui a d'ailleurs été expédiée en quelques minutes après ça. Puisqu'il n'y avait plus de candidats et que personne parmi les colistiers échaudés ne souhaitait briguer un mandat, Troulou s'est rabattu sur la stratégie la plus raisonnable : laisser les idées venir et prendre du bon temps en les attendant !

Mylène décapsule cinq bières d'affilée, avec une maîtrise impressionnante. La Molotov est en grand conciliabule avec Désirée autour d'un saucisson qu'elles dégomment consciencieusement. Que se racontent-elles ? Parlent-elles de Romain ? Soudain, Norbert s'approche de la table. Il n'a pu se résoudre à quitter les lieux, même après le départ de ses coéquipiers pour leurs foyers respectifs. Mylène verse le Ricard avec générosité, elle l'humecte légèrement d'eau fraîche avant de lui tendre un des deux verres.

— Tiens, on l'aura pas volé, lui dit-elle en soulevant aussi le sien.

Surpris, Norbert hésite un instant puis s'empare du liquide lactescent pour trinquer.

— Y a pas à dire, Manceau, tu sais doser l'apéro, lâche-t-il d'un ton prudent, après sa première gorgée.

— Venant d'un connaisseur, ça me touche, répond-elle. Veux-tu un glaçon ?

— Non, ça va, merci. Mylène, ajoute-t-il, d'une voix plus sourde.

Tous deux hochent la tête de concert, puis sirotent en silence, les yeux perdus devant eux, vers le fronton de la mairie déserte.

Un peu plus loin, La Molotov et Désirée discutent toujours. Le saucisson a disparu.

— Imagine, Brigitte, il y a des jours où l'existence même de Greg ne me traverse pas l'esprit ! Pas une fois ! On m'aurait dit ça il y a quelques semaines, je ne l'aurais pas cru.

— Si tu remarques que t'y penses pas, c'est que tu penses à ce merdeux. Quand tu t'en foutras vraiment, t'auras plus besoin de t'en réjouir.

— Ne gâche pas mon plaisir.

La Molotov se met à tousser, comme si son vin blanc était passé de travers. Ce qui est étrange parce que son verre est vide, note Désirée qui lui tapote le dos.

— J'imagine que certaines occupations t'aident à te changer les idées, coasse La Molotov en désignant Romain du menton.

— Certes, convient Désirée. Mais ça n'est pas parce qu'on… qu'on…

— Baise ! Dis-le, tu seras pas foudroyée, on n'a pas trop la visite du curé, à Troulou !

— C'est pas parce qu'on couche que je pense à lui non plus, jure Désirée. Non, je me demande plutôt si je ne devrais pas m'installer ici définitivement, peut-être que c'est une idée.

Elle reste songeuse, tandis que La Molotov hoche la tête, perdue dans ses pensées, elle aussi.

— Enfin, je pense à plein de trucs, mais pas à un mec ! Et ça, Brigitte, ça, c'est vraiment libérateur !

— Ben oui, je sais. Profite tant que tu peux, l'abstinence, c'est plus frustrant que l'abstention, tu peux me croire ! Oh merde, le voilà qui s'en va. Désolée, ma grande, je dois parler à l'autre couillon, là-bas ! Norbert, NOOOORBEEEERT !

Leurs verres terminés, Mylène et Norbert se sont serré la main en silence, un peu solennels, avant de se séparer. Lui est parti vers son vieux C15 blanc et elle vers son établissement à la devanture léopard.

Sa longue écharpe rouge en étendard, La Molotov galope vers l'ancien candidat, qui n'ose pas accélérer, de peur qu'on le remarque. Fataliste, il la regarde fondre sur lui au petit trot. Comme la vérole sur le bas clergé, aurait dit la Nanienne.

— Il nous quitte déjà ! s'exclame-t-elle, essoufflée.

— Oui, je rentre chez moi.

— Où personne ne l'attend. C'est sans doute pesant, cette solitude, parfois, s'attriste-t-elle en penchant la tête sur le côté.

Elle me drague ou quoi ? se demande Norbert, alarmé.

— Non, non, ça me va très bien, assure-t-il d'un ton sans appel.

— Et cette pauvre Nicole, y a longtemps qu'il l'a perdue ?

— Monique, vous voulez dire ? corrige Norbert, interloqué.

— Oui, Monique, absolument, enchaîne La Molotov, du même ton apitoyé.

— Sept ans, mais pourquoi cette question ?

— Oh, pour parler, cher Norbert. On se parle si rarement…

Mylène commence à remplir le lave-vaisselle du bar. Elle n'a aucun rendez-vous au salon aujourd'hui, mais il lui faut préparer ses commandes pour la semaine suivante. Elle s'occupe les mains et l'esprit, alors que tout son être brûle d'opérer un rapprochement avec Philou.

Il n'est pas venu la retrouver après la réunion et il s'est adressé à tout le monde, sauf elle. Pour l'heure, après avoir aidé Romain à ranger les bancs, il discute avec lui près du puits. Nonchalamment appuyé contre la margelle, dans une pause virile et décontractée, il affiche un demi-sourire à se damner. Elle lui envoie des œillades timides, sans pouvoir s'en empêcher. Et lorsque, enfin, il la rejoint d'une démarche souple, avec une lenteur calculée, ses mains tremblent tellement qu'elle doit reposer les verres pour ne pas les briser.

— Ça va ? demande-t-il d'une voix de basse qui la fait frissonner.

— Ça va, répète-t-elle, la gorge sèche. Je range les verres.

J'ai perdu des points de QI dans la bataille, c'est certain.

— Je vois ça, répond-il.

Mylène reste plantée derrière le bar, frémissante et presque effrayée de ressentir ce trouble qui la laisse démunie, sans force, face à cet homme dont le regard droit, à la lueur animale, lui donne…

Mais je délire ou quoi ? On dirait une idiote, égarée en pleine romance !

— Tu es toujours fâché ? l'interroge-t-elle soudain, sabotant son film à l'eau de rose.

— Encore un peu, Mylène. J'ai été déçu, je ne te le cache pas. Mais que tu renonces à la mairie me soulage.

— Oh. Moi aussi, admet-elle pour la première fois, malgré la tristesse qui la saisit à la pensée d'avoir mérité cette déception.

Elle sourit faiblement, une moue désolée sur le visage.

— Je regrette, Philou. Si je pouvais revenir en arrière, je n'hésiterais pas.

— La même chose pour moi, concède-t-il.

— Tu m'as tellement manqué !

La voix de Mylène se brise à la fin de la phrase, hérissant les poils de Philou. Il ignore encore comment ils vont soigner les blessures qu'ils se sont infligées, mais ça n'a pas d'importance pour le moment. Peut-être qu'ils sont déjà en train de panser leurs plaies. En deux pas, il la rejoint derrière le bar, l'enlace et la serre contre lui. Avec un énorme soupir de délivrance, elle se laisse aller et enfouit son visage dans le cou de Philou. Il ferme les yeux, heureux de retrouver ce contact, cette chaleur, cette solidité à toute épreuve.

— Tu m'as manqué tout pareil, murmure-t-il en embrassant la chevelure de sa compagne. Mais il faut qu'on discute, tout de même.

— Oui, et j'y suis prête.

Tous deux relâchent leur étreinte. Mylène attrape le trousseau de la boutique. Ils sortent sans attendre. Dès que la porte est verrouillée, Philou passe le bras autour des épaules de Mylène qui le prend par la taille.

— On devra opérer quelques ajustements, comme... je ne sais pas, repeindre la devanture, par exemple, tente-t-il, sentant sa Tempête dans de bonnes dispositions. On pourrait rebaptiser le salon « Chez Mylène ».

Ils traversent la place, sous les chuchotements égrillards des deux vieilles qui se poussent du coude.

— Je t'aime, Philou, mais n'exagère pas.

Chapitre 30

— Bien sûr, y a du taf, mais la structure est en place et on commence à y voir grave plus clair. Mais quand même, les meufs, ce serait cool d'accorder vos basses pour le nom, conclut Oscar avec un sourire espiègle.

— Meufs ? Ce morveux à bubons vient de nous traiter de meufs ? feint de s'horrifier Mylène en regardant autour d'elle.

— Moi, j'aime bien, dit La Molotov en ébouriffant Oscar.

— Me touchez pas ! crie le garçon, la tête rentrée dans les épaules.

— Je suis le genre de meuf qui fait ce qu'elle veut, rétorque La Molotov en fourrageant de plus belle dans les cheveux roux coiffés au gel. Tu ressembles à… Bozo le clown, comme ça.

— Bonjour la référence, gémit Oscar. Y a que les boomers qui connaissent ce truc.

— Ne nous insulte pas, rigole Mylène, ou je vais te boomer bien comme il faut.

— Eh, le nom du site, il vient avant le couvre-feu ou bien ?

— Moi j'ai pensé à *Partenaires particulières*, propose Mylène.

— Et tu l'écris comment, à la fin : H.A.I.R. ? persifle La Molotov.

Pendant que toutes deux argumentent pied à pied, Oscar apporte quelques retouches sur le site de rencontres que la coiffeuse et l'irréductible anarchiste ont décidé de monter à l'initiative de cette dernière.

— Et si on l'appelait *Cas contact* ? intervient-il soudain.

Intriguées, Mylène et La Molotov se tournent vers le garçon dans un mouvement synchrone parfait. Encouragé, Oscar poursuit :

— Ben pour nous, maintenant, un cas contact, c'est quelqu'un qui te donne de sévères envies de palpations.

Les deux femmes se regardent, La Molotov esquisse un sourire.

— *Cas contacte-moi* ? tente à nouveau Oscar.

— Moi j'aime bien, même si j'ai peur qu'on pète l'audience, finit par lâcher La Molotov, avec un réel regret dans la voix.

— Y a une idée, renchérit Mylène, mais… elle est trop en avance sur son temps !

— OK, c'est mort, conclut Oscar, dépité. Pourtant, avec les critères de rapprochement que vous avez choisis, je m'attendais à plus de fun de votre part.

— Petit Padawan, commence La Molotov, sentencieuse, le secret d'un couple qui dure tient en un mot.

— Compromis ? s'exclame Oscar, fébrile. Ma mère l'utilise sans arrêt.

— Dissemblance.

La Molotov se redresse de toute sa stature en proférant sa réponse. Mylène secoue la tête avec une moue perplexe.

— Je veux bien que tu me réexpliques, demande-t-elle, parce que c'est plus aussi clair pour moi que quand on en a parlé à l'apéro.

— « Qui se ressemble s'assemble », c'est le proverbe de mon père, insiste Oscar.

— Ton père refourgue du caca de lombric, penses-y, tranche La Molotov. Quant à Pétrolette, elle masse des bêtes, c'est dire si elle est rendue loin des relations humaines.

— Mais ils sont en couple, tandis que vous…

— Moi, j'ai *été* en couple et c'est de la rupture que je tire mon expérience ! Pour que ça dure entre deux êtres, il faut de la surprise, de la complémentarité, de la découverte, du suspense !

— Un peu d'amour, peut-être, aussi ? ajoute Mylène. Et du respect ? C'est bien, le respect.

— L'amour, ça vient plus tard. Au début, il y a le feu. Et le feu ne s'obtient pas sans une allumette ! Qui est… ?

— Le sexe ?

— Mylène, concentre-toi, rugit La Molotov.

— La dissemblance, se reprend Mylène, songeuse.

— Voilà ! triomphe La Molotov. Et c'est ton poteau Norbert qui va nous en fournir la preuve. On a entré plusieurs profils dans l'ordinateur et maintenant, on attend notre couillon-testeur.

— Bêta-testeur, corrige Oscar.

— C'est ce que j'ai dit. Car si on trouve pour celui-là, on les casera tous !

— On aurait pu essayer avec elle, aussi, souffle Oscar à Mylène qui acquiesce faiblement.

Elle se demande si elle a raison de se lancer dans ce projet qui lui apparaît de plus en plus risqué et farfelu. Que va dire Philou ? Ils se sont expliqués et réconciliés, ce n'est pas pour tout foutre en l'air avec cette histoire ! D'autant qu'il va devenir le premier adjoint de Jeanne, et Mylène a un peu l'impression que son monde va s'inverser en un tour de scrutin.

C'est le moment que choisit Norbert pour entrer dans le café-salon-épicerie.

— Ah, le voilà, mais qu'il est beau ! s'exclame La Molotov. Il a bien dormi ? Il est prêt pour la grande aventure ?

— Bonjour, Norbert, lance Mylène tout sourire en s'avançant à la rencontre de son ancien concurrent.

— Bonjour, Mylène. Madame, ajoute-t-il à l'intention de La Molotov.

Oscar adresse un bref signe de tête au chasseur qui lui répond tout aussi sobrement.

Stetson à la main, Norbert arbore un lacet cravate sur une chemisette blanche rentrée dans un jean noir. Les baskets immaculées détonnent quelque peu, mais il avait trop mal aux pieds pour enfiler ses bottes. Sa moustache se ramollit à la perspective de ce qui l'attend, surtout en présence de la vieille folle du Refuge dont il n'arrive pas à déterminer si elle lui fait du gringue ou si elle se fout de lui. Comment a-t-il pu accepter d'être impliqué dans cette histoire de site de rencontres ? Il garde un vague souvenir du moment où Mylène lui a arraché son consentement – pas des masses éclairé, se reproche-t-il. Depuis qu'ils ont abandonné leurs projets électoraux, un statu quo semble de mise entre eux dans une tentative commune pour se racheter aux yeux de leurs concitoyens. Il n'a donc pas osé refuser la première proposition de la coiffeuse depuis leur trêve officielle.

— Il s'installe ici, déclare La Molotov en lui désignant une chaise. Il veut un café, peut-être ?

Un tressautement nerveux agite la paupière de Norbert quand il s'assoit.

— Non, merci, dit-il, je n'ai pas beaucoup de temps, j'ai un rendez-vous…

— Il y sera ! On devrait aller vite, n'est-ce pas, Oscar ? C'est pas comme s'il avait un profil complexe.

— Mais qu'elle est sotte, réplique Mylène avec un petit rire de gorge doublé d'un regard furibond en direction de son associée. Ne l'écoutez pas, cher Norbert, elle est d'humeur taquine.

Oscar enfonce quelques touches.

— J'ai déjà entré les éléments de base, maintenant on cherche les compatibilités possibles, dit-il, l'air concentré.

— Je ne suis pas certain que ce soit une bonne idée, s'inquiète Norbert en esquissant un mouvement pour se lever.

Deux mains appuient fermement sur ses épaules, le contraignant à rester assis. La Molotov se penche et susurre à son oreille :

— Et si la fin d'une douloureuse solitude se trouvait dans cet ordinateur ? La promesse d'une nouvelle vie, d'un horizon plein de rêves auxquels on n'osait plus croire. Voudrait-on rater cette opportunité par manque de… courage ?

Norbert reste quelques secondes sous emprise, puis il se dégage et se racle la gorge avant de répondre à Oscar :

— Bon, mais vite, alors.

S'ensuit un échange serré entre Oscar et Norbert, durant quelques minutes, sous l'écoute attentive des deux femmes. Si Norbert est interloqué par certaines questions, il n'en laisse rien paraître, piqué au vif à l'idée qu'on le prenne pour un trouillard. De toute façon, il n'y croit pas, à ces conneries de sites de rencontres, il a déjà essayé et ça n'a rien donné. Il serait bien étonné que ces deux-là aient réussi à concocter un truc qui tienne la route à l'aide d'un gamin qui joue au caïd de l'informatique.

— On a un résultat ! s'écrie soudain Oscar.

Mylène et La Molotov se jettent sur l'écran.

— J'en étais sûre, je suis une djeeke ! explose La Molotov.

— Ah… mais non ! s'insurge Mylène. Ce profil n'a rien à faire dans notre base de données ! Qui t'a permis ?

— Il nous fallait de la matière, on s'est servi de ce qu'on avait, se justifie Oscar.

— Quoi ? s'inquiète Norbert. C'est quoi, le résultat ?

— Hiiiiiihououououou, hoquette La Molotov, écroulée de rire.

— C'est une erreur, siffle Mylène en leur tournant le dos, mon Philou n'est pas sur le marché !

Jeanne est assise en bout de table, Philou à sa droite, puis Désirée, Romain, Sybille, Martin et enfin Bruno à sa gauche qui boucle le cercle de ses futurs conseillers municipaux, dont une partie seulement est présente. Le temps est doux, cet après-midi, la réunion préélectorale a lieu dans la cuisine du Refuge.

— Il faudra qu'on m'explique un jour comment il est possible que je me retrouve dans cette situation, indique-t-elle en leur adressant une moue désapprobatrice. Ah, vous êtes forts, vous êtes même très forts, vous m'avez retourné le cerveau !

— C'est aussi ce que je pense, enchaîne Philou qui fourrage dans la paperasse devant lui.

— Ta femme ayant contribué à la pagaille générale, je n'aurais pas accepté d'être votre mairesse si tu n'avais pas été mon premier adjoint.

— Je ne sais pas si ça existe, mairesse, intervient Bruno.

— La mairesse, c'était l'épouse du maire, jusqu'à présent. Mais ça aussi, on va le changer, crois-moi, assure Jeanne, les yeux plissés.

— Maragux l'avait annoncé.

Sybille trace un signe cabalistique dans l'air.

— J'espère qu'elle a aussi vu comment on allait s'y prendre, s'exclame Jeanne. La répétition étant l'art de l'enseignement, comme le rabâche Brigitte, je vais vous la refaire, afin que vous ayez le casting en tête. J'ai accepté ce poste à la condition exclusive et non négociable que le village entier se mobilise pour cogérer la commune avec nous. Considérez que je suis une pythie, vous viendrez me voir quand le boulot sera fini ou si vous n'arrivez pas à régler un litige. Est-ce qu'on est d'accord sur ce point ?

Oui !

— J'ai l'impression que vous ne voulez pas me contrarier, je me trompe ?

Non !

— Ne me traitez pas comme une buse ! Pierre cherche un remplaçant pour le cabinet, j'ai besoin de temps pour notre couple et pour mon jardin. C'est pas une bande de pieds nickelés qui va me phagocyter à mon âge ! Chacun d'entre vous va présenter des projets qui, s'ils sont validés par la majorité des habitants, seront ensuite mis en œuvre *collégialement*. Est-ce qu'il y a trop de mots nouveaux ou est-ce que vous suivez ?

Désirée et Romain pincent les lèvres pour ne pas rire. Jeanne tente de paraître sévère, mais elle a un faible pour ces deux jeunes qui expérimentent avec bonne humeur une alternative entre le couple et le célibat. Désirée lève la main pour indiquer qu'elle veut s'exprimer :

— Jeanne, tu m'as dit qu'avoir peur ne devait pas nous rendre obéissants, qu'il fallait savoir quand se rebeller et au nom de quelles valeurs. Comment opérer, en cas de litige, si la solution que tu proposes ne nous convient pas ?

— On discutera davantage, jusqu'à ce qu'on sorte de la panade. L'ordre établi doit toujours pouvoir être remis en cause, sinon il se rigidifie et s'érige des statues. Nous sommes d'accord que la compétition et l'autorité ne fonctionnent pas, ce sont même des principes qui nous ont foutus dans la nasse.

— Mylène et Norbert, soupire Philou.

— Entre autres, mais ils ont eu de bons modèles, tout n'est pas entièrement de leur faute. L'intérêt de ce bazar, c'est que le village a décidé de s'orienter vers un système de coopération et que nous allons le tester à notre échelle. Que chacun fasse sa part, ce sera déjà beaucoup. Nous avons évoqué l'intelligence collective et la manière dont nous souhaitions apporter du neuf à Troulou avec ce conseil municipal.

— C'est un peu comme en médecine, reprend Désirée, au lieu de se focaliser sur le symptôme uniquement, c'est l'individu en entier qui est à considérer ainsi que les interrelations entre les divers éléments qui le composent, tant au point de vue physique qu'émotionnel et mental.

— Et spirituel ! s'insurge Sybille.

— Commençons modestement, dit Jeanne en souriant. Mais oui, Troulou est un corps, un écosystème d'une grande variété dont nous, habitants, ne sommes qu'une partie. Et nous, habitants, n'aurons aucun avenir si nous excluons ce qui ne nous ressemble pas, alors que ça nous est indispensable. Le premier défi, et il est de taille, c'est d'activer cette intelligence collective, en nous appuyant sur les observations et les savoir-faire de chacun, y compris quand ils semblent entrer en désaccord.

— Est-ce qu'on est sûrs que tout le monde a une intelligence, déjà ? interroge Philou.

— Tu vas être un adjoint du tonnerre, on va rouméguer en chœur, s'amuse la future mairesse.

— On va surtout galérer, remarque Bruno. J'ai assez bossé en entreprise pour savoir que ça prend du temps, le groupe, et que ça ne marche pas super bien.

— Le système dominant est pyramidal, le contre Martin, on va essayer autre chose.

— Permets-moi de douter, répond Bruno.

— Permets-moi d'espérer, riposte Martin.

— Merci, messieurs, vous illustrez à la perfection ce qui nous attend. Si nous réunissons les doutes de Bruno et les espoirs de Martin sur un même plan, notre travail sera de chercher *ensemble* des solutions et des opportunités à mettre en œuvre qui tiennent compte des deux points de vue.

— Oufti, on va pas pleurer, commente Romain. Et si personne veut lâcher le barda, on fait ça à pouf ?

— On va apprendre au fur et à mesure, dit Désirée.

— Et on va se donner le temps, complète Jeanne. La plupart de nos concitoyens ne vivent le collectif qu'en famille, ils pensent qu'on ne peut fonctionner qu'entre semblables. Ils ignorent l'infinie richesse et la sagesse qu'une alliance disparate est capable d'offrir. La joie que ça engendre ! Ils ne voient que ce qu'ils ont à y perdre. C'est le moment de mobiliser notre imagination et notre patience.

— Maragux pourrait nous aider, tente à nouveau Sybille.

Devant les regards dubitatifs ou excédés qui s'ensuivent, Jeanne joint les mains sous son menton.

— Nous essaierons aussi la méthode Maragux ! Tu as raison d'insister, Sybille. Nous avons des limites et des résistances, c'est courageux de ta part de nous y confronter.

— Mais toi, Jeanne, tu crois qu'on peut y arriver ? Avec nos déconvenues à Troulou et ce qui se passe partout dans le monde ? s'inquiète Désirée.

— C'est vrai, la soutient Philou, est-ce qu'on peut changer quoi que ce soit à partir d'un bled de... deux cent quarante-quatre âmes ?

Jeanne sonde ses propres craintes, son envie de calme et de distance, les difficultés qu'elle rencontre depuis la mort de Marie-Carmen. Elle sent cette attente qui lui est adressée, encore une fois, cette confiance qu'on lui porte et qui a guidé sa vie. « Tu crois que tu n'aimes plus les gens, ma Jeanne, mais on dirait qu'ils ne sont pas au courant. » C'est la voix de Marie-Carmen, celle qu'elle continue d'entendre, malgré l'absence. *Mi Carmencita, toujours là quand j'en ai besoin.*

— Il est temps de raconter une autre histoire du *Nous*, vous ne pensez pas ? reprend-elle plus fermement. Tout nous ramène à notre supposée impuissance, nous sommes maintenus dans l'immobilité de la proie quand nous n'agissons pas nous-mêmes en prédateurs. Mais que nous dit la réalité ? Que chaque geste compte, que chaque voix porte une espérance, que ça se joue à partir de l'individu, puis à plusieurs, dans le couple, la famille, l'amitié, et à plus vaste niveau, avec le collectif. C'est d'abord un combat intime où des forces s'affrontent. Puis c'est une union pour agir ensemble, et ce sont encore d'autres forces qui interviennent. On peut considérer que c'est trop dur, que c'est foutu, c'est vrai. Ou prendre un autre chemin. Alors qui voulez-vous être ? Que voulez-vous croire ?

Elle sourit à Désirée qui a les larmes aux yeux, à Sybille qui semble frémir avec entrain, au grave Philou et à tous les autres.

— Moi j'ai envie de croire à demain, répond Martin.

— Et moi de porter la joie et l'espérance, renchérit Sybille.

— On va être désobéissants ! s'exclame Romain.

— Et retrouver le sens de l'abondance, assure Désirée.

— On va se défendre, dit Bruno. Pour nos gosses, déjà, et aussi pour celles et ceux qui se sont battus avant nous.

— On va essayer, conclut Philou.

— Eh bien, c'est le moment de boire un coup, les amis, dit Jeanne en se relevant. Ça ne va pas être une partie de jokari, ce bordel, mais connaissez-vous une meilleure direction ? Avez-vous un modèle plus puissant ou un plus beau projet ? Moi pas, en tout cas. Alors champagne et faites péter les cacahuètes !

Chapitre 31

Les yeux ouverts sur le ciel bleu qui moutonne, Mylène inspire à pleins poumons. D'un pied indolent, elle maintient le doux balancement du hamac qui l'enveloppe et la berce. À ses côtés, Philou fait de même et leurs mains s'effleurent sans chercher à se saisir. Le feuillage du tilleul ombre leurs visages.

— Là ! Un dinosaure, juste devant la banane !

Autour du tronc imposant, on a accroché des hamacs à des piquets plantés dans la terre. Une pancarte indique que l'Observatoire des nuages est ouvert sans limite d'âge, à la condition que les moins de 6 ans soient accompagnés.

Mylène repère le Nimbostratus Rex, mais la banane est déjà dispersée par le vent au profit d'un bouddha souriant. *Sybille y verrait certainement un signe.*

Philou distingue un Manneken-Pis et les rires étouffés de deux minots lui font penser qu'eux aussi le voient. Les petits se sont enroulés dans une autre toile, comme dans un cocon les soustrayant avec indulgence aux regards des adultes. Philou sourit. Et s'ils avaient été les leurs ? Auraient-ils eu la blondeur de leur mère ou sa couleur à lui, du temps où il avait encore des cheveux ? Ils auraient été grands, en tout cas. Sans doute l'un aurait-il été discret et obstiné, tandis que l'autre se serait révélé vibrionnant et bavard… Soudain, les doigts de Mylène attrapent les siens, leurs mains se nouent. Ainsi reliés, les amoureux synchronisent le mouvement de leurs hamacs et se rejoignent – peut-être – dans leurs rêveries respectives.

— Lentement, la tête dans le prolongement du buste… les pieds plantés dans la terre, plus lentement, et respire, doucement… souffle Sybille.

Dans une prairie située à l'orée du village, elle pivote au ralenti, bougeant les bras avec grâce, mains ouvertes. Ses élèves, en arc de cercle face à elle, reproduisent sa chorégraphie. Désirée lève une jambe puis se tourne vers la gauche en vacillant. Elle grimace, repose le pied avant de réessayer. Alors, ancrée dans le mouvement, elle parvient à suivre Sybille. « Le secret, c'est de chercher l'équilibre plutôt que la stabilité. » Cette pensée fait écho à sa propre expérience. Désirée réalise qu'elle est arrivée ici pour y construire une vie stable, sécurisante et qu'à la place, elle a trouvé un équilibre dont les ingrédients sont bien différents de ce qu'elle imaginait.

Quelques adolescents ayant confondu taï-chi-chuan et karaté s'éclipsent avec la discrétion d'une portée de marcassins. Jeanne les prend en pitié.

— Romain a prévu de diffuser un film sur la place, *Fast and Fabulous*, un truc comme ça, leur murmure-t-elle.

— *Fast and Furious* ?! demande Oscar, qui fait partie de la bande.

— Chhhhhut… expire longuement Sybille, les yeux fermés, l'index sur ses lèvres, une jambe pliée à angle droit.

Le petit groupe se dirige vers le village, se retenant de courir afin de ne pas écoper d'un gage pour « excès de précipitation lors de la fête de la Lenteur », comme stipulé sur le règlement placardé un peu partout.

Marie-Carmen aurait adoré cette journée, pense Jeanne. Tout près, un merle émet une série de trilles flûtés. Jeanne remarque les têtes qui se tournent vers le feuillage dense des sureaux en fleur, situés en bordure de prairie. Elle n'est pas la seule à se réjouir du chant de l'oiseau. Et cela lui donne une idée, audacieuse et si simple.

Dans une ruelle ombragée, on a créé une piste de course en arrosant les pavés. Une petite foule chuchote des encouragements vers le sol luisant. Deux vieilles hilares, installées sur des pliants, jettent de temps à autre une feuille de salade. Les enfants les ramassent aussitôt afin que leurs athlètes ne se laissent pas détourner par ces tentatives de corruption. Les concurrents, une gommette colorée sur la coquille, avancent avec obstination pour franchir la distance imposée par la Fédération Trouloise de Course d'Escargots. Martin, un seau dégoulinant à la main, se tient sur la ligne d'arrivée, sous une banderole d'un rouge éclatant tendue entre deux maisons : « Grand Prix de Troulou ». Françoise l'a cousue puis décorée avec l'aide de Baptiste, qui a trempé ses petites mains dans du jaune pour créer des soleils pleins de doigts potelés.

— Il est encore temps de vous inscrire, les quarts de finale n'ont pas débuté ! Un massage aux huiles essentielles et aux pierres chaudes pour le gagnant ! rappelle Martin.

— Ou la gagnante ! le corrige fermement une petite brune à couettes.

Sur la place du village, des transats sont disposés un peu partout. Des corps alanguis s'y reposent. On entend des soupirs, des chuchotis et parfois un ronflement ponctué de rires. Installés sur de vieux bains de soleil aux tendeurs fatigués, Norbert et sa clique surveillent les va-et-vient de Romain, qui gère la boutique en attendant le retour de Mylène.

— Il m'épuise à travailler comme ça.

— Ça change, c'est nous qui dormons et les hippies qui charbonnent, renchérit Norbert avec sa mauvaise foi coutumière.

Tout à l'heure, il a récolté une amende pour avoir marché trop vite. Trois gamins goguenards l'ont condamné à vingt minutes de sieste, l'obligeant sans délai à se mettre au diapason de tout le village. Heureusement, ses copains sont venus le rejoindre, renouant ainsi avec leurs habitudes anciennes, bouleversées depuis « les événements », comme dit Norbert. Il est allongé depuis plus d'une heure, désormais, et n'a aucune envie de se relever. Certes, il aurait bien aimé que le comité des fêtes organise un grand feu pour la Saint-Jean, mais cette célébration de la lenteur a du bon… Bien évidemment, il subirait une épilation de la moustache plutôt que de l'admettre. *D'accord pour la paix sociale, mais je n'en ferais pas non plus un élevage, de la Mylène.*

— Bonjour, messieurs ! lance Pierre, tout sourire, qui brandit son portable affichant une photo de bébé.

— Félicitations ! J'ai entendu la nouvelle ! le salue Michel, avachi comme les autres sur son transat.

Pierre se redresse, le regard brillant d'émotion.

— Merci ! Mais c'est ma fille qui a tout le mérite ! Et Daphné ! répond-il d'une voix forte et joviale en tapotant l'écran de l'index.

— Oh, montrez-la-moi ! s'exclame Françoise.

Pierre fait déjà défiler les photos. Il donne force détails sur le bébé, taille, poids, couleur des cheveux… Il ne raconte pas sa propre nuit blanche, où il a lutté pour ne pas harceler le compagnon de sa fille après avoir appris que le travail avait débuté. Heureusement, Jeanne était là pour l'apaiser, se moquant gentiment de sa faculté à envisager le pire, nourrie par son expérience de médecin. Il garde aussi pour lui son immense bonheur lorsqu'un appel vidéo lui a permis de découvrir la toute petite, encore recouverte de vernix, déjà au sein de sa mère.

— Elle est bien mignonne, confirme Françoise, avec l'air de celle qui s'y connaît en nouveau-nés.

— Elle est parfaite ! Et Marine va très bien, ajoute-t-il, comme un antidote à l'inquiétude qu'il ressent malgré tout.

Après quelques secondes, il demande des nouvelles d'Hélène et Hervé. Françoise l'invite à s'éloigner de quelques pas.

— Hervé m'a dit qu'ils nous rejoindraient, les petits sont chez leur tante.

— Vous la sentez comment ?

— Mieux, mais c'est pas encore ça. Hervé la surveille comme le lait sur le feu, le pauvre. Ah ! Voilà votre dame, s'interrompt Françoise en agitant les bras. Je vous laisse, je suis jurée pour le concours de statues vivantes !

Pierre se retourne. Jeanne se dirige vers lui, le visage serein et les cheveux lâchés sur sa chemisette blanche. Il lui sourit, ému de trouver qu'elle ressemble à une apparition, malgré son âge. Elle lui lance un clin d'œil.

— Encore en train d'exhiber ta descendance, avoue ! le taquine-t-elle.

— Pas du tout ! Françoise a demandé à voir la photo ! proteste-t-il. Elle m'a dit qu'Hélène et Hervé devaient venir aujourd'hui.

— C'est bien, mais j'imagine que se retrouver devant tout le monde ne sera pas aisé.

Pierre hoche la tête, puis passe la main sur sa barbe rousse, taillée très court.

— Qu'est-ce qui te tracasse ? le questionne-t-elle en retenant de justesse un *accouche !*.

— C'est juste que… je n'ai pas été fichu de remarquer qu'Hélène allait mal, alors entre le décalage horaire et la distance… Et si Marine sombrait et que je ne voyais rien ? débite-t-il très vite. Je ne vais pas la soumettre à un interrogatoire chaque fois qu'on s'appellera, elle me trouverait insupportable et même si Josh est un bon compagnon, un bébé, c'est tant de bouleversements ! Surtout pour la mère qui doit, en plus, faire face à des changements corporels !

— Eh bien, déjà, le mieux est certainement de parler de tes inquiétudes à Marine.

— Oui, mais Hélène…

— N'est pas comme ta fille, l'interrompt Jeanne. Et si on initiait une réunion de famille ici, l'an prochain, ou peut-être dès Noël, qu'en penses-tu ? J'adorerais revoir tes enfants ! Lucas et Marine pourraient s'installer chez toi ou au Refuge. Je suis sûre que toute la tribu serait d'accord.

Cette perspective rend aussitôt le sourire à Pierre.

— Quelle bonne idée ! Merci, dit-il avant de déposer un baiser sur les lèvres de Jeanne.

— Bon, c'est pas tout ça, mais moi, le taï-chi m'a donné une faim d'ogresse ! On va manger un truc ?

En se dirigeant vers le buffet à prix libre, ils passent derrière Bruno et Pétronille, assis avec une dizaine de villageois devant un plateau gigantesque chargé d'une montagne de pièces de puzzle.

— Vous triez ou quoi ? râle Marion en cherchant les morceaux bleus, maintenant que la bordure est terminée.

Tous s'escriment sur une reproduction du plafond de la chapelle Sixtine. Dix mille pièces. Au début de la journée, ils étaient persuadés d'avoir fini le soir même. Désormais, ils estiment qu'il serait plus cohérent avec la thématique de poursuivre l'an prochain.

Soudain, un énorme bec blanchâtre surgit entre Pétronille et son mari. L'œil sombre de Kiki jauge l'homme avec sévérité. Sous le coup de la surprise, Bruno pousse un hurlement et, d'un geste brusque, ruine une partie de la bordure du puzzle. Des exclamations et des cris de protestation s'élèvent, à la grande satisfaction de La Molotov qui se redresse, son oiseau sur l'épaule.

— Mais que vous êtes émotif.

— Coucou, Kikinou ! lance Marion. Viens voir tatie ! Qu'il est mignon !

— Mignon… soupire Bruno.

— Oui, il l'est ! Hein, mon tout beau ?

— Je suis comme toi, madame Molotov, une grande phallocrate ! claironne alors la petite.

Pétronille et Bruno échangent un regard effaré avant d'éclater de rire.

— Ahah ! Ainsi, vous êtes phallocrate ?! en rajoute Bruno, ravi de prendre une sorte de revanche.

Intriguée, La Molotov considère Marion, sans prêter attention aux sarcasmes de Monsieur du Pipi.

— Qu'est-ce que tu entends par là, exactement ? demande-t-elle à la fillette focalisée sur le corbeau.

— Ben c'est toi qui me l'as dit, une adoratrice de Kiki.

— Ce n'est pas tout à fait ça, une phallocrate. T'es pas loin, remarque ! rigole La Molotov. Ton père t'expliquera. Il a une bonne expertise du sujet, pas vrai, Pétrolette ?

Le rire de Bruno s'étrangle dans sa gorge, tandis que Pétronille s'esclaffe. La Molotov, impériale, se dirige vers Romain qui profite enfin d'une pause, assis sur le sol, une bière à la main. Ils échangent quelques mots, puis elle disparaît dans l'arrière-boutique du salon de coiffure. Côté bar, une dizaine d'ados dorment dans des positions diverses, devant la projection de *Fast and Furious* au ralenti.

Les bénévoles installent les tables du dîner. Philou, ceint d'un tablier, remue les braises de ses pommes de terre en robe des champs, tandis que Mylène mélange vigoureusement une gigantesque jarre de yaourt à la ciboulette. Peu à peu, la place se remplit de monde, des touristes s'émerveillent de la touchante convivialité des villageois, leur chaleur, leur générosité… *La simplicité, il n'y a que ça de vrai ! Les gens de la terre, ils savent ce qui est essentiel, tu vois ! Ils n'ont rien et ils te donnent tout !* Quelques Troulois, plus lucides, lèvent les yeux au ciel. Mais il est vrai que quelque chose a changé aujourd'hui. Les voix sont moins fortes, les gestes plus lents. Les gens se font contemplatifs et personne n'interrompt une rêverie en cours d'un brutal « Tu dors ? ».

La sono grésille. Les visages se tournent vers la scène dressée sous la devanture léopard. Les premières notes figent toute la place. Il semble que résonnent les prémices d'un sinistre chant grégorien.

— Dé...

Une voix caverneuse entonne des paroles lugubres, on dirait du latin. Le salon est plongé dans l'obscurité. À la porte s'encadre une forme sombre.

— ...sha...

Mais qui c'est ? C'est glauque, leur truc, heureusement que les gamins sont à l'atelier pizzas.

— ...bi...

À tous les coups, c'est une de ces traditions bizarres, là, comme la fête de l'Ours. Ah non, hein !

— ...llez-moi !

Un spot aveuglant illumine la silhouette, qui laisse tomber un peignoir de soie noire pour révéler un costume rouge fané, dans le plus pur style cabaret : talons hauts, corset, jupette en plumes d'autruche, bas, gants et, bien sûr, boa. La Molotov, fardée comme dans une opérette, a coiffé une perruque rousse dont la lourde frange masque ses yeux.

— Elle ne va pas oser ? souffle Pierre, incrédule.

Jeanne ne se donne même pas la peine de répondre tandis que Marion, au grand désespoir de Bruno, ne perd pas une seconde du one-Molotov-show.

— Sachez...

Un premier gant tombe aux pieds de l'artiste, dont le visage hiératique glace toute velléité de moquerie.

— ...me convoiter...

Le second atterrit sur l'épaule gauche de Romain, il l'embrasse avec déférence avant de le glisser dans la poche arrière de son jean. Assise près de Pétronille, Désirée s'attendrit du manège de ces deux-là. La Molotov se tourne vers le salon et poursuit son effeuillage avec une lenteur exaspérante, tandis que la voix de Juliette Gréco, étrangement similaire à celle de Barry White à cette vitesse, égrène les paroles si reconnaissables.

— Dévorez-moi des yeux…

Elle retire son corset, révélant un immense tatouage sur son dos.

Oooooooh !

C'est une gorgone-méduse, chevelure serpentine et regard cruel, prête à balancer une bouteille dont le goulot crache des flammes, avec un slogan qui hurle : I Molotov.

— Choisissez bien les mots…

La Molotov exécute une pirouette, pointe son index au hasard, provoquant un frisson d'angoisse chez Norbert qui se trouve pile en face.

— Dirigez bien vos gestes…

La jupe tombe sur le sol et La Molotov hisse un pied sur le rebord de la devanture pour ôter ses bas. Quelques couplets plus tard, la voici en culotte et talons, la poitrine dissimulée par le boa.

— Me consumer…

Désirée, bouche ouverte, sent monter en elle une admiration totale pour cette femme. *Une telle dose de culot ! Respect.*

Puis, repoussant les limites de toutes les attentes, La Molotov glisse ses pouces dans sa culotte, qu'elle retire d'un savant mouvement du bassin. Son boa masque à peine son corps entièrement nu.

— Et vous…

Elle laisse tomber le boa à ses pieds.

— Déshabillez-vous !

Le silence est total. Personne ne moufte. Romain lance des regards inquiets vers la foule. *Et si Brigitte prenait un bide ?* Un claquement sec retentit, puis un autre. Et encore un autre. Droite et fière, Jeanne s'est levée et applaudit lentement son amie. Pierre, Désirée, Pétronille et Bruno suivent. Puis toute la place s'y met. *Bravo ! I Love Molotov ! Bri-gitte ! Bri-gitte !*

Un triomphe.

En file indienne, guidés par Jeanne dans un silence impressionnant, les quelque trois cents festivaliers pénètrent dans le pré. Les odeurs fleuries de ce printemps déjà trop chaud flottent encore. Le soliste lance une longue et puissante phrase composée de sifflets, de brèves roucoulades, et conclut par une interrogation aiguë. On s'assied dans l'herbe haute, on s'allonge sur un plaid. Le merle se tait, dissimulé à la vue par un généreux feuillage. Est-il impressionné par son public ? À moins qu'il n'ait reconnu quelques hommes-qui-tuent. Personne ne parle. On attend. On espère. Le silence des êtres humains, venus ensemble honorer le chant d'un oiseau, est émouvant.

Ruuruit. Ruuruiiit. Tiutiutiutiuuuu !

Progressivement, l'intensité des notes augmente dans une envolée étourdissante et s'achève sur un sifflement grave qui s'étire jusqu'à la dissolution. Puis les notes veloutées d'un couplet mezzo voce s'éparpillent en douceur dans l'air du soir. Est-ce un hommage à sa merlette ? Un cri lancinant déchire l'air. L'oiseau raconte-t-il la rudesse des hivers anciens ? Évoque-t-il plutôt les sécheresses aberrantes des récents étés ? De nouveau, une mélodie complexe se déroule longuement. Les merles aussi connaissent de petites joies et de grands chagrins. Les humains sont juste incapables de les imaginer.

Au bord de la prairie, blottie contre Hervé qui a passé un bras autour de ses épaules, Hélène ferme les yeux. Elle écoute le chant du merle. Est-il heureux ? D'une pression de la main, Jeanne attire l'attention de Pierre et lui désigne la jeune femme. Il incline la tête et dépose un baiser sur la chevelure blanche.

— Mon amour-sorcière, chuchote-t-il, si bas qu'elle l'entend à peine.

Ralentir nous a remis à notre place, qui n'est jamais centrale. C'est cette humilité qui nous sauvera peut-être. Jeanne remercie intérieurement l'oiseau de sa générosité. Les volutes sonores semblent portées par une brise légère. Chaque être savoure ce moment de communion, cet instant de grâce inattendu et précieux. Au loin, perché sur la cime d'un amandier quasi centenaire, le freux solitaire surplombe la scène, tête penchée. Les humains les rejoindraient-ils ? Comprendraient-ils enfin la beauté bouleversante qui s'offre à eux, pour peu qu'on lui prête attention ?

Tiutiutiutiutiuuuu !

Remerciements

Merci à toi, Fred, pour ta ténacité dans l'adversité et nos blagues vaseuses en toutes circonstances. Bisous. Fred.

Cet ouvrage a été imprimé en France par
CPI Bussière
Z.I. rue Pelletier Doisy
18200 Saint-Amand-Montrond (France)

pour le compte des Éditions Fayard
13 rue du Montparnasse, 75006 Paris
en mai 2024

Photocomposition Belle Page

PAPIER CERTIFIÉ

fayard s'engage pour l'environnement en réduisant l'empreinte carbone de ses livres. Celle de cet exemplaire est de : 750 g éq. CO_2
Rendez-vous sur www.fayard-durable.fr

N° d'édition : 89-4907-2/01 - N° d'impression : 2077566